Help! 2
Helpt u mij even?

De serie Help! bestaat uit:

Help! 1 - Kunt u mij helpen?

E. Ham, W.H.T.M. Tersteeg, L. Zijlmans

Docentenboek, cursistenboek, set van 2 geluidscassettes of 2 cd's, hulpboeken
(Duits, Engels, Indonesisch, Spaans, Frans en Russisch), oefenmateriaal op cd-rom is
in voorbereiding.

Help! 2 - Helpt u mij even?

E. Ham, W.H.T.M. Tersteeg, L. Zijlmans

Docentenboek, cursistenboek, set van drie audio-cd's.

Help! 3 - Zal ik u even helpen?

M.A. Dumon Tak, A.M. Fontein, L.H.M. van Palenstein

Docentenboek, cursistenboek, set van drie geluidscassettes.

Onafhankelijk van de serie Help! kan gebruikt worden:

Nederlandse grammatica voor anderstaligen.

A.M. Fontein, A. Pescher-ter Meer

help!

Een cursus Nederlands voor anderstaligen

Helpt u mij even?

E. Ham
W.H.T.M. Tersteeg
L. Zijlmans

Boek voor de cursist

2

nederlands centrum buitenlanders

Illustraties: Kees Bok
Vormgeving: MFS Grafische Vormgeving, Utrecht
Druk: Drukkerij Gianotten, Tilburg

Nederlands Centrum Buitenlanders
Postbus 638
3500 AP Utrecht
tel. (030) 239 49 59
fax (030) 236 45 46
e-mail: info@n-c-b.nl
www.n-c-b.nl

ISBN 90 5517 131 X
Bestelnummer 998.1001

Deze druk kan niet naast de voorgaande druk gebruikt worden.
Deze geheel herziene druk van 'Help! 2 - Kunt u mij even helpen?' is gebaseerd op de oorspronkelijke
versie van de hand van A.M. Fontein, P. de Kleijn.
© Utrecht 2001, E. Ham, W.H.T.M. Tersteeg, L. Zijlmans
Stichting Nederlands Centrum Buitenlanders

Inhoud

Voorwoord

Als laatste in de revisie van de serie 'Help!', een cursus Nederlands voor anderstaligen, was deel 2: Kunt u mij even helpen? aan de beurt. Als eerste daad van revisie hebben wij de ondertitel van dit deel veranderd in *Helpt u mij even?* Dit om het onderscheid in de titels van het eerste en tweede deel te vergroten, en dichter te komen bij het ideaal uit 1988 dat 'met de titels van de verschillende delen van deze serie de ontwikkeling in taalvaardigheid van hulpeloosheid tot onafhankelijkheid wordt uitgedrukt.' Ook dit deel is, net als het eerste deel, meer opnieuw geschreven dan herzien. Door de talrijke wijzigingen kan deze nieuwe versie dan ook niet naast de oude worden gebruikt.

De serie is bestemd voor hoger opgeleide niet-Nederlandstaligen die in Nederland een hogere beroeps- of wetenschappelijke opleiding willen volgen, of een beroep op dat niveau willen uitoefenen. Wij hebben er echter nadrukkelijk rekening mee gehouden dat de serie veel gebruikt wordt door studenten die in het buitenland Nederlands leren.
De gestructureerde aanpak van deel 1 is in dit deel voortgezet: de systematische opbouw, datgene wat in teksten aangeboden wordt, wordt eruit gelicht, belicht en consequent geoefend. Uiteraard staat taal als communicatie voorop. Om die te doen slagen zijn beheersing van taalhandelingen, begrippen, een uitgebreide woordenschat, een goede uitspraak en prosodie én beheersing van grammatica ons inziens van evenredig belang.

Zoals alle auteurs van dit type boeken zijn wij aan velen dank verschuldigd. In de eerste plaats onze werkgevers, *het Universitair Talencentrum Nijmegen* en *het James Boswell Instituut van de Universiteit Utrecht*, die ons in staat hebben gesteld aan dit boek te werken.
Veel dank zijn wij ook verschuldigd aan de begeleidingscommissie: een van de voormalige auteurs Mieps Fontein voor haar gedegen commentaar, Agaath Pescher voor haar nimmer aflatende enthousiasme, Yvonne Zevenbergen en Jannine Den Hartog die ons 'scherp' gehouden hebben, en Claudia Huisman als bewaker van de belangen van de student Nederlands 'buiten de muren'.

Utrecht en Nijmegen, januari 2001

Esther Ham
Wim Tersteeg
Lidy Zijlmans

Inleiding

Met dit tweede deel in de serie 'Help!' kunt u werken nadat u het eerste deel hebt doorgewerkt, of een ander boek Nederlands voor beginners.

Indeling van de lessen

Met uitzondering van les 10 heeft iedere les de volgende indeling:

Basis

Dit deel van de lessen bevat de basis, de leerstof. U vindt hierin de volgende onderdelen, steeds in dezelfde volgorde:

1 Tekst om te lezen
a inleiding tot de tekst
b tekst
c oefening bij de tekst

2 Tekst om naar te luisteren
a inleiding tot de tekst
b vocabulaire bij de tekst
c luister naar de tekst en oefening

3 Taalhulp
- Handige zinnen, gegroepeerd rondom een situatie, bijvoorbeeld 'praten over het weer'
- Idioom en uitdrukkingen met betrekking tot het thema van de les

4 Grammatica
- kaders met voorbeelden
- instructietekst en vragen
- check

Oefeningen

Dit deel van de lessen bevat oefeningen bij de te leren stof. Er zijn twee soorten oefeningen:
- Basis-oefeningen, eenvoudig, vooral receptief
- Uitbreidings-oefeningen, moeilijker, meer productief

De oefeningen zijn in de volgende groepen verdeeld:

Vocabulaire
- U leert woorden uit de leestekst van het basisdeel in andere contexten te gebruiken.
- U leert nieuwe woorden met betrekking tot het thema.

Prosodie
- Oefeningen om klemtoon in woorden en accent in zinnen te leren herkennen en produceren, en oefeningen voor de intonatie van het Nederlands. Er is veel aandacht voor prosodie die iets duidelijk maakt over de intentie of emotie van de spreker.
- De oefeningen zijn bedoeld om u te helpen Nederlands te verstaan, en om uw eigen verstaanbaarheid te vergroten.
- Oefeningen die de docent voorleest en begeleidt.
- Oefeningen op cd.
- Een liedje.

Taalhulp
- De zinnen uit het basisdeel komen hierin terug. U leert ze herkennen en toepassen.

Grammatica
- U leert de grammaticale aspecten uit het basisgedeelte herkennen en toepassen.

Luisteren
- U leert gesproken Nederlands te verstaan en begrijpen. De teksten staan op cd, niet in het boek. In het boek vindt u :
- een inleiding
- vragen en opdrachten.

Spreken
- In deze paragraaf vindt u vrije spreekopdrachten, rollenspelen en groeps-gesprekken die aansluiten bij het thema van de les.

Schrijven
- In deze paragraaf vindt u veel oefeningen voor zinsbouw, u moet bijvoorbeeld zinnen afmaken. Ook zijn er 'open' schrijfopdrachten, zoals het schrijven van een brief of een korte tekst.

Lezen

- Hierin staan teksten om te lezen, vaak met vragen en opdrachten maar niet altijd.

Les 10 is een herhalingsles voor wat betreft de grammatica. In deze les wordt geen nieuwe grammatica aangeboden. In de grammaticaoefeningen worden veel onderwerpen uit alle vorige lessen herhaald.

Ten slotte vindt u in dit boek 2 appendices:

- Appendix 1 bevat de scripts van de luisterteksten uit het basisgedeelte.
- Appendix 2 bevat de antwoorden op de vragen die in de grammatica paragrafen worden gesteld.

Dit boek is in de eerste plaats bedoeld voor lessen in groepen. U kunt ook proberen de cursus zelfstandig te bestuderen. Tijdsinvestering per les: 8 tot 10 uur.

Ga je mee stappen?

1 TEKST

1a Introductie

Wendy Jebbink-Barrios is studente bouwkunde en komt uit Guatemala. Zij woont in Utrecht. Zij is in Nederland sinds 1992. Zij vertelt over het uitgaansleven in Nederland en de verschillen met Guatemala.

1b Lees nu de tekst

1 In Nederland heb ik voor het eerst in mijn leven in een café een jongen iets te drinken aangeboden. Ik ging met een groep naar de kroeg en kreeg een biertje. Ik verbaasde me daarover. Ik vroeg mij af: Moet ik het terugbetalen? Hoe zit dat? Toen merkte ik dat iedereen een rondje betaalt. Dus deed ik mee. Maar dat was
5 wel even wennen.
In Guatemala is het zeldzaam als je voor iemand anders een biertje betaalt.

Er geldt een gezegde: 'La ley de Cristo cada quién con su pisto.' Letterlijk
betekent dat: 'Het is de wet van Christus dat iedereen met zijn eigen geld betaalt.'
Voor anderen een drankje betalen is iets speciaals, iets wat je doet als je erg blij
10 bent dat je iemand hebt ontmoet of zo. En dan nog vooral als je een man bent
want in Guatemala betalen jongens voor de meisjes en niet andersom.
Hier moet je meedoen, het zit ingebakken. Anders ben je niet gezellig. Ik ben
alleen wel meer geld kwijt, vaak komen er meer en meer mensen bij de groep en
uiteindelijk is het mijn beurt en denk ik: jeetje, moet ik nu voor iedereen betalen?
15 Als ik zoveel uitgeef aan mensen die ik niet eens ken, dan houd ik geen geld meer
over.
In dat opzicht is uitgaan in Nederland veel duurder dan bij ons. Door die rondjes
is je rekening zo 30 gulden. Dat kan ik me eigenlijk niet permitteren. Denk je eens
in hoeveel biertjes ik daarvoor voor mezelf kan kopen? Tien. Die drink ik in een,
20 twee, drie, vier dagen. Zou ik vier dagen kunnen uitgaan! Maar goed, ik doe
natuurlijk mee. Ik vind dat je moet doen wat de mensen hier doen.

1c Oefening bij de tekst

1 Wendy noemt twee verschillen tussen Nederland en Guatemala.
a Wat zegt ze over de gewoonte van rondjes betalen?
b Wat zegt ze over de verhouding tussen jongens en meisjes?
2 Waarom is Wendy niet zo gelukkig met de Nederlandse gewoonte van
rondjes geven?
3 Waarom doet ze er toch aan mee? Bent u het met haar eens?

U kunt nu oefening 1 maken.

2 TEKST

2a Introductie

U gaat luisteren naar een interview met Ruud Matthee. Een jaar of vijftien geleden verhuisde
hij naar de Verenigde Staten om daar te studeren. Hij trouwde met een Amerikaanse vrouw
en bleef er. De interviewer stelt hem vragen over uitgaan in de Verenigde Staten.

2b Vocabulaire

Zoek, voordat u gaat luisteren naar de tekst, de volgende woorden op in een woordenboek.

het uitgaansleven
het interieur
stappen
voorspelbaar

treurigheid troef
begeleiden
toevoegen
variëren
de fooi
gastvrij

2c   **Luister een keer naar de tekst.**
    Luister nog een keer en maak de oefening.

1   Welk verschil noemt Ruud tussen cafébezoek in Nederland en de Verenigde
     Staten?

2   Klopt, wat hij zegt, met de observatie van het meisje uit Guatemala in tekst 1?

3   Wat zegt hij over hoe een Amerikaans café eruitziet?

4   Waarom zijn er veel cafés in New York en Boston?

5   Hij noemt drie verschillende manieren van uitgaan in de VS. Welke?

6   Beschrijf welke dingen je in Amerika moet afrekenen als je 'echt' uit eten gaat.

EXTRA VRAAG

7   Ruud beschrijft uit eten gaan in de Verenigde Staten. Kunt u dat doen voor
     het land waar u vandaan komt of voor een land waar u gewoond hebt?

U kunt de tekst nog eens nalezen. (Appendix 1)

3   **TAALHULP**

Uitgaan

Met vrienden in een café kan het zo zijn dat ieder op zijn beurt iets te drinken haalt voor de
hele groep. Als men samen uit eten gaat, betaalt vaak ieder voor zichzelf, of de totale rekening
wordt gedeeld en iedereen betaalt evenveel. Als u uit eten gaat kunt u van tevoren opbellen om
te reserveren. Hetzelfde geldt voor theater en bioscoop. In de bioscoop zijn alle kaartjes even
duur, in theaters en concertzalen zijn er verschillende rangen, duurdere en goedkopere.

Een rondje geven in het café

Wil je iets van me drinken?	Wie wil er iets drinken?
Wat wil je/ willen jullie drinken?	Ik geef een rondje.
Ik trakteer.	Nee, dit rondje is voor mij.

Weigeren/bedanken

Nee, dank je.
Ik hoef niks (meer), bedankt.
Ik heb liever ...

Iets bespreken/reserveren

U belt een restaurant op:

Ik wil graag een tafel bespreken voor _____ personen.
Kan ik een tafel bespreken voor vrijdagavond om acht uur?

U belt een theater of bioscoop op:

VRAGEN	MOGELIJKE REACTIES
Ik wil graag ____ kaartjes reserveren voor de voorstelling van ____ . Zijn er nog kaarten voor de tweede rang? Op welke rij zijn die plaatsen?	Nee, helaas, die voorstelling is uitverkocht. Nee, sorry, er zijn geen kaarten meer. Ja, hoor, hoeveel wilt u er? Op welke naam? Uw reserveringsnummer is ____ . U moet de kaarten wel een half uur van tevoren ophalen.

Kaartjes afhalen bij de kassa

Goedemiddag, ik kom de kaartjes afhalen die gereserveerd zijn
op naam van _____ .
Goedenavond, ik heb _____ kaartjes gereserveerd voor _____ .

Zaalindeling theater

Rij F   1 2 3 4 5 6 7 8 9 10 11 12 13 14 15 16 17 18 19 20 21 22 23 24 25 26 27 28 29 30

Rij E   1 2 3 4 5 6 7 8 9 10 11 12 13 14 15 16 17 18 19 20 21 22 23 24 25 26 27 28 29 30

Rij D   1 2 3 4 5 6 7 8 9 10 11 12 13 14 15 16 17 18 19 20 21 22 23 24 25 26 27 28 29 30

Rij C   1 2 3 4 5 6 7 8 9 10 11 12 13 14 15 16 17 18 19 20 21 22 23 24 25 26 27 28 29 30

Rij B   1 2 3 4 5 6 7 8 9 10 11 12 13 14 15 16 17 18 19 20 21 22 23 24 25 26 27 28 29 30

Rij A   1 2 3 4 5 6 7 8 9 10 11 12 13 14 15 16 17 18 19 20 21 22 23 24 25 26 27 28 29 30

Toneel

Idioom
Kroeg: een veel gebruikt woord in plaats van café.
Ga je mee? We gaan even wat drinken in de kroeg.

Een borrel: **a** een klein glaasje. (alcoholische drank)
Ze drinken samen een borrel in het café.
Een borrel: **b** een soort feestje. Er zijn hapjes en drankjes, met en zonder alcohol.
Volgende week krijgen de deelnemers een diploma en is er na afloop een borrel.

Borrelpraat: gezellig gepraat dat je niet zo serieus moet nemen.
Wat hij gisteren zei, moet je niet zo serieus nemen. Het was gewoon borrelpraat.

Stappen: met een paar vrienden van café naar café gaan.
Vanavond gaan we stappen.

Uitdrukkingen
Als je op iemands gezondheid drinkt, kun je zeggen:
Op je gezondheid. Of: *Daar ga je!*
Als iets veel meer of minder is dan je dacht, kun je zeggen:
Dat scheelt een slok op een borrel.
In een discussie, als alle partijen een beetje moeten toegeven om tot een compromis te komen, kun je zeggen:
We moeten water bij de wijn doen.
Tegen iemand die met een idee komt, nadat alles al georganiseerd is, kun je zeggen:
Dat komt als mosterd na de maaltijd.
Als iets niet helemaal serieus genomen moet worden, kun je zeggen:
Je moet dat met een korreltje zout nemen!

U kunt nu oefening 7 maken.

4   GRAMMATICA

4a   Herhaling pronomina
Het grammaticale thema van les 1, 2 en 3 is: Verwijswoorden. In Help! 1 heeft u er al een heleboel geleerd. (U kunt bijvoorbeeld hoofdstuk 8 en 10 van het hulpboek bij Help!1 nog eens doorlezen.) Hieronder zijn ze *cursief* gedrukt.

1   Wendy is studente bouwkunde. *Zij* komt uit Guatemala. *Ze* vertelt iets over het uitgaansleven in Nederland: 'In Nederland heb *ik* voor het eerst van *mijn* leven in een café een jongen iets te drinken aangeboden. *Ik* kende *hem* niet eens zo goed.

Hij was een vriend van een vriend van *mij*. *Wij* waren met z'n vieren: *mijn* vriend
5 en *ik*, een vriendin van *ons*, en die jongen. De anderen bestelden steeds een rondje, dan gaven *ze mij* ook steeds wat. Ik kreeg een biertje en ik vroeg me af: Moet
ik *het* terugbetalen?'

CHECK
•   Naar wie of wat verwijzen de cursieve woorden?

In de volgende zin uit tekst 1:
    Hier moet *je* meedoen, anders ben *je* niet gezellig.
verwijst het woordje *je* niet naar een bepaalde persoon.
Het betekent: personen in het algemeen.

4b   Meer over reflexieven

Inleiding

In Help!1, les 14 hebt u de reflexieve pronomina geleerd. (Hulpboek hoofdstuk 11)
    Ik verbaasde *me* daarover.
    Wendy vroeg *zich* af: Moet ik het terugbetalen?
Het cursieve woord in de zin noemen we een reflexief pronomen.

CHECK
•   Het reflexief pronomen is ook een soort verwijswoord. Waarnaar verwijst het?
    Maak onderstaande tabel compleet.

Subjectvorm	reflexief pronomen
ik	_____
jij	_____
u	u / zich
hij, zij	_____
het	zich
wij	_____
jullie	_____
zij	_____

De plaats van het reflexief pronomen in de zin

Hoofdzinnen type 1

1   Ik vergis *me*.
2   Ik kan *me* natuurlijk vergissen.
3   Wendy verbaast *zich* over de gewoontes.
4   Wij gaan *ons* binnenkort verloven.

• Onderstreep het woord vóór het reflexief pronomen. Wat voor een woord is dat steeds? Waar staat dus het reflexief pronomen in een normale hoofdzin?

Hoofdzinnen type 2 en 3

5   Nog steeds verbaast ze *zich* over de Nederlandse gewoontes.
6   Vandaag verveel ik *me*.
7   Waarom schrijf jij *je* niet voor die cursus in?
8   Hebben jullie *je* geamuseerd op het feest?

• Onderstreep het woord vóór het reflexief pronomen. Wat voor een woord is dat steeds? Waar staat het reflexief pronomen in een hoofdzin met inversie of in een vraagzin?

Bijzinnen

9   Ik denk dat jullie *je* in de datum hebben vergist.
10   Hij verwacht dat iedereen *zich* in de lesstof heeft verdiept.
11   Ik weet dat zij *zich* heel erg op hun vakantie verheugen.

• Onderstreep het woord vóór het reflexief pronomen. Wat voor een woord is dat steeds? Waar staat het reflexief pronomen in een bijzin?

CHECK
• Vul het reflexief pronomen op de juiste plaats in.

(me) Vandaag schrijf ik voor de cursus in.
(ons) Wij hebben gisteren tijdens de borrel niet zo geamuseerd.
(zich) Ik denk dat hij in de datum heeft vergist: het feest was gisteren.
(je) Herinner jij nog waar wij elkaar voor het eerst ontmoet hebben?

U kunt nu oefening 9 maken.

Reflexieve verba

> 12 Ik vergis *me* niet zo heel vaak.
> 13 Ik kan *me* dat niet permitteren.
> 14 Je vraagt *je* af wat de Amerikanen in hun vrije tijd doen?
> 15 Hij herinnert het *zich* nog heel goed .
> 16 Wij verheugen *ons* heel erg op onze vakantie.
> 17 Zij verbazen *zich* over de Nederlandse gewoontes.

Sommige verba hebben *altijd* een reflexief pronomen.

Sommige verba kunnen *met* en *zonder* reflexief pronomen voorkomen.

- Vergelijk: 'wassen' en 'vergissen'.
- Maak zinnen met deze twee werkwoorden. Welk werkwoord moet altijd met reflexief pronomen, welk kan ook zonder?

U kunt nu oefening 10 maken.

Het reflexief pronomen 'elkaar'

> 18 Annie en Jan helpen elkaar.
>   Dit betekent: Annie helpt _____ en Jan helpt _____ .
> 19 Annie en Jan geven elkaar cadeaus.
>   Dit betekent: _____ .

'elkaar' staat vaak in combinatie met een prepositie.

> 20 Eric en Carla zitten *bij* elkaar in de klas.
> 21 Ze hebben ruzie en spreken niet meer *met* elkaar.

De vorm 'elkaars' is een possessiefvorm.

> 22 Wij gebruiken elkaars woordenboeken regelmatig.

CHECK

- Vul in. Kies uit : *elkaar* of *elkaars*.

U ziet er zo bekend uit. Kennen wij _____ ?

Wij zijn samen opgegroeid en kennen _____ familie dus heel goed.

Als begroeting kussen de Nederlanders _____ drie maal op de wangen.

U kunt nu oefening 11 maken.

4c Vergelijken

Inleiding

In tekst 1 en 2 wordt uitgaan in Guatemala en Amerika vergeleken met uitgaan in Nederland. Onderstreep / markeer de zinnen waarin een vergelijking staat (voor tekst 2: zie Appendix 1).

Herhaling comparatief en superlatief

Basisvorm   oud
Comparatief   ouder (+ dan _____)
Superlatief   het oudst

Voorbeelden:

1	De schilderijen van Van Gogh en Rembrandt zijn oud.
2	Het schilderij van Rembrandt is ouder dan dat van Van Gogh.
3	Het schilderij van Rembrandt is het oudst.

Kent u de regels voor comparatief en superlatief nog?
Kijk (eventueel) in het hulpboek bij Help!1, hoofdstuk 16.

CHECK
* Vul in. Kent u de bijzondere vormen nog?

basisvorm	comparatief	superlatief
goed	_____	_____
_____	liever	_____
_____	_____	meest
_____	minder	_____

Let op:
superlatief na het verbum: altijd *het* + superlatief.
     Het schilderij van Rembrandt is *het* oudst.
     De auto van mijn broer is *het* oudst.
     De schilderijen van Rembrandt zijn *het* oudst.
superlatief als adjectief: *het* of *de* + superlatief + e
     Het oudste (schilderij) is van Rembrandt.
     De oudste (auto) is van mijn broer.

U kunt nu oefening 12 maken.

Vergelijking tussen ongelijke zaken:

4a	Een schilderij van Van Gogh is *jonger dan* een schilderij van Rembrandt.
4b	Een schilderij van Van Gogh is *niet zo oud als* een schilderij van Rembrandt.
5a	In België is uitgaan *goedkoper dan* in Nederland.
5b	In België is uitgaan *niet zo duur als* in Nederland.
6a	In Europa wordt per dag *korter* gewerkt *dan* in Japan.
6b	In Europa wordt per dag *niet zo lang* gewerkt *als* in Japan.
7a	De bioscoop in het buurtcentrum is *kleiner dan* de bioscoop in de stad.
7b	De bioscoop in het buurtcentrum is *niet zo groot als* de bioscoop in de stad.

- Vul een tegenstelling in:
  Jong ⟷ _____
  Goedkoop ⟷ _____
  Kort ⟷ _____
  Klein ⟷ _____

- Vergelijk de a-zinnen en de b-zinnen. Vul daarna in:
  Jonger dan = _____ _____ _____ _____
  Goedkoper dan = _____ _____ _____ _____
  Korter dan = _____ _____ _____ _____
  Kleiner dan = _____ _____ _____ _____

Men kan dus op twee manieren een verschil aanduiden:

a   Zoals in de a-zinnen met _____ + _____ .
b   Zoals in de b-zinnen met de woorden _____ _____ + basisvorm + _____ .

Vergelijking tussen gelijke zaken:

8	In Nederland wordt *net zo veel* gelezen *als* in Vlaanderen.
9	Ik vind de film *net zo mooi als* het boek.
10	Het aanbod aan boeken is in Vlaanderen *even groot als* in Nederland.
11	Ik vind uitgaan in Antwerpen *even leuk als* in Amsterdam.

Men kan ook op twee manieren aanduiden dat er geen verschil is:

a   Zoals in de zinnen 8 en 9 met de woorden _____ _____ + basisvorm + _____
b   Zoals in de zinnen 10 en 11 met het woord _____ + basisvorm + _____

Vergelijking van zaken die met elkaar samenhangen:

12	*Hoe dikker* een boek is, *hoe meer* je er voor moet betalen.
13	*Hoe uitgebreider* de advertentiecampagne is, *hoe bekender* het product wordt.

Als men twee situaties met elkaar vergelijkt die met elkaar samenhangen (als het ene verandert, verandert het andere ook), gebruikt men de combinatie _____ + comparatief, _____ + comparatief.

- Welke structuur ziet u in deze zinnen? Kies het goede antwoord:
a   een bijzin en een hoofdzin
b   een hoofdzin met een bijzin
c   twee hoofdzinnen
d   twee bijzinnen.

N.B. Deze combinatie kan ook voorkomen in zinnen zonder verbum:

Hoe dikker het boek, *hoe duurder*.

Hoe uitgebreider de advertentiecampagne, *hoe bekender* het product.

CHECK

- Vul in:

Wendy uit tekst 1 zegt dat uitgaan in Nederland _____ is _____ in Guatemala. (duur)

_____ _____ mensen er bij de groep komen, _____ _____ pilsjes je moet betalen. (meer)

Ruud uit tekst 2 vindt cafés in de vs _____ _____ _____ _____ in Nederland. (gezellig)

In Nederland zijn shows als 'Cats' _____ _____ _____ in Amerika. (populair)

U kunt nu oefening 13 en 14 maken.

Oefeningen

VOCABULAIRE

1   ●

Oefeningen bij tekst 1

1a   Vul het juiste verbum in. Verander de vorm als dat nodig is. Kies uit:

(zich) afvragen, meedoen, merken, overhouden, terugbetalen, uitgeven, wennen.

1   Kun je me wat geld lenen? Ik zal het je zo gauw mogelijk _____ .
2   Ik heb vanmiddag nieuwe kleren gekocht. Ik heb ontzettend veel geld _____ .
3   Wij _____ ons _____ of we ons nog voor de cursus kunnen inschrijven.
4   Hij werkt zo hard dat hij absoluut geen tijd _____ voor hobby's.

5 Ik voel me nu thuis in Nederland, maar in het begin was het wel even _____ .

6 Er was een verschrikkelijk onweer vannacht. Heb je niks _____ ?

7 We organiseren binnenkort een tennistoernooi. Hebben jullie zin om _____ ?

1b Kies de juiste omschrijving .

1 Hoe zit dat? (regel 3)
a Zit die stoel lekker?
b Wat is hier de gewoonte?
c Kan ik hier gaan zitten?

2 De jongens betalen voor de meisjes en niet andersom. (regel 11)
a De meisjes betalen niet voor de jongens.
b Als de jongens niet betalen, betalen de meisjes.
c Soms betalen de jongens, soms ook de meisjes.

3 Het zit ingebakken. (regel 12)
a Het wordt in de oven gebakken.
b Mensen doen dat automatisch zo.
c Je bent verplicht dat te doen.

4 Jeetje! (regel 14)
a Dat vind ik wel leuk!
b Daar ben ik niet blij mee!
c Dat is fantastisch!

5 In dat opzicht _____ (regel 17)
a In vergelijking daarmee _____ .
b Ten opzichte daarvan _____ .
c Wat dat betreft _____ .

2 ●●

Zeg het met andere woorden. Geef een ander woord of een omschrijving voor de cursief
gedrukte woorden.
Maak gebruik van: taalhulp, prosodie, woordenboek.

1 Kijk, dit is mijn *stamkroeg*!
2 Ik *betaal een drankje voor iedereen*.

3 Ik wil graag vier kaartjes *bespreken* voor de film van half tien.
4 Wat is uw naam? Jansen? Prima, ik heb het *opgeschreven*.

5 U moet de kaartjes een half uur *voor het begin van de film* ophalen.

6 Zullen we vanavond naar dat *theaterstuk* in *het stadstheater* gaan?
7 Goed, maar ik wil geen plaatsen *op de tweede rang*.
8 Prima, dan reserveer ik wel twee plaatsen *op de eerste rang*.

9 Kan ik nog kaarten krijgen voor de voorstelling van vanavond?
10 Nee, helaas, meneer, *er zijn geen kaartjes meer*.

PROSODIE

3 •

Luister naar de docent of de cd. Schrijf de woorden en zinnen die u hoort op.
Luister daarna nog een keer.
Schrijf achter ieder woord het ritmeschema.

4 •

Luister eerst naar alle fragmenten. Onderstreep het woord dat het meeste accent krijgt
in de zin.

A Willen jullie wat van me drinken?
B Voor mij een cola, graag.
C Geef mij maar een witte wijn.

B Dit rondje is voor mij.
B Willen jullie nog wat?
A Nee, dank je, ik hoef niks meer.
C Ja, graag, doe nog maar een witte wijn.

A Kan ik een tafel reserveren?
B Ja, hoor, dat kan. Op welke naam?
A Vermeulen.
B Met hoeveel personen komt u?
A Met z'n tweeën.
B En hoe laat komt u?
A Om een uur of acht.

A Ik wil graag kaarten reserveren.
B Voor welke voorstelling?
A Kwart voor tien vanavond.

B Uw reserveringsnummer is 356. U moet de kaarten wel een half uur van tevoren ophalen.

A Geen probleem. Bedankt.

5 ●

Luister nogmaals naar de fragmenten van oefening 4 en zeg na.
Let op het zinsaccent.

6 ●●

Liedje

Het is een nacht

Guus Meeuwis & Vagant

Je vraagt of ik zin heb in een sigaret
't Is twee uur 's nachts, we liggen op bed
In een hotel in een stad, waar niemand ons hoort
Waar niemand ons kent en niemand ons stoort
Op de vloer ligt een lege fles wijn
En kledingstukken die van jou of mij kunnen zijn
Een schemering, de radio zacht
En deze nacht heeft alles, wat ik van een nacht verwacht

Het is een nacht die je normaal alleen in films ziet
Het is een nacht die wordt bezongen in het mooiste lied
Het is een nacht waarvan ik dacht dat ik hem nooit beleven zou
Maar vannacht beleef ik hem met jou

Ik ben nog wakker en ik staar naar het plafond
En ik denk aan de dag die lang geleden begon
Het zomaar ervandoor gaan met jou,
Niet wetend waar de reis eindigen zou
Nu lig ik hier in een wildvreemde stad
En heb net de nacht van mijn leven gehad
Maar helaas, er komt weer licht door de ramen
Hoewel voor ons de wereld vannacht heeft stilgestaan

Het is een nacht die je normaal alleen in films ziet
Het is een nacht die wordt bezongen in het mooiste lied
Het is een nacht waarvan ik dacht dat ik hem nooit beleven zou
Maar vannacht beleef ik hem met jou

Maar een lied blijft slechts bij woorden
Een film is in scène gezet
Maar deze nacht met jou
Is levensecht

Het is een nacht die je normaal alleen in films ziet
Het is een nacht die wordt bezongen in het mooiste lied
Het is een nacht waarvan ik dacht dat ik hem nooit beleven zou
Maar vannacht beleef ik hem met jou
Ja vannacht beleef ik hem met jou
En ik hou alleen nog maar van jou
En ik hou alleen nog maar van jou

TAALHULP

7   ●

Maak de dialogen compleet.

7a   **Reserveren voor de film**
P1   Bioscoop Studio, goedemiddag.
P2   Goedemiddag, met Bakker uit Utrecht. Kan ik _____ voor de nieuwe Star Wars film van vanavond om half tien?
P1   Nee, helaas, _____ , maar er zijn wel nog enkele kaartjes voor de voorstelling van zeven uur.
P2   Oké, doe dat dan maar.
P1   _____ ?
P2   Vier, alstublieft.
P1   Als u naast elkaar wilt zitten, zit u wel nogal vooraan in de zaal.
P2   _____ ?
P1   Op de tweede rij.
P2   Tja, dat moet dan maar. Vier kaartjes voor zeven uur, graag.
P1   _____ ?
P2   Bakker.
P1   Ik heb het genoteerd. U moet de kaarten wel _____ .
P2   Prima, dat doen we. Bedankt.

7b Iets drinken in een café.

P1 Jongens, willen jullie _____ ? Ik _____ !

P2 Zo, heb je je salaris weer binnen? Nou, geef mij maar een witbiertje.

P1 En jij?

P3 Ik wil wel een spa rood.

P1 Oké, dus een witbiertje, een spa rood, en voor mij een pilsje.
    (een half uur later)

P1 Ik lust er nog wel een. Willen jullie ook nog wat?

P2 Nee, nee, wacht even. Dit _____ !

GRAMMATICA

8 ●

In welke zinnen is 'je' in algemene betekenis gebruikt?

1 Als je in een ander land gaat wonen, moet je proberen de gewoontes
   te leren kennen.

2 Als je in een ander land gaat wonen, zie ik je dan nooit meer?

3 Je werkt veel te hard, je moet eens vakantie nemen.

4 Je werkt om te leven, niet andersom.

5 Ga je in Amerika naar een restaurant, dan verbaas je je over de rekening.

6 Ga je vaak naar een restaurant of kook je liever zelf?

7 Je leest 's morgens in de krant wat er gebeurd is, en vervolgens denk je er
   niet meer aan.

8 Je leest morgen wel in de krant wat er gebeurd is, denk er nu maar niet
   meer aan.

9 ●

Vul het reflexief pronomen in.

Vanmorgen heb ik _____ 1 verslapen. Waarschijnlijk heb ik de wekker automatisch uitgezet en heb _____ 2 toen nog eens lekker omgedraaid. Om acht uur
schrok ik wakker. Ik waste _____ 3 snel en haastte _____ 4 vervolgens naar de
trein. Op het station zag ik een oud-klasgenoot: Hans. Hij moest dezelfde trein
hebben. Hij herinnerde _____ 5 mij eerst niet, maar al gauw zaten we in de trein
gezellig te praten.
Hij woont nu met zijn gezin in een nieuwbouwwijk. In die wijk zijn ze nog bezig
met het aanleggen van de wegen. Daardoor is het er nog een beetje chaotisch.
Hans vertelde dat hij en zijn gezin _____ 6 doorlopend ergeren aan de rommel op
straat.

We hebben ook over leuke dingen gepraat, bijvoorbeeld over vakanties.
Hans vroeg mij: 'Verheug jij ＿＿＿ 7 ook zo op de herfstvakantie? Wij gaan
volgende week wildwatervaren in de Ardennen. Mijn vrouw vindt dat maar niks.
Zij houdt ＿＿＿ 8 liever bezig met televisie kijken. Maak je geen zorgen, zegt ze
dan, ik vermaak ＿＿＿ 9 wel.'
Ik antwoordde dat ik samen met drie vriendinnen naar de Efteling ga.
We verbazen ＿＿＿ 10 er dan altijd weer over hoe leuk wij, als volwassenen,
zo'n attractiepark vinden. Dan voelen we ＿＿＿ 11 weer jong!
Na een uur waren wij op onze eindbestemming en gingen wij met een groet uit
elkaar. Ik vraag ＿＿＿ 12 af of ik hem nog eens in de trein tegenkom.

10 ● ●

Maak de zinnen compleet. Moet er een reflexief pronomen bij? (zoek het eventueel op in een
woordenboek) Zet het verbum in de juiste vorm. Zet de woorden op de juiste plaats in de zin.
Voorbeeld:

zich verheugen
Ik op het feest
Ik verheug me op het feest.

1   afvragen
     Ik ben vorige week naar het verjaardagsfeest van een vriendin geweest.
     Ik eerst wat ik voor dat feest zou aantrekken.
2   aankleden
     Na lang zoeken in mijn garderobe heb ik uiteindelijk feestelijk.
3   inspannen
     Op het feest stond de muziek zo hard dat je moest om de anderen te verstaan.
4   vervelen
     Bovendien die muziek nogal, daarom ben ik naar de tuin gegaan.
5   vermaken
     Ik vind altijd wel gesprekspartners op een feest. Ik kan altijd goed.
6   vervelen
     In de tuin ontmoette ik George, een leuke vent! Ik heb heel lang met George
     staan praten. Ik geen moment met hem.
7   verbazen
     We hadden het over gewoontes.
     Hij vertelde me dat hij altijd over de Nederlandse weekagenda's:
     maandag staat aan het begin van de week, en zondag aan het einde.
8   verbazen
     Daarover heb ik nu weer erg.
9   realiseren
     Dat heb ik nooit.

10 interesseren

Ik erg voor de gewoontes en gebruiken van andere nationaliteiten.

11 verdiepen

Ik begrijp ze soms niet. Daarom vind ik het leuk om er in te.

12 vergissen

Tijdens dat feest hadden we een afspraak gemaakt om vandaag iets te gaan drinken, maar ik zit hier in dit café nu al een uur te wachten. Misschien heb ik in de tijd.

13 ergeren

Dat gebeurt me wel vaker. Dat is zo stom van mezelf, daar kan ik zo aan!

11 ●

Vul in.

Kies uit: *elkaar, elkaars, bij elkaar, door elkaar, met elkaar, op elkaar, van elkaar.*

1 Wim en ik kenden _____ al toen we klein waren. We zien _____ en ook _____ familie nog regelmatig.
2 Zijn zusje en ik hebben _____ afgesproken dat we _____ op de hoogte houden van de laatste nieuwtjes in de familie.
3 Zij heeft twee zoons, een tweeling, maar toch lijken ze absoluut niet _____ .
4 Tijdens de lessen moesten jullie vaak in tweetallen werken, en konden jullie iets _____ leren.
5 Maar tijdens het examen mogen jullie niet _____ kijken en niet _____ praten, met andere woorden, jullie mogen niet _____ samenwerken.
6 Tijdens de test mogen jullie _____ woordenboeken niet gebruiken.
7 Willen jullie de papieren niet _____ gooien. Anders kan de examinator niets meer vinden.

12 ●

Vul de juiste vorm in. Kies uit: *snel, dik, mager, prettig, vol, hoog, veel, goed, gezellig, bruin.*

1 Hoe harder je loopt, hoe _____ je thuis bent.
2 Hoe minder je eet, hoe _____ je wordt.
3 Hoe warmer het is, hoe _____ ik het vind.
4 Hoe vroeger je opstaat, hoe _____ je kunt doen.
5 Hoe meer toeristen er komen, hoe _____ de hotels worden.
6 Hoe meer je eet, hoe _____ je wordt.
7 Hoe meer mensen er komen, hoe _____ ik het vind.
8 Hoe harder ik werk, hoe _____ het resultaat wordt.
9 Hoe kouder het is, hoe _____ de verwarming staat.
10 Hoe langer je in de zon ligt, hoe _____ je wordt.

13 ●●

Vul in.

Kies: *net zo* _____ *als* of *(comparatief) dan*

Voorbeeld:

   a   Ik houd niet van bier en ook niet van wijn. Ik vind wijn _____ bier.
       Ik vind wijn *net zo vies als* bier.

   b   Ik houd ontzettend van film. Als ik uitga, ga ik _____ naar de film dan naar het theater.
       Als ik uitga, ga ik *liever* naar de film dan naar het theater.

   1   Als je in de atlas kijkt, zie je dat Nederland _____ is _____ Amerika, en _____ België.

   2   In China wonen _____ mensen _____ in Nederland.

   3   Een bioscoopkaartje kost een gulden of vijftien, een kaartje voor een concert een gulden of veertig. Een bioscoopkaartje is dus over het algemeen _____ een kaartje voor een concert.

   4   In België is een boek _____ _____ in Nederland. Dat komt omdat er in Nederland meer belasting op een boek zit _____ in België.

   5   Mijn beste vriendin en ik zijn allebei 32. Ik ben dus _____ zij.

   6   Wat vind jij _____? Naar de bioscoop gaan of naar het circus? Nou, ik moet eerlijk zeggen dat ik _____ naar de film ga _____ naar een stelletje clowns.

   7   Wij hebben gisteravond de hele avond voor de buis gehangen. Ik had _____ naar het theater willen gaan _____ de hele avond tv kijken.

   8   Ik vind Nederlands en wiskunde allebei erg moeilijk. Nederlands leren is _____ wiskunde.

14 ●●

Maak van de woorden tussen haakjes een zin met 'hoe _____ hoe _____'

Voorbeeld:

   (vaak luisteren naar de Nederlandse radio), (goed Nederlands begrijpen)
   Hoe vaker je naar de Nederlandse radio luistert, hoe beter je het Nederlands kunt begrijpen.

of:

   Hoe vaker de studenten naar de Nederlandse radio luisteren, hoe beter ze Nederlands kunnen begrijpen.

   1   (mooi weer), (weinig mensen gaan naar de bioscoop)

   2   (warm buiten), (veel mensen zitten op een terrasje)

   3   (bekend film), (lang van tevoren reserveren)

   4   (populair voorstelling), (moeilijk kaartjes krijgen)

   5   (beroemd artiest), (veel betalen)

6 (lang in Nederland), (veel weten over de gewoontes)
7 (vaak naar Antwerpen gaan), (goed de weg weten in Antwerpen)
8 (veel excursies maken), (leuk over Nederland kunnen vertellen)
9 (laat op de avond), (weinig mensen op straat)
10 (interessant tentoonstelling), (druk)

LUISTEREN

15 ●

U hoort op de cd gesprekjes. Bij ieder gesprek hoort een vraag.
Beantwoord de vragen.

1 Waar spreken Els en Anneke af en hoe laat?
2 Sanne en Ria gaan niet samen naar een feest. Waarom niet?
3 Het is niet zeker dat Robbie Hans terugbelt. Waarom niet?
4 Max en Olaf willen naar een voorstelling, maar waarom zal het moeilijk zijn
   om kaartjes te krijgen?
5 Henk zegt niet meteen ja, als Anneke vraagt of hij meegaat naar de schouwburg. Waarom niet?
6 Vindt Hanneke het goed dat Koen de goedkoopste plaatsen neemt?

16 ●●

U gaat luisteren naar een radio-interview. Evert Schreur is antropoloog en werkt als freelance
journalist in Cairo. Het interview gaat over een film die op dat moment in de bioscopen in
Egypte draait.

Maak aantekeningen:
1 Wat is de titel van de film?
2 Waar gaat de film over?
3 Wat vindt Evert Schreur van de film?
4 Hoe reageren de Egyptenaren op de film?

SPREKEN

17 ●

Wat zou u zeggen in de volgende situaties?

U en een vriend willen naar de bioscoop. U kijkt in de krant. U kunt kiezen uit
Engelstalige films en Nederlandstalige films. Wat zegt u tegen uw vriend?

U hebt samen een film gekozen, maar die film is erg populair. U bent bang dat de zaal uitverkocht zal zijn, daarom belt u naar de bioscoop om te reserveren. Wat zegt u?

De dame aan de telefoon vraagt naar welke voorstelling u wilt. Wat zegt u?

Zij vraagt: 'Wilt u liever plaatsen voor of achter in de zaal?' Wat zegt u?

Voor de film gaan u en uw vriend even ergens wat eten. De ober vraagt: 'Wilt u alles op één rekening, of ieder een eigen rekening?' Wat zegt u?

18 ● ●
Werk in groepjes van twee of drie personen.

Naar de bioscoop
Benodigde informatie: Overzicht van de films die in de bioscopen draaien. (U krijgt deze informatie van uw docent)

- U bekijkt het filmprogramma en besluit samen naar welke film u gaat.
- Iemand van de groep belt de bioscoop om te reserveren: Een persoon is medewerker van de bioscoop, een is klant.
- Na de film: U gaat samen nog even naar een café. Iemand van de groep geeft een rondje.
- U praat na over de film. Hoe vond u de film? Bent u het met elkaar eens?

SCHRIJVEN

19 ●

In de schouwburg is het verplicht jassen, dassen en dergelijke af te geven bij de garderobe. Daarvoor moet u wel betalen. U bent naar de schouwburg geweest. Na de voorstelling wilde u uw jas en paraplu ophalen uit de garderobe. Uw jas hebt u wel teruggekregen, maar uw paraplu was er niet meer. Het was een dure paraplu, dus u wilt proberen hem terug te krijgen, ondanks de tekst op de bordjes:

> De directie is niet aansprakelijk voor het verloren raken van voorwerpen die afgegeven zijn aan de garderobe.

UITLOPER

Concertgebouw
Thijmplein 42 - telefoon: 010 - 231 06 03
Bestel per fax 010-231 06 04

wo 9 en do 10 dec.	Koninklijk concertgebouworkest
vr 11 en za 12 dec.	Meesters op gitaar
zo 13 en ma 14 dec.	Matinee met Manfred
di 15 en wo 16 dec.	Ensemble Clement Janequin
do 17 en vr 18 dec.	Le Jardin lo lo lto lto
za 19 en zo 20 dec.	Les arts florissant
ma 21 en di 22 dec.	Erik goes Latin with expression

Theater aan de oever
Erihof 27 - telefoon: 010 - 231 06 03
Bestel per fax 010-231 06 04

vr 11 en za 12 dec.	So long, auf wiedersehen...
zo 13 en ma 14 dec.	Kunt u het nog volgen?
di 15 en wo 16 dec.	Een gezellig avondje uit!
do 17 en vr 18 dec.	The place to be is NCB
za 19 en zo 20 dec.	Hij was maar een clown
ma 21 en di 22 dec.	Wild grrrrrrl

Bioscoop Poplar

vr 11 en za 12 dec	Mag ik uw spoorboekje zien?
zo 13 en ma 14 dec.	Het is goed, het is prachtig...

U schrijft een brief aan het hoofd van de garderobemedewerkers van de schouwburg.

De tekst van de brief vindt u hieronder, maar de woordvolgorde in de zinnen klopt niet.
Zet de woorden en woordgroepen in de goede volgorde.

```
Aan:    Stadsschouwburg
        T.a.v.: Hoofd garderobedienst
        Merellaan 245
        4554 MS Middelburg


5 januari 2001


Geachte mevrouw of meneer,


Graag uw aandacht voor het volgende.
 1   bezocht - bij u in de schouwburg - een voorstelling - heb -
     ik - pas geleden
 2   de datum - herinner - ik - me - misschien - niet precies ,
     15 maart - geloof - ik
 3   afgegeven - bij de garderobe - en - heb - ik - mijn jas -
     mijn paraplu
 4   heb - ik - mijn jas - na de voorstelling - teruggekregen -
     wel, maar - mijn paraplu - niet
 5   de garderobejuffrouw - verontschuldigde - zich
 6   en - het bordje - aan de muur - naar - wees
 7   een andere bezoeker - heeft - meegenomen - mijn paraplu -
     misschien
 8   en - hem - inmiddels - teruggebracht - weer
 9   alstublieft - bij de gevonden voorwerpen - u - nog eens -
     voor mij - wilt - zoeken
10   kunt - misschien - u - zich voorstellen -
11   dat - erg - ik - mijn paraplu - mis


Bij voorbaat dank voor uw moeite.


Hoogachtend,


_____  (uw handtekening)
_____  (uw naam in blokletters)
_____  (uw adres)
```

20 ●●

U bent ongetwijfeld wel eens een avondje uit geweest (bioscoop, toneel, concert, disco, ballet, circus, sportwedstrijd, kermis).

Schrijf iets over een avondje uit waaraan u een leuke of slechte herinnering hebt.

a   Schrijf eerst op over welk onderwerp u wilt schrijven.

b   Schrijf daarover in telegramstijl wat feiten en bijzonderheden op.

c   Vul bijvoorbeeld het onderstaande schema in.

Voorbeeld:

1e alinea Inleiding: Onderwerp
Ik ben eens met _____ naar _____ geweest. Dat was _____ .

2e alinea: Feiten
Eerst _____ .
Daarna _____ .
Ten slotte _____ .

3e alinea: Bijzonderheden
Wat ik leuk vond / niet leuk vond was _____ .

4e alinea: Slot
_____ .

Podiumkunsten populairder dan ooit
In het seizoen 1998/1999 is 16,1 miljoen keer een professionele podiumkunstvoorstelling* in Nederland bezocht.

153	Mime
53	Voordracht
2.149	Toneel
810	Ensembleconcert
1.410	Amusementsmuziek
2.015	Operette, musical, revue
1.867	Cabaret
289	Ballet
409	Moderne dans
533	Circus, variété

* inclusief popconcerten

LEZEN

21 ●

Lees de volgende vier beschrijvingen uit de Uitgids Amsterdam, seizoen 1999-2000.

1   Film

Bellevue Cinerama, Amsterdam
La vita è bella
Italië
Regie: *Roberto Benigni.*

1   Guido leeft een gelukkig leven met zijn vrouw, de onderwijzeres Dora, en zijn kind Giosué in de Toscaanse stad Arezzo, maar het wordt steeds moeilijker om zich als jood af te schermen voor het groeiende fascisme in zijn land. Op een dag wordt hij samen met zijn zoontje naar een concentratiekamp gestuurd. Ook Dora,
5   die niet zonder haar man en kind wil leven, laat zich naar het kamp deporteren. Guido is vastbesloten zijn kind zowel fysiek als psychisch te beschermen. Guido slaagt erin zijn eigen angst te onderdrukken en zijn gevoel voor humor en fantasie onder de meest onmenselijke omstandigheden te behouden. Hij doet alles om de mensen van wie hij houdt te laten geloven dat het leven, ondanks alles, mooi is.

2 Toneel

Nieuwe de la Mar theater, Amsterdam
De Tweeling
Toneelstuk naar de gelijknamige roman van *Tessa de Loo*
Regie: *Mette Bouhuijs*
Met: *Yvonne van den Hurk, Els Ingeborg Smits en Wivineke van Groningen*
't Bos Theaterproducties.

Als de tweeling Lotte en Anna, die in hun kindertijd van elkaar gescheiden zijn, elkaar later bij toeval weer tegenkomt, blijkt dat ze volledig uit elkaar zijn ge-groeid. Lotte groeide op bij een socialistische oom en tante in Nederland, Anna bij een katholieke boerenfamilie in Zuid-Duitsland. De door de oorlog veroor-

5 zaakte vijandschap speelt een grote rol in hun vervreemding. Ze raken beiden in verwarring en onder de indruk van elkaars verhalen. De grote vraag is hoe ver en diep een bloedband reikt. Maar het lot bepaalt dat de tweeling nooit nader tot elkaar zal komen.

3 Muziek

De Kleine Komedie, Amsterdam
The Rosenberg Trio

De zigeunerjazz van The Rosenberg Trio kan niet treffender worden getypeerd dan door henzelf: 'We spelen puur op gevoel. Geen van ons kan een noot lezen, maar dat hoeft ook niet. Een simpel knikje, een handbeweging, een flikkering in de ogen is voldoende om te weten hoe we elkaar moeten aanvullen.' Na de afge-

5 lopen jaren veelvuldig met andere muzikanten te hebben opgetreden, keert The Rosenberg Trio terug naar de basis.

4 Cabaret

De Kleine Komedie, Amsterdam
Rooyackers, Kamps & Kamps

Kleinkunst van de zapgeneratie, zapcabaret, wie zal het zeggen? Bor Rooyackers, Tim Kamps en Wart Kamps snappen wel dat het moeilijk uit te leggen is: 'Het gaat gewoon snel, we switchen constant over naar een volgende scène. In dat op-zicht kan je het vergelijken met zappen.' In elk geval willen ze liever geen cabare-

5 tiers genoemd worden. 'Dat klinkt zo ouderwets.' Ze wonnen vorig jaar tijdens het Amsterdams Kleinkunst Festival zowel de jury- als de publieksprijs.

VRAGEN

Film

1 Waarom verandert Guido's gelukkige leven zo drastisch?
2 Hoe lukt het Guido om de moed niet te verliezen?
3 Op welke manier is Guido een steun voor de mensen van wie hij houdt?

Toneel

4 Wat is er met de tweeling Lotte en Anna gebeurd in hun kindertijd?
5 Noem twee redenen waarom Lotte en Anna zo uit elkaar zijn gegroeid.
6 Zal hun bloedband de tweeling weer dichter bij elkaar brengen?

Muziek

7 Is het een handicap voor The Rosenberg Trio dat geen van hen een noot
  kan lezen?
8 Welke manieren van communiceren gebruiken ze om goed samen te spelen?

Cabaret

9 Waarom wordt het cabaret van Rooyackers, Kamps & Kamps vergeleken
  met zappen?
10 Wat vinden ze van de term 'cabaretiers'?

22 ● ●

De garderobe

1 Het toneelstuk was afgelopen, het applaus voorbij. Iedereen haastte zich naar de
garderobe. Daar was het meteen het gebruikelijke geduw en een tenentrapperij
van heb ik jou daar.
Meneer Top was ditmaal wijzer. Hij bleef rustig zitten in de zaal. Dat ordinaire
5 gedrang!
Het rumoer in de gang werd minder. Ten slotte was het helemaal stil. Nu was
het tijd voor meneer Top. Hij pakte het garderobekaartje uit zijn zak, stond op,
en ging rustig naar de garderobe.
Die juffrouw achter de balie had haar jas al aan en stond het geld te tellen. De
10 muntstukken gooide ze in een kistje. Zo, klaar. Ze keek op. 'Nu klopt alles', zei
ze, toen meneer Top zijn kaartje en f 1,- overhandigde.
Terwijl hij haar met de ogen volgde, kreeg meneer Top een onaangenaam voor-
gevoel. De garderobehaken waren leeg op een paar na. Ze nam een raar hoedje
van een haak, een grauwe regenjas van een heel andere, een frivool genopte
15 damesparaplu van een derde, helemaal aan de overkant. Dit alles legde ze op de

balie. 'Alsjeblieft, meneer'.

'Maar dat is niet van mij!', zei meneer Top.

'Dat weet ik ook wel', zei ze rustig.

'Hoor eens', zei meneer Top, 'geen grapjes. Ik heb hier een lichtbruine wollen jas
20   met bontrevers afgegeven, een beige hoed en een zwarte herenparaplu. Dit klopt
dus niet. Waar is mijn nummertje!'

'Daar', zei ze, wijzend op een bak met gescheurde kaartjes. 'Ik gooi ze altijd
meteen weg. Ik kan wel tien nummers tegelijk onthouden'.

'Zo', zei meneer Top, 'zo, kunt u dat. Wat was dan mijn nummer?'
25   'Daar let ik nooit op bij de laatste'. Ze zuchtte, alsof hij overbodige vragen stelde.

'Maar waar zijn mijn kleren dan!' Meneer Top begon boos te worden.

De garderobejuffrouw schudde haar hoofd: 'Meneer u bent toch vaste bezoeker?'

'Natuurlijk, ik kom hier elke week!'

'Weet u dan echt niet van de laatste persoon die bij de garderobe komt?' 'Nee!'
30   'Dan weet u het nou meneer. De laatste krijgt de kleren die over zijn en dat zijn
nooit zijn eigen. Dat schijnt al eeuwen zo te zijn hier'.

'Wat is dat voor iets lachwekkends!'

'Ach, lachwekkend', zei ze, 'in het begin heb ik inderdaad wel gelachen als ik ze
zag weggaan. Een dame met een herenjas, een heer met een dameshoedje. Maar je
35   raakt eraan gewend'. 'Dus', zei meneer Top, 'ik moet dat maar accepteren!'

Zwijgend wees ze op het bordje: *De directie van Het Theater neemt geen verantwoording voor zoekgeraakte kledingstukken.* Meneer Top trommelde met al zijn
vingers nerveus op de balie. 'Doe het nou maar aan, meneer. Ik wil naar huis'.

Ze trok een hoofddoek uit haar jaszak en knoopte die om.
40   'Het is me wat', mopperde meneer Top. Het hoedje was te klein en wiebelde
boven op zijn hoofd. De grauwe jas sleepte tot over de grond. Boos bekeek hij
de paraplu.

'Het regent hoor', zei ze, 'beter wat dan niks'.

Ze liep achter hem aan naar buiten en sloot de deur. 'Wel thuis', zei ze, en was
45   weg.

Meneer Top stak mompelend de paarsgestipte paraplu op.

Struikelend over de lange, lange jas, krampachtig het hoedje vasthoudend,
ging hij de plensbui in.

'Wacht maar', gromde hij, en hij zag zichzelf: woest om zich heen slaand bij de
50   garderobe, terwijl hij op tenen trapte en riep: 'ik eerst, ik eerst!'

les 2

Wat voor weer zou het zijn?

Basis

B

1 TEKST

1a Introductie

De ambassadeur van Turkije in Nederland vertelt iets over het Nederlandse weer en hoe hij dat ervaart. Hij woont en werkt in Den Haag, waar zich veel ambassades bevinden.

1b Lees nu de tekst

Ervaringen van een ambassadeur

1 Toen ik vanmorgen opstond, was het donker. Het regende hard. Even later begon het zelfs te sneeuwen, vieze natte sneeuw. Toen ik dat allemaal zag, werd ik nogal gedeprimeerd van uw klimaat.

5 Maar toen ik vanmiddag in Den Haag over het Voorhout reed, was er een prachtige blauwe lucht en veel wind waardoor de kale bomen flink heen en weer bewogen. Ik was weer verzoend met het leven.

Ik ben dol op wind. Het liefst heb ik storm. Storm, dat is mijn mooiste ervaring in Nederland. Toen ik net hier was, vroeg ik mijn secretaresse wat ik in Nederland
10 moest zien. Volendam, vond zij. Toen ik daar kwam en al die winkeltjes zag die zogenaamd typisch Nederlandse dingen verkochten, wist ik niet wat ik daar mooi moest vinden. Het leek absoluut niet op het Nederland dat ik kende. Maar toen ik er op een ijskoude winterdag in januari was, vond ik de wind het allermooiste. De wind blies de sneeuw over het ijs en in de verte zag ik een paar
15 schaatsers die eenzaam tegen de wind in zwoegden. Dat is het weer waar ik van houd. Was ik maar twintig, dacht ik.

1c Oefening bij de tekst

1 In de tekst kan men boven de alinea's een korte titel, een 'kopje' zetten. Zo'n kopje geeft de samenvatting van de inhoud van de alinea weer.
Hieronder volgen drie kopjes. Welk kopje hoort bij welke alinea?

* Genieten van wind
* Slecht humeur verdwenen
* Sombere stemming

2 Waarom was de ambassadeur gedeprimeerd, toen hij 's morgens opstond?

a Het was donker en het stormde hard.
b Het was slecht weer, met veel regen en natte sneeuw.
c De bomen waren kaal en er was veel wind.

3 Waarom voelde de ambassadeur zich later op de dag beter?

a De lucht was blauw en de storm was gelukkig voorbij.
b Het sneeuwde en de kale bomen bewogen heen en weer door de wind.
c De lucht was blauw en de kale bomen bewogen heen en weer door de wind.

4 Welke bewering is **niet** waar?

a De ambassadeur genoot van de wind die de sneeuw over het ijs blies.
b Toen de ambassadeur in Volendam was, vond hij de kale bomen mooi.
c De ambassadeur houdt heel veel van storm in Nederland.

U kunt nu oefening 1 en 14 maken.

2   TEKST

2a   Introductie

U gaat luisteren naar een radio-opname uit de serie: De Nederlander als buitenlander.
Een vrouw, medewerkster van het programma 'Wereldnet', stelt vragen aan de Nederlandse journalist Hans van Krechten, die in Nieuw-Zeeland woont. Het interview gaat over het weer in Nieuw-Zeeland. Hans praat over twee gedeeltes van Nieuw-Zeeland: het Noordereiland en het Zuidereiland.

2b   Vocabulaire

Zoek, voordat u gaat luisteren naar de tekst, de volgende woorden op in een woordenboek.

de skiplaats
uitvallen (in: er zijn twee seizoenen uitgevallen)
de vulkaanuitbarsting
guur
verkouden
ingenomen (in: ik ben zeer ingenomen met dat bericht)
meepikken (in: een paar weken zomer meepikken)
erop zitten (in: het ergste zit erop)

2c   Luister een keer naar de tekst.
Luister nog een keer en maak de oefening.

1   Noem twee verschillen tussen de winters in Nieuw-Zeeland en in Nederland. (tijd van het jaar en temperatuur)
2   Waarom kan het in Wellington erg guur zijn?
3a   Welke activiteiten brengen wat plezier in de Nieuw-Zeelandse winter?
3b   Welke activiteiten onderbreken in Nederland de lange winter?

EXTRA VRAGEN

4   Kent u de namen van de vier seizoenen in Nederland? Welke seizoenen zijn er in uw land?
5   Het klimaat in Nederland en Nieuw-Zeeland wordt een zeeklimaat genoemd, met zachte winters en koele zomers. Hoe wordt het klimaat van uw land genoemd? Wat zijn de kenmerken?

U kunt de tekst nog eens nalezen. (Appendix 1)

3 TAALHULP

Het weer

Nederlanders maken vaak een praatje over het weer want het weer in Nederland is erg wissel-vallig. Wat voor weer het ook is, het heeft invloed op het dagelijks leven. Het is ook een vorm van contact maken, met de buurman of met de bakker. U hoort vaak zinnen als:

Bij goed of warm weer

Lekker weertje, hè?
Tjonge, wat is het heet.
Het is wel benauwd.

Bij slecht weer

Wat een weer, hè?
Het is frisjes.
Tjonge, wat een bui!
Wat een kou vandaag, hè?

REACTIE BIJ GOED OF SLECHT WEER

Nou, zegt u dat wel / zeg dat wel.
Och, ik houd wel van _____ .
Van mij mag het zo blijven.

Vocabulaire
De zon schijnt.
Het is bewolkt. (de wolk)
Het regent. (de regen)
Het waait. (de wind)
Het sneeuwt. (de sneeuw)
Het hagelt. (de hagel)
Het vriest. (de vorst)
Het dooit. (de dooi)
Het mist. (de mist)

Idioom
Het regent dat het giet.
De regen komt met bakken uit de hemel.
Het is ijskoud.
Het is bloedheet / snikheet.

Uitdrukkingen
Als iemand iets vervelends heeft meegemaakt, kun je, om hem hoop te geven, zeggen:
Na regen komt zonneschijn.

Als je niet weet of iets negatief of positief zal aflopen, kun je zeggen:
Het kan vriezen, het kan dooien.
Als iemand zich druk maakt over iets dat eigenlijk geen probleem is, kun je zeggen:
Het is een storm in een glas water.

Geografische ligging

In het noorden van
    De provincie Friesland ligt
    in het noorden van Nederland.
Ten noorden van
    Nederland ligt ten noorden van België.
—— grenst aan ——.
    Nederland grenst in het oosten aan Duitsland, en in het zuiden aan België.
—— ligt aan ——.
    Nederland ligt aan de Noordzee.

U kunt nu oefening 2, 3 en 9 maken.

Nederland en Noord-België

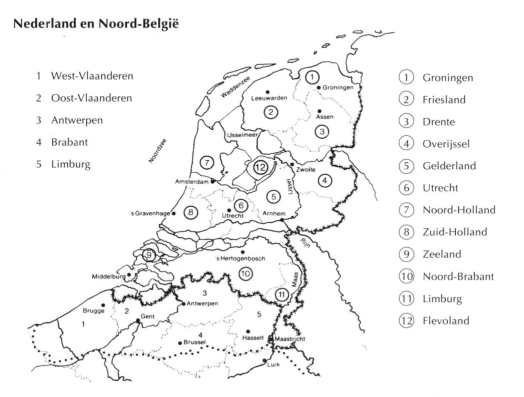

1 West-Vlaanderen	① Groningen
2 Oost-Vlaanderen	② Friesland
3 Antwerpen	③ Drente
4 Brabant	④ Overijssel
5 Limburg	⑤ Gelderland
	⑥ Utrecht
	⑦ Noord-Holland
	⑧ Zuid-Holland
	⑨ Zeeland
	⑩ Noord-Brabant
	⑪ Limburg
	⑫ Flevoland

4   GRAMMATICA

4a   Relatief pronomen

Inleiding

Toen ik al <u>die winkeltjes</u> zag *die zogenaamd typisch Nederlandse dingen verkochten*, wist ik niet wat ik daar mooi moest vinden.
Het leek absoluut niet op <u>het Nederland</u> *dat ik kende*.
In de verte zag ik <u>een paar schaatsers</u> *die eenzaam tegen de wind in zwoegden*.
Er was <u>veel wind</u>, *waardoor de kale bomen flink heen en weer bewogen*.
Dat is <u>het weer</u> *waar ik van houd*.

In de bovenstaande zinnen uit tekst 1 staan delen *cursief* gedrukt.
Die delen noemen we: relatieve zinnen.
De <u>onderstreepte zinsdelen</u> noemen we het antecedent.

De functie van de relatieve zin

Die relatieve zin zegt iets extra's over het antecedent.

type 1: die en dat

1	De wind *die* over de zuidpool waait
2	De maand december *die* lang, koud en donker is
3	De schaatsers *die* daar over het ijs gaan
4	De bomen *die* op het Voorhout staan
5	Het ijs *dat* op het IJsselmeer ligt
6	Het weer *dat* hier veel voorkomt

- Onderstreep het antecedent in de voorbeelden.
- Welk deel is de relatieve zin?
- De woorden *die* en *dat* in de zinnen staan aan het begin van de _____ _____ en verwijzen naar het _____ . De woorden *die* en *dat* noemt men het relatief pronomen.
  Die verwijst naar:
  _____ in voorbeeld 1.   _____ in voorbeeld 2.
  _____ in voorbeeld 3.   _____ in voorbeeld 4.
  Dat verwijst naar:
  _____ in voorbeeld 5.   _____ in voorbeeld 6.

- Wanneer gebruiken we 'die' en wanneer gebruiken we 'dat'?

U kunt nu oefening 10 maken.

De relatieve zin

Kijk naar de voorbeelden 1 tot en met 6. Kijk ook naar de zinnen uit tekst 1 in de introductie van deze grammaticaparagraaf.

VRAGEN
- Wat voor een type zin volgt na het relatief pronomen?
  - ❏ *Een hoofdzin*
  - ❏ *Een bijzin*

Het verbum / alle verba staat/ staan aan het _____ van de zin.

Kijk naar de volledige zinnen:

> 7   De wind die over de zuidpool waait, is erg koud.
> 8   In de maand december die lang, koud en donker is, vieren we Sinterklaas en Kerstmis.
> 9   De schaatsers die daar over het ijs gaan, zijn nog jong.
> 10   Door de wind bewogen de bomen die op het Voorhout staan, flink heen en weer.
> 11   Het ijs dat op het IJsselmeer ligt, is nog niet dik genoeg om te schaatsen.
> 12   Veel buitenlanders vinden het slechte weer dat hier veel voorkomt, niet prettig.

- Onderstreep de relatieve bijzinnen in de voorbeelden (niet het antecedent!).
- Meestal staat een bijzin voor of achter de hoofdzin. Wat kunt u zeggen over de plaats van de relatieve zin ten opzichte van de hoofdzin?
- Achter welk woord staat de komma?

U kunt nu oefening 11 maken.

type 2: met prepositie

Kijk naar de volgende voorbeelden:

> 13   De wind *waar* ik <u>van</u> houd
> 14   De maand december *waar* ik <u>naar</u> verlang
> 15   De schaatsers *waar* ik <u>naar</u> kijk
> 16   De bomen *waar* hij <u>langs</u> reed
> 17   Het ijs *waar* zij <u>op</u> schaatsten
> 18   Het weer *waar* ik <u>over</u> praat

- Onderstreep het antecedent in de voorbeelden.
- Welk deel is de relatieve bijzin?
- Als bij het verbum in de relatieve bijzin een prepositie hoort, mogen wij <u>geen</u> 'die' of 'dat' gebruiken. Kijk naar de voorbeelden 13 t/m 18. Welk verbum staat er in de relatieve zin, en welke prepositie hoort erbij?

	verbum	prepositie
13		
14		
15		
16		
17		
18		

- Welk woord gebruiken wij als relatief pronomen wanneer bij het werkwoord van de relatieve zin een prepositie hoort?

N.B.

a   Dat is het weer *waarvan* ik houd.
b   Dat is het weer *waar* ik *van* houd

Beide zinnen zijn correct, maar zin **b** is gebruikelijker.

CHECK

Vul in: *die, dat,* of *waar*

De muziek _____ ik erg mooi vind, is pianomuziek van Chopin.
De muziek _____ ik ook graag naar luister, is Amerikaanse soul.
Het programma _____ we gisteren gezien hebben, was interessant.
Het programma _____ we nu naar kijken, is heel saai.
De boeken _____ de studenten nodig hebben, zijn duur.
De boeken _____ we mee gaan werken, zijn besteld.

U kunt nu oefening 12 en 13 maken.

Oefeningen

VOCABULAIRE

1 ●

Oefening bij tekst 1

Vul in.

Kies uit: *absoluut, allermooiste, blazen, dol op, eenzaam, gedeprimeerd, heen en weer, kaal, klimaat, lijk, natte, verte, verzoend, zogenaamd, zwoegen.*

1 Als je alleen in een ver land woont zonder je familie kun je je wel eens
   _____ voelen.
2 Indonesië heeft een tropisch _____ .
3 Ik ben _____ _____ schaatsen, een typisch Nederlandse sport.
4 Mijn zus houdt _____ niet van sneeuw en ijs.
5 De secretaresse liep _____ _____ _____ tussen haar kamer en die van de
   directeur.
6 Als je zonder paraplu in de regen loopt, krijg je _____ kleren.
7 De aardappel is _____ typisch Nederlands, maar eigenlijk komt hij uit
   Zuid - Amerika.
8 Ik _____ absoluut niet op mijn zus.
9 Ik heb mij _____ met het idee dat we dit jaar niet op vakantie gaan.
10 Ik heb vandaag tentamen gedaan en ik vond het erg moeilijk. Het was echt
   _____ !
11 Als iemand geen haar heeft, zeg je: hij is _____ .
12 Toen ik het station binnen kwam rennen, zag ik de trein in de _____ wegrijden.
13 Ik ben dol op narcissen. Dat vind ik de _____ bloemen die er bestaan!
14 Als de soep te heet is, moet je even _____ .
15 Toen ik gezakt was voor mijn tentamen, was ik een paar dagen erg _____ .

2 ●●

Hieronder staat een aantal woorden/ woordcombinaties in alfabetische volgorde.
Maak woordparen die een tegenstelling vormen. Bijvoorbeeld: bewolkt - blauwe lucht.

bewolkt	een hekel hebben aan	snikheet	ijskoud
blauwe lucht	gedeprimeerd	vies	zomerdag
dol zijn op	nat	vrolijk	
droog	schoon	winterdag	

Gebruik nu de gevonden paren in een zin. Bijvoorbeeld: Eerst dacht ik dat het bewolkt was,
maar toen ik het gordijn open deed, zag ik een mooie blauwe lucht.

3 ●

Geografische ligging

Kies het goede woord

1 Nederland ligt *ten* / *in het* westen van Duitsland.
2 Utrecht ligt in het *oosten* / *midden* van Nederland.
3 Frankrijk grenst in het *zuidwesten* / *zuidoosten* aan Spanje.
4 Amsterdam ligt *ten* / *in het* noordwesten van Nederland.
5 Veel landen in Zuid-Europa liggen *langs* / *in* / *aan* de Middellandse Zee.

4 ● ●

Vul een prepositie in. Deze oefening kunt u alleen met een woordenboek doen.
Bij de cursieve woorden horen bepaalde preposities. Zoek die woorden op in een woordenboek om de juiste prepositie te vinden. Bij werkwoordsvormen moet u de infinitiefvorm
opzoeken. Bijvoorbeeld in zin 5: *vroegen*, infinitief *vragen*.

1 Ik *kom* _____ Zweden en heb dit jaar voor het eerst Nederland bezocht.
2 Ik zal u iets *vertellen* _____ mijn eerste *bezoek* _____ Nederland.
3 Ik *kende* Nederland alleen _____ de verhalen _____ mijn ouders.
4 Daarom ging ik de eerste dag _____ de VVV om _____ allerlei excursies
te *informeren*.
5 Ze *vroegen* _____ mij waar ik een *voorkeur* _____ had.
6 Ik zei dat ik *dol was* _____ water.
7 'Misschien *bent* u *geïnteresseerd* _____ de Friese meren,' *zeiden* ze _____ mij.
8 Dat leek me leuk. Ik was zelf nooit _____ dat *idee gekomen*.
9 De *weersverwachting* _____ de volgende dag was goed.
10 Ik besloot daarom _____ een paar nachten een kamer _____ een leuk
hotelletje _____ Sneek te bespreken.
11 Ik *genoot* _____ het landschap en de zeilers en surfers _____ het water.
12 Als ik 's avonds _____ mijn tochten was *teruggekeerd*, zat ik _____ het *terras*
van het hotel _____ de mooie luchten en de zonsondergang te *kijken*.
13 _____ de verte zag ik dan bootjes die langzaam _____ het meer *voeren*.
14 Volgend jaar ga ik _____ *vakantie* _____ Frankrijk.
15 Misschien kan ik dan _____ *doorreis* _____ Frankrijk nog een dagje in
Nederland verblijven.

PROSODIE

5 ●

Luister naar de docent of de cd. Schrijf de woorden en zinnen die u hoort op.
Luister daarna nog een keer. Schrijf achter ieder woord het ritmeschema.

6 ●

Luister en lees mee. Geef van elke zin aan waar u het zinsaccent hoort.
Geef ook aan of de zinnen ☺ of ☹ klinken.

A   Lekker weertje, hè?
B   Ja, heerlijk!

A   Wat een weer, hè?
B   Nou, zegt u dat wel.

A   Kijk, het sneeuwt. Alles wordt zo mooi wit.
B   Ja, gezellig, hè!
C   Ik hou helemaal niet van sneeuw.

A   Het is bar koud vandaag!
A   Trek je winterjas maar aan.

A   Het is bloedheet hier binnen!
A   Kan die verwarming misschien wat lager?
B   Nee, zeg!

A   Weet u misschien een goedkoop hotel in de stad?
B   Jawel, maar dan zit u wel buiten het centrum.

A   Hebt u voor ons een plattegrond van de stad?
B   Ja hoor, alstublieft. Dit is een kaartje van het centrum.
C   Nee. In de boekwinkel hiernaast.

A   Is er nog plaats op deze camping?
B   Nee, deze is vol.

A   Wanneer is dit museum open?
B   Elke dag van 10 tot 5.
C   Elke dag behalve op maandag.

A   Weet u welke bus er naar de universiteit gaat?
B   U kunt het beste lijn 12 nemen.
C   Nee, het spijt me, ik ben niet van hier.

7 ●

Luister nogmaals naar de zinnen van oefening 6 en zeg ze na. Kijk niet in het boek.
Let vooral op het zinsaccent. Probeer ook het ☺ of het ☹ aspect te imiteren.

8 ••

Liedje

Wat voor weer zou het zijn in Den Haag?

Muziek: Harry Bannink
Tekst: Annie M.G. Schmidt
Zang: Conny Stuart

Als ik weg ben voorgoed uit dit land,
Als ik woon bij Menton of bij Nice
In een bungalow dicht bij het strand,
Waar het weer niet zo guur is en vies,
Lig ik fijn in de zon op mijn rug,
Om mij heen bloeit de rozemarijn.
Ik wil nooit meer naar Holland terug
En ik denk vals: hoe zou het daar zijn?
Nog zo nat, nog zo kil?

Wat voor weer zou het zijn in Den Haag?
Zijn de bomen nog kaal op het Voorhout?
Wat voor weer is het daar nou vandaag?
Is het miezerig, mistig en koud?
Zijn de wolken weer laag?
Valt de regen gestaag?
Is lijn 9 er nog zo benauwd?
't Is een vrij overbodige vraag:
Wat voor weer zou het zijn in Den Haag?

Wat voor weer zou het zijn in Den Haag?
Noordenwind met wat nevel uit zee?
Op de Denneweg ruikt het nu vaag,
Naar Couperus en ook naar saté.
Zou 't pension er nog zijn,
Op het Valkenbosplein
Met die mensen uit 1902?
Is het leven nog altijd zo traag?
Wat voor weer zou het zijn in Den Haag?

Wat voor weer zou het zijn in Den Haag?
Wisselvallig met telkens een bui?
Wat voor weer is het daar nou vandaag?
Is het weer voor een vest en een trui?
Is er regen vandaag?
Waait de wind met een vlaag
Alle voetgangers weg van het Spui?
En duikt iedereen diep in zijn kraag?
Wat voor weer zou het zijn in Den Haag?

Wat voor weer zou het zijn in Den Haag?
Zijn de bomen al groen op het Plein?
O, wat zou ik verschrikkelijk graag
Een moment op het Buitenhof zijn.
Langs de Poten te gaan,
Voor de schouwburg te staan:
't Is niet nodig, maar het lijkt me zo fijn.
Een kwartiertje is al wat ik vraag.
Ik verlang naar mijn eigen Den Haag,
Den Haag …, Den Haag …, mmmw Den Haag.

TAALHULP

9   ●

Werk in tweetallen.
Spreker A stelt de vraag, spreker B geeft een reactie (alleen ja of nee is niet voldoende).
Keer daarna de rollen om.

1   Lekker weertje vandaag, hè?
2   Wat voor weer denk je dat het morgen wordt?
3   Ben je al gewend aan het klimaat van Nederland?

4 Regent het in jouw land ook zo vaak als in Nederland?
5 Het is hier ijskoud! Is de verwarming eigenlijk wel aan?
6 Waar kan ik een plattegrond van de stad krijgen?
7 In welke provincie ligt Amsterdam?
8 Ben je wel eens aan het strand geweest in Nederland?
9 Welke plaatsen wil je graag bezoeken?
10 Aan welke landen grenst Nederland?

GRAMMATICA

10 ●

Vul in: *die* of *dat*.

1 De stad _____ ik in Nederland het mooist vind, is Amsterdam.
2 De televisie _____ ik gisteravond heb gekocht, is nu al kapot.
3 Het Nederlands _____ ze in het zuiden spreken, verschilt een beetje van het Nederlands _____ ze in het westen spreken.
4 De trein _____ uit Utrecht komt, heeft vertraging.
5 Het programma _____ ik gisteren op tv zag, was niet leuk.
6 Ik zie een man _____ erg goed kan fietsen.
7 Het museum _____ zich op de Hoge Veluwe bevindt, is het Kröller-Müller museum.
8 Dit is de tas _____ ik altijd meeneem naar de les.
9 Treinen _____ alleen in grote steden stoppen, noemen we intercity-treinen.
10 Het apparaat _____ hij heeft gekocht, vind ik vreselijk duur.

11 ● ●

U krijgt steeds twee zinnen.
Combineer de zinnen tot één zin.
Begin de tweede zin (de relatieve bijzin) met *die* of *dat*.
Voorbeeld: Karel is een serieuze student. Hij werkt hard.
           Karel is een serieuze student die hard werkt.

1 Hij zoekt een secretaresse. De secretaresse spreekt Engels en Nederlands.
2 Er viel wat regen uit een wolk. De wolk was heel donker.
3 We hebben gisteren een computer gekocht. De computer is heel erg snel.
4 Mijn vader is een vriendelijke man. Hij is heel handig en helpt iedereen.
5 Dat is een moeilijke vraag. Ik kan de vraag niet beantwoorden.
6 Ik woon het liefst in een huis. Het huis is heel erg oud.
7 Wat heb je aan een weerbericht? Het weerbericht is niet juist.
8 Dit is een interessant boek. Het boek bevat heel mooie verhalen.

9 Ik heb naar een radio-uitzending geluisterd. De uitzending gaat over buitenlanders in Nederland.

10 Een toerist is iemand. Hij bezoekt in zijn vakantie allerlei plaatsen.

12 ●

U krijgt steeds twee zinnen.

Onderstreep in de 2e zin verbum en prepositie.

Combineer daarna de zinnen tot één zin.

Gebruik *waar* + prepositie in de tweede zin (de relatieve bijzin).

Voorbeeld: De auto is nieuw. Ik <u>rijd in</u> de auto.

De auto waarin ik rijd, is nieuw.

of: De auto waar ik in rijd, is nieuw.

1 De excursie is erg interessant. Ik informeer naar de excursie.
De excursie _____ .

2 De rivier is breed. Wij wonen al tien jaar aan de rivier.
De rivier _____ .

3 Het fototoestel is gemakkelijk te bedienen. Ik maak mooie foto's met het toestel.
Het fototoestel _____ .

4 Deze schilderijen zijn van Rembrandt. Ik houd van de schilderijen.
De schilderijen _____ .

5 De tekst gaat over toerisme. Ik begrijp geen woord van de tekst.
De tekst _____ .

6 Het tv-programma gaat over het klimaat van Nederland. Marjan wil iets over dat programma vertellen.
Het tv-programma _____ .

7 Dat horloge wil mijn broer graag hebben. Je kunt op dat horloge de tijd in een ander werelddeel instellen.
Dat horloge _____ .

8 Ik wil dit woordenboek aan jou geven. Je kunt veel synoniemen in dit woordenboek vinden.
Ik wil dit woordenboek _____ .

13 ● ●

Vul in: *die*, *dat*, of *waar* + prepositie.

Mijn vakantiekiekjes (= vakantiefoto's)

1 Ik zal je de foto's laten zien _____ ik op vakantie gemaakt heb.

2 Het was een vakantie _____ ik nooit zal vergeten.

3 Hier zie je het vliegtuig _____ we reisden.

4   Kijk, en dit is onze vriend ____ ons kwam uitzwaaien.

5   Hier staan de vrienden ____ samen met ons naar Griekenland gingen.

6   Ik ben die persoon ____ een reisgids in zijn hand heeft.

7   Dat is de reisgids ____ informatie over Griekenland te vinden is.

8   Op deze foto zie je het huis ____ we gehuurd hadden.

9   De man ____ op deze foto staat, is de eigenaar van het huis.

10 Hij had ook een auto ____ we per dag konden huren.

11 Het was een oude auto ____ je niet comfortabel kon zitten.

12 Dit zijn de foto's van een feestje ____ we uitgenodigd waren.

13 Op dat feest hebben ze ons de sirtaki geleerd, een dans ____ je vaak iets in de reisgidsen leest.

14 Het is de traditionele dans ____ iedereen in Griekenland kan dansen.

15 Zo, dit waren de laatste foto's ____ we van de vakantie hebben.

14 ●●

Bekijk onderstaande vragen over tekst 1: 'Ervaringen van een ambassadeur'.

a   Onderstreep de persoonsvormen. Ze staan in het imperfectum. Schrijf of zoek van alle persoonsvormen de infinitieven op.

b   Beantwoord daarna de vragen. Begin het antwoord steeds met: Toen ____ .

1   Wat voor weer was het toen de ambassadeur 's morgens opstond?
    Toen de ambassadeur 's morgens opstond, ____ .

2   In wat voor stemming was hij toen hij dat zag?
    Toen hij dat zag, ____ .

3   Welke kleur had de lucht toen hij 's middags over het Voorhout reed?

4   Wat deden de bomen toen hij over het Voorhout reed?

5   Aan wie vroeg hij wat hij moest gaan zien toen hij net in Nederland was?

6   Wat vond hij van Volendam toen hij er voor het eerst kwam?

7   Wat voor tijd van het jaar was het toen hij de tweede keer in Volendam was?

8   Wat zag hij toen hij in de verte keek?

LUISTEREN

15 ●

U hoort twee weerberichten van het KNMI*.

Luister naar de twee weerberichten en vul het schema in.

	WEERBERICHT 1	WEERBERICHT 2
Zon of bewolkt?	ochtend _____ middag _____	ochtend _____ middag _____
Middagtemperatuur		
Droog of neerslag? (neerslag = regen, sneeuw)		
Vooruitzichten voor de komende dagen		
Seizoen		

*   KNMI: Koninklijk Nederlands Metereologisch Instituut, het Nederlandse weerstation.
De hoofdvestiging is in De Bilt, vlakbij Utrecht.

EXTRA VRAGEN

Wat kunt u buiten doen op een dag zoals bij weerbericht 1?

Wat kunt u buiten doen op een dag zoals bij weerbericht 2?

16 ●

U hoort een verslag van een verslaggever in Amsterdam. Hij interviewt mensen buiten.
Het is heel warm in Amsterdam.

VRAGEN

1   **Waar is de verslaggever?**

a   Op het strand.

b   In een park.

c   Op een plein.

2   **Wie hebben er de meeste moeite met de hittegolf?**
a   De Amsterdammers.
b   De toeristen.
c   De jongeren.

3   **Wat is het verschil tussen een hittegolf in Nederland en in de VS?**
a   In Nederland geeft de extreme warmte veel meer problemen dan in de VS.
b   In de VS zijn de gevolgen van een hittegolf veel ernstiger dan in Nederland.
c   In de VS hebben de mensen minder last van de hitte dan in Nederland.

4   **Wat vindt de jongen uit Limburg van het Van Gogh museum?**
a   Hij vindt het mooi en het is gelukkig ook koel in het museum.
b   Hij vindt het mooi, maar het is nu te warm voor museumbezoek.
c   Hij vindt er eigenlijk helemaal niets aan.

5   **Wat doen de Skaters als ze het te warm hebben?**
a   Ze zitten met blote voeten in de vijver.
b   Ze gaan met hun kleren aan de vijver in.
c   Ze drinken een lekker koud blikje bier.

SPREKEN

17   ●
Werk in tweetallen of kleine groepen.
Gebruik daarbij taalhulp, onderdelen 'het weer' en 'geografische ligging'.
Lees eventueel ook tekst 22: 'Aardrijkskunde van Nederland'.

Thema: uw land van herkomst of een land waar u bijvoorbeeld op vakantie bent geweest
of waar u hebt gewoond.
Stel elkaar de volgende vragen:

In welk werelddeel ligt het land, en aan welke landen grenst het?
Hoe is het weer, en is dat in het hele land hetzelfde?
Wat voor soort klimaat heeft het land, en wat zijn de seizoenen?
Hoe ziet het landschap eruit, en is dat in het hele land hetzelfde?
Welke steden of dorpen zijn interessant om te bezoeken?
Wat zijn de bekendste monumenten / gebouwen en waar zijn die?

18 ●●

Werk in tweetallen.

persoon A: toerist

U komt voor het eerst als toerist in een stad en gaat naar de informatiebalie voor toeristen.
U hebt een plattegrond nodig en wat informatie over bezienswaardigheden/ activiteiten
in de stad.
Voorbereiding: Maak eerst een lijstje met een paar vragen die u wilt stellen.

persoon B: medewerker informatiebalie voor toeristen

Er komt een toerist bij u aan de balie. De toerist wil graag een plattegrond van de stad en
stelt u een paar vragen. Probeer hem of haar zo goed mogelijk te helpen.
Gebruik daarbij een kaart van de stad om dingen aan te wijzen en eventueel een brochure
met de nodige informatie.
Voorbereiding: Bestudeer eerst zelf het kaartje en de informatie, en kies drie bezienswaardig-
heden die u in ieder geval wil aanwijzen op het kaartje.

SCHRIJVEN

19 ●

Grote vakanties in eigen land

In 1999 gingen 11,1 miljoen Nederlanders voor
één of meer lange vakanties van huis.Bijna 70%
van deze vakanties werd in eigen land gevierd.
De Noordzeebadplaatsen werden daarbij het
meest bezocht.

10 populairste toeristengebieden
Aantal bezoekers x 1.000

Gebied	Aantal
Noordzeebadplaatsen	
Veluwe / Veluwerand	890
Drentse zandgronden	
Oost-Brabant / Limburg* en Rijk van Nijmegen	740
Twente/Salland / Vechtstreek	
West / Midden-brabant	610
Waddeneilanden	
Achterhoek	360
Zuid-Limburg	
Utrechtse heuvelrug / 't Gooi	250

*Noord- en Midden-Limburg

U krijgt een logé uit het buitenland.
Hij / zij wil graag verschillende
plaatsen zien van Nederland of van
het land waar u nu woont en is ook
in de cultuur geïnteresseerd.
Maak een lijstje met plaatsen die u
zult laten zien en schrijf op waarom.
Schrijf in volledige zinnen.

Voorbeeld:
Ik wil Den Haag laten zien, omdat
daar de parlementsgebouwen zijn.

20 ● ●

Een informele brief

In een informele brief of kaart gebruiken we de informele aanspreekvormen 'je' en 'jullie'.

Boven aan de brief plaats en datum:

Amsterdam, 12 juni 2000 (of: *Amsterdam, 12-6-2000*)

Dan de aanhef:

Lieve _____ (familie, goede vrienden)
Beste _____ (kennissen)

Onderaan de brief een afsluitende groet:

Veel liefs, _____ (heel persoonlijk)
Groetjes, _____ (persoonlijk)
Hartelijke groeten, _____ (persoonlijk)
Groeten, _____ (iets minder persoonlijk)

Voorbeeld:

Nijmegen, 28 februari 2000

Lieve Ruth,

Wat leuk dat je bij me komt logeren! Ik verheug me erg op je komst. Jammer dat je maar drie dagen komt. Ik wil je graag wat van mijn woonplaats, Nijmegen, laten zien.
We moeten dan in ieder geval naar de Waal gaan. De Waal is de belangrijkste rivier van Nederland. We kunnen aan de Waalkade gaan zitten, daar is het gezellig met cafés en terrasjes, en kijken naar de boten die langs komen. Vlakbij is ook een nieuw museum. Dat is interessant omdat er archeologische vondsten te zien zijn. Later kunnen we ook nog gaan wandelen in een natuurgebied langs de Waal.
Ik zal brochures van Amsterdam en Den Haag halen bij de VVV, dan kunnen we die beide steden ook nog gaan bezoeken. In Amsterdam is natuurlijk het Rijksmuseum met 'De Nachtwacht', en Den Haag wil ik je laten zien omdat daar de parlementsgebouwen zijn.
Het wordt vast heel gezellig!

Groetjes, Roos

Schrijf nu zelf een brief waarin u uw gast uitlegt wat uw plannen zijn voor de drie dagen, met daarbij een korte motivatie (gebruik de door u gemaakte zinnen uit oefening 19).

LEZEN

21 ● Tekst

Advertentie van Verkeersbureau Malta in Amsterdam

MALTA
Zomer en Winter genieten!

1   Zin in een vakantie waarin, naast ontspanning, ook volop ruimte
    bestaat voor culturele en sportieve aktiviteiten?
    Waarin naast het strand, zwembad en terras ook musea,
    kerken en kathedralen bezocht kunnen worden?

5   Dan is Malta dè perfecte bestemming.
    Maar Malta biedt meer, veel meer. Een altijd zonnig klimaat,
    een kristalheldere, diepblauwe zee, voortreffelijke
    watersportmogelijkheden, de mysterieuze 6000 jaar oude tempels,
10 een verrukkelijke keuken … En niet te vergeten de Maltezers zelf,
    vriendelijk en gastvrij.
    MALTA, slechts drie uur vliegen. Ook vanaf Rotterdam Airport.

    Wilt u meer informatie over dit veelzijdige vakantie-eiland,
15 vraag dan onze brochure aan met bijgaande informatiebon,
    of kijk op internet: www.malta.nl

VRAGEN

1   Wat heeft Malta te bieden voor:
- de cultuurliefhebber?
- de sportliefhebber?
- de toerist die wil uitrusten en genieten?
2   Hoe is het weer op Malta?
3   Hoe kan men meer informatie over Malta krijgen?

22 ●● Tekst

Aardrijkskunde van Nederland

1   Nederland is een klein land. Het ligt in West-Europa. Het grenst in het oosten aan Duitsland en in het zuiden aan België. In het westen en in het noorden ligt het aan de Noordzee.
Nederland heeft helemaal geen bergen en het heeft nauwelijks heuvels.

5   Een gedeelte van het land ligt zelfs onder de zeespiegel. In dat gedeelte ligt ook de luchthaven Schiphol.
Hoewel het land een uniforme indruk maakt, is het landschap niet overal hetzelfde. Friesland bijvoorbeeld is een waterrijke provincie, die watersporters volop gelegenheid biedt van hun sport te genieten.

10   In het westen van Nederland vindt men polders. Waar nu polders zijn, was vroeger water, meren. Daar heeft men dijken omheen gelegd en vervolgens is het water weggepompt. In het verleden pompten windmolens het water weg, maar tegenwoordig gebeurt dat meestal elektrisch.
De jongste provincie van Nederland, Flevoland, is zo'n polder. Vroeger was daar

15   namelijk de Zuiderzee. Het gedeelte dat van de Zuiderzee is overgebleven, heet het IJsselmeer.
Ten oosten van Utrecht verandert het landschap weer. Daar, en in het zuiden van Nederland vindt men zandgrond met bossen. Limburg is de meest heuvelachtige provincie van Nederland. Het Drielandenpunt in deze provincie - dat is het punt

20   waar Nederland, België en Duitsland samenkomen - is het hoogste punt van Nederland. Het is maar liefst 312 meter hoog.

25

30

35

De provincie Zeeland bestaat voorname-lijk uit eilanden. Op 1 februari 1953 kwamen deze eilanden voor een groot deel onder water te staan. Deze ramp, waarbij 1834 mensen om het leven kwamen, maakte duidelijk dat er iets moest gebeuren. Zo ontstond toen het zogenaamde Deltaplan, ook wel Delta-werken genoemd. Als onderdeel van het Deltaplan werden de eilanden door dammen met elkaar verbonden en werden verschillende zeegaten afgesloten.
Amsterdam is de hoofdstad van Neder-land, maar de regering zetelt in Den Haag. Rotterdam, in de provincie Zuid-

Holland, is bekend om zijn grote haven. Utrecht en Maastricht behoren tot de oudste steden van Nederland, maar Leiden heeft de oudste universiteit.

40 Nederland heeft een guur en regenachtig klimaat. Dat betekent dat het er vaak koud en nat en winderig is. Daarom speelt het sociale leven zich meer thuis af dan op straat. Maar er zijn natuurlijk ook veel dagen waarop de zon heerlijk schijnt en de mensen naar buiten gaan. De zomer van 1999 was bijvoorbeeld een heel goede zomer voor Nederlandse begrippen. Van juli tot half september was het

45 zonnig en warm. De temperatuur steeg op sommige dagen tot boven de dertig graden. Veel mensen vonden dat te warm, maar dat is misschien wel typisch Nederlands: altijd klagen over het weer!

VRAGEN

1 Vul de naam van de stad of de provincie in:
   a   De hoofdstad van Nederland is _____ .
   b   De Nederlandse regering zetelt in _____ .
   c   Eén van de grootste havens van de wereld is in de stad _____
        in de provincie _____ .
   d   _____ heeft de oudste universiteit van Nederland.
   e   De Deltawerken zijn te vinden in de provincie _____ .
   f   In de provincie _____ liggen heuvels.
   g   De provincie _____ bestaat korter dan alle andere provincies.
   h   In de provincie _____ kan men veel aan watersport doen.

2   Kunt u de naam 'Nederland' verklaren ?
3   Wat zijn polders?
4   Waarom is het Deltaplan ontwikkeld?
5   Het weer in Nederland is erg wisselvallig. Wat zegt de tekst hierover?
6   Nederlanders praten veel (en klagen veel) over het weer. Hoe is dat in uw land?

BUITEN HET BOEKJE

23 ● / ● ●
Informatie opzoeken.

Het weerbericht

Op Internet kunt u veel informatie vinden over allerlei landen. Ook staat daar veel informatie over Nederland en België. Kijk bijvoorbeeld eens bij de volgende Internetsites van de kranten. Zoek het onderdeel 'weer'. Lees de verwachting voor de volgende dag(en).
U kunt ook op Teletekst kijken op de Nederlandse televisie, of een weerbericht uit een krant knippen.

Neem de informatie mee naar de volgende les.

> http://www.volkskrant.nl/weer/
> http://www.standaard.be/

Ook kunt u kijken bij de volgende sites.

> http://www.knmi.nl/voorl/weer/
> http://www.meteo.oma.be/

Reizen

Ga naar een van de hieronder genoemde sites. Zoek een stad in Nederland of België waar u graag eens naartoe wilt. Schrijf wat informatie op voor de volgende les zodat u kunt vertellen wat er in die stad te zien is en waarom u naar die stad wilt gaan.

Als u geen toegang heeft tot Internet, kunt u ook naar een bibliotheek gaan of bij een reisbureau een paar brochures ophalen.

> http://www.stedengids.net/
> http://www.antwerpen.be/
> http://www.gent.be/
> http://www.brugge.be/

les

3

Er is geen bal
op de tv!

Basis B

1 TEKST

1a Introductie

Paola Maggiani is studente journalistiek in Milaan. In verband met haar studie is ze naar
Nederland gekomen. Ze blijft een jaar in Nederland en woont in Amsterdam.

1b Lees nu de tekst

1 'Ik studeer journalistiek en ben nu bijna afgestudeerd. Ik studeer eigenlijk in
Milaan, maar mijn eindscriptie gaat over het krantensysteem in Nederland.
Daar doe ik nu onderzoek naar en daarom heb ik nu de gelegenheid gekregen om
een jaar in Nederland te studeren.

5 Ik heb al snel ontdekt dat het krantensysteem in Nederland heel anders is dan in
Italië.
Neem bijvoorbeeld krantenkiosken: bij ons in Italië vind je ze overal op straat, in
Nederland heb ik ernaar lopen zoeken, maar je ziet ze bijna niet. Hier koop je een

krant op de stations en bij de boekwinkel. Ik dacht even dat Nederlanders geen
10   grote krantenlezers waren, maar heel veel Nederlanders abonneren zich op een
krant; ze krijgen hun krant dan iedere dag in de brievenbus.
Er zijn in Nederland diverse landelijke dagbladen. Sommige zijn ochtendbladen,
andere zijn avondbladen. Zo is de *Volkskrant* een ochtendblad, en het
NRC-Handelsblad een avondblad. Dan heb je nog het meest gelezen ochtendblad
15   van Nederland, de *Telegraaf*, maar ik lees hem bijna nooit.
Kranten hebben een eigen identiteit. Daar snapte ik eerst niks van, maar mijn
docent heeft erover verteld. De ene is rechts georiënteerd, de andere meer links.
En dan heb je ook nog een dagblad (*Trouw*) dat protestants-christelijk georiënteerd is.
20   Wat ik zelf wel interessant vind, is dat er in Nederland ook zoveel regionale en
plaatselijke bladen zijn. Die zijn ook best wel goed. Daar staat niet alleen binnenlands en buitenlands nieuws in, maar ook nieuws uit de regio en plaatselijk
nieuws. Je vindt er politiek, economisch en maatschappelijk nieuws uit de
gemeente, maar ook de plaatselijke agenda's van de bioscopen, theaters en
25   concertzalen.
In de trein lees ik *Spits* en *Metro*. Dat zijn kranten die gratis verkrijgbaar zijn op
stations. Daarin staan veel foto's en korte teksten. De artikelen die erin staan,
zijn makkelijk te begrijpen als je kennis van het Nederlands nog niet zo groot is'.

1c   Oefening bij de tekst

1   Waarom is Paola voor een jaar in Nederland?
2   Hoe komen Italiaanse lezers aan hun krant, en hoe gaat dat in Nederland?
3   Wat bedoelt Paola met: 'Kranten hebben hun eigen identiteit'?
4   Wat zegt Paola over de regionale en plaatselijke bladen?
5   Wat voor soort kranten zijn *Spits* en *Metro*?

U kunt nu oefening 1 en 2 maken.

2   TEKST

2a   Lees eerst de introductie
Een presentator in de Nederlandse studio praat per telefoon met correspondente Jacintha Hin
in Tokyo, in Japan. Hij vraagt wat het belangrijkste nieuws in Japan is.

2b   Vocabulaire
Zoek, voordat u gaat luisteren naar de tekst, de volgende woorden op in een woordenboek.

de komkommertijd
gegijzeld
hoe gaat dat aflopen
momenteel
beheersen
(in: Dat beheerst vandaag het nieuws.)
de kampeerder
om het leven komen
overstromen

weggespoeld
in de ban houden
weersomstandigheden
opmerkelijk
zich _____ voordoen
het avontuur zoeken
eigen schuld
de aardbeving

2c   Luister een keer naar de tekst.
     Luister nog een keer en maak de oefening.

1   **Wat beheerst het nieuws van vandaag in Japan?**
a   Dat er een Japanner is vermoord.
b   Dat er vier Japanners zijn gegijzeld.
c   Dat veel kampeerders om het leven zijn gekomen.

2   **Wat heeft het nieuws de afgelopen weken beheerst in Japan?**
a   De gijzeling van vier Japanners in een ver land.
b   De aardbevingen in Turkije.
c   De dood van veel kampeerders na vreselijke regenbuien.

3   **Wat was zo opmerkelijk aan de ramp met de omgekomen kampeerders?**
a   Dat ze zijn weggespoeld, hoewel ze op een veilige plaats stonden.
b   Dat ze te veel risico hadden genomen, wat de gemiddelde Japanner
    nooit doet.
c   Dat dit soort extreme weersomstandigheden zich bijna nooit voordoen.

U kunt de tekst nog eens nalezen. (Appendix 1)

3   TAALHULP

Praten over nieuws en actualiteiten

Heb je het (laatste) nieuws al gehoord?
Op / in het journaal zeiden ze dat _____ .
Op / in het journaal lieten ze zien dat _____ .
Ik heb op de radio gehoord dat _____ .
Ik heb in de krant gelezen dat _____ .
In de krant (van vandaag / van gisteren) stond dat _____ .

Praten over programma's op radio en tv

Gisteren was er een documentaire op tv / op de radio over _____ .
Gisteren was er een programma op tv en daarin _____ .
Ik heb een leuk / mooi / interessant programma gezien / gehoord over _____ .

Idioom

De buis: de beeldbuis, de televisie
Hij hangt de hele dag voor de buis.
Zappen: in snel tempo van zender wisselen
*Veel tv-kijkers zappen tegenwoordig
van het ene naar het andere kanaal.*
Het kanaal: zender van t.v. of radio.
De mat: klein vloerkleed
's Ochtends ligt de krant op de mat.

Uitdrukkingen

Als je verbaasd bent over iets, als je iets heel uitzonderlijk vindt, kun je zeggen:
Nou, dat mag wel in de krant!

U kunt nu oefening 9 maken.

4 GRAMMATICA

4a De verwijswoorden 'er' en 'daar'.

Inleiding

In les 1 en 2 hebben we gesproken over verwijswoorden.
Kijk naar de volgende zinnen. De *cursief* gedrukte woorden zijn ook verwijswoorden.

Neem bijvoorbeeld **krantenkiosken**: bij ons in Italië vind je ze overal op straat,
in Nederland heb ik *ernaar* lopen zoeken, maar je ziet ze bijna niet.

Wat ik zelf wel interessant vind, is dat er in Nederland ook zoveel **regionale en
plaatselijke bladen** zijn. *Daar* staat niet alleen binnenlands en buitenlands nieuws
in, maar ook nieuws uit de regio en plaatselijk nieuws. Ook de plaatselijke
agenda's van de bioscopen, theaters en concertzalen staan *erin*.

Onderstreep ook de andere verwijswoorden, die u in les 1 en 2 al geleerd hebt.

- Vul in: We kunnen verwijswoorden gebruiken in plaats van _____ _____ .
- We hoeven dan die woorden niet steeds te herhalen, anders zou de tekst saai worden.

Verwijzen naar een object zonder prepositie

Zie ook hulpboek bij Help 1, hoofdstuk 9.

1	Zie je **de krant**?	Ja, ik zie *hem*. (hem = _____)	
2	Begrijpt hij **de tekst**?	Ja, hij begrijpt *hem*. (hem = _____)	
3	Lezen jullie **het krantje**?	Ja, wij lezen *het* elke dag. (het = _____)	
4	Koop je **het boek**?	Nee, ik koop *het* nu nog niet. (het = _____)	
5	Koopt zij **de kranten**?	Nee, zij koopt *ze* niet. (ze = _____)	
6	Maak je **de oefeningen**?	Ja, ik maak *ze* vanavond wel. (ze = _____)	

VRAGEN

- In de zinnen rechts verwijs je naar de vetgedrukte woorden links met de woorden _____ of _____ of _____ .
- In plaats van een de-woord gebruik je _____ .
- In plaats van een het-woord gebruik je _____ .
- In plaats van een woord in pluralis gebruik je _____ .

CHECK

Heb jij die foto op de voorpagina van de krant gezien?
Ja, ik vind _____ afschuwelijk.
Heb je dat bericht over de aardbeving gelezen?
Nee, Olaf heeft _____ uit de krant geknipt.
Heb jij tijd om twee ochtendbladen te lezen?
Nou, meestal lees ik _____ pas 's avonds.

U kunt nu oefening 10 maken.

Verwijzen naar een object met prepositie (1)

7	Kijk je *naar* **het journaal**?	Ja, ik kijk *ernaar*. (er = ___)
8	Luisteren jullie vaak *naar* **de radio**?	Nee, wij luisteren *er* nooit meer *naar*. (er = ___)
9	Schrijft hij *over* **televisieprogramma's**?	Ja, hij schrijft *er* veel *over*. (er = ___)

VRAGEN

- In de zinnen 7, 8 en 9 verwijs je naar de vetgedrukte woorden met het woord _____ .
- Op welke positie in de zin staat dit woord?
- Op welke positie in de zin staat de prepositie in de linkerkolom, en in de rechterkolom?

Verwijzen naar een object met prepositie (2)

Kijk naar de volgende zinnen.

10 Kijk je ook *naar* **die serie**?	Nee, *daar* kijk ik nooit *naar*. (daar = _____)
11 Schrijf je *over* **politiek**?	Ja, *daar* schrijf ik graag *over*. (daar = _____)
12 Denk je veel *aan* **grammatica**?	Nee, *daar* denk ik nooit *aan*. (daar = _____)
13 Weet je veel *over* **geschiedenis**?	Ja, *daar* weet ik veel *over*. (daar = _____)

VRAGEN

- In de zinnen 10, 11, 12 en 13 verwijs je naar de vetgedrukte woorden met het woord _____ .
- Op welke positie in de zin staat dit woord? Is er verschil met de zinnen 7, 8 en 9?
- Het woordje '_____' krijgt accent.
- Het woordje '_____' heeft nooit accent.

CHECK

Ik heb in de krant gezocht naar een artikel over de gijzeling maar ik kan _____ niks over vinden.

In mijn krant staat alleen het regionale nieuws. _____ kan ik me toch zo aan ergeren!

U kunt nu oefening 12 t/m 15 maken.

Oefeningen

VOCABULAIRE

1 •

In de volgende zinnen is het cursieve woord niet het juiste woord.

Vervang het door een woord uit de volgende groep woorden die genomen zijn uit tekst 1.

afgestudeerd	landelijke
economische	maatschappelijk
geabonneerd	ontdekt
gelegenheid	overal
georiënteerd	regio

1   Deze *plaatselijke* krant is op stations in het hele land verkrijgbaar.
2   Ik moet alleen nog mijn eindscriptie schrijven en dan ben ik *aangenomen*.
3   We hebben snel *gevonden* dat er in Nederland bijna geen krantenkiosken zijn.
4   Hans heeft de *situatie* gekregen om een jaar in het buitenland te gaan studeren.
5   In het Utrechts Nieuwsblad kunt u veel nieuws uit de *regionaal* lezen.
6   In Nederland zie je bijna *nergens* aparte fietspaden langs de wegen.
7   Ik lees deze krant liever niet! Voor mij is hij veel te links *afgeslagen*.
8   Wij zijn niet op een krant *ingeschreven*, maar we kopen meestal de zaterdag-
    editie.
9   Als *politiek* werker bied ik hulp aan mensen met sociale en financiële
    problemen.
10 Door de enorme *financiële* groei kunnen steeds meer mensen snel een baan
    vinden.

2 ●●
Zoek in tekst 1 de adjectieven die horen bij de volgende substantieven en probeer een
omschrijving van de betekenis te geven.
Voorbeeld:
    Substantief: het land.
    adjectief: een *landelijke* krant = een krant die in het hele land verschijnt / gelezen
    wordt.

1   het binnenland   6   de maatschappij
2   het buitenland   7   de plaats
3   het christendom   8   de politiek
4   de economie   9   het protestantisme
5   de interesse   10   de regio

3 ●
Kijk eerst naar de volgende voorbeelden.

1   Waar is jouw radio?
Actie   Ik heb hem in de keuken *gezet*.
Situatie   Hij *staat* in de keuken.

2   Waar is de krant?
Actie   Ik heb hem op tafel *gelegd*.
Situatie   Hij *ligt* op tafel.

3   Waar is je agenda?
Actie   Ik heb hem in mijn tas *gedaan/ gestopt*.
Situatie   Hij *zit* in mijn tas.

Vul nu in:

Actie	Situatie
zetten	_____
leggen	_____
_____	zitten
stoppen	_____

4 ●

Vul de juiste vorm in. Kies uit : *zetten, zitten, leggen, liggen, staan, doen, stoppen.*

1   Waar is mijn pen? Die heb ik op je bureau _____ . Kijk maar, daar _____ hij.
2   Heb je al suiker in de koffie _____ ? Nee, er _____ nog geen suiker in.
3   De kopjes _____ op de bovenste plank in de kast en de lepeltjes _____ in de la.
4   Waar heb je mijn glas melk _____ ? Dat _____ op de tafel in de keuken.
5   Sorry, ik heb het glas omgegooid. Nu _____ de melk overal op tafel.
6   Wat een mooie bloemen! Ik zal ze meteen in een vaas _____ .
7   Heb je de boeken in de kast teruggezet? Ja, ze _____ weer in de kast.
8   Heb je de boeken in de kast teruggelegd? Ja, ze _____ weer in de kast.
9   Oh, wat stom. Ik heb mijn fietssleutel in het slot laten _____ .
10 Hoeveel theezakjes heb je in de pot _____ ? Er _____ twee theezakjes in.
11 Gisteren _____ mijn woordenboek nog op die boekenplank.
12 Ik kan het niet meer vinden. Waar heb je het neer_____ ?

Maak nu zelf nog een paar zinnen met deze verba.

PROSODIE

5 ● 🎵

Luister naar de docent of de cd. Schrijf de woorden of zinnen die u hoort op.
Luister daarna nog een keer. Schrijf achter ieder woord het ritmeschema.
Onderstreep in de zinnen de syllabe(s) die accent krijgt (krijgen).

6 ● 🎵

Luister en zeg na. Let op de zinsmelodie.

A   Heb je dat nieuws al gehoord?
B   Ja, wat afschuwelijk, hè?

A   Weet je dat zeker?
B   Ja, dat heb ik in de krant gelezen!
A   Ach, er staat zoveel in de krant!
    Je moet niet alles geloven!

A   Te gek hè, die film!
    Wat heb ik gelachen!
B   Nou, ik vond er niet veel aan.
A   Ach, jij hebt geen gevoel voor humor!

A   Heb jij dat interview nog gezien?
B   Nee, ik had geen zin in televisie kijken.
A   Geen zin, nou dat mag wel in de krant!

7   ●●

Luister en lees mee. Streep de letters door die u niet of nauwelijks hoort.
Voorbeeld:

    Heb jij d_e_ krant gezien?   Nee, _i_k heb _h_em nie_t_ gezien.

A   Heb je het nieuws over die aardbeving op televisie gezien?
B   Ja, wat afschuwelijk, hè.

A   Heb je nog iets gehoord over dat ongeluk op de A2?
B   Op het journaal zeiden ze dat er drie zwaargewonden zijn.

A   In de krant van gisteren stond dat Johan Cruyff in de politiek gaat.
B   Ah, joh, dat moet je niet geloven! Ze schrijven zoveel in de krant!

A   Vanavond komt er een interview met de Amerikaanse president op tv.
B   Oh, dat wil ik zien. Hoe laat begint dat?
A   Om half tien, op Nederland 1.

A   Gisteren was er een mooie documentaire over Vincent van Gogh op tv.
B   Hè, jammer, die heb ik gemist. Die had ik graag willen zien!
A   Nou, dat kan nog. Ik heb hem op video opgenomen.
B   Oh, leuk, dan kom ik een keer bij je kijken.

A   Heb je zaterdag dat cabaretprogramma op Nederland 2 gezien?
B   Ja, te gek, joh! Wat heb ik gelachen!
A   Ik vond er niet veel aan. De meeste grappen waren zo flauw.
B   Ach, man, jij hebt geen gevoel voor humor!

A   Bij ons in Nederland is de werkloosheid afgelopen jaar gedaald.
Hoe is dat in jullie land?

B   Bij ons ook, maar niet zoveel als hier, geloof ik.

A   Zeg, heb je woensdagavond die voetbalwedstrijd tussen Ajax en Barcelona
gezien?

B   Nee, mijn nieuwe vriendin was op bezoek. Ze haat voetbal, dus die tv
bleef uit.

A   Nou, dat mag wel in de krant! Jij slaat toch nooit een wedstrijd over?

8   ●●

Liedje

Doris Day

Groep: Doe Maar

Ik ken een heel leuk tentje
Daar speelt een prima bandje
En iedereen die kent je
Hou je mond, nee, niks te maren
Poets je schoenen, kam je haren

REFREIN

Hé, er is geen bal op de tv
Alleen een film met Doris Day
En wat dacht je van net 2
Ein Wiener operette, nee!
Er zit een knop op je tv
Die helpt je zo uit de puree,
Druk hem in en ga maar mee
De bloemen buiten zetten

Ah, bah wat een misère
Als Marco* staat te blèren
Of een documentaire
Kan dan niemand ons bevrijden
Van Willem Duys** en Van der Meijden***
En hoor ze nou eens gissen

In spelletjes en quizzen
Een mens kan zich vergissen
Maar dit is toch al te lullig!
Imbeciel en onbenullig!

REFREIN (2x)

De in het lied genoemde Nederlanders waren bekend van radio en televisie in de laatste decennia van de twintigste eeuw:

*   Marco Bakker, bekende Nederlandse opera / operettezanger.
**   Willem Duys, bekende radio / tv presentator van muziekprogramma's.
*** Henk Van der Meijden, bekende tv presentator en journalist van de roddelpers.

TAALHULP

9   ●

Maak zinnen. Begin de zin steeds met:

Ik heb in de krant gelezen dat _____ .

of: Ik heb op de radio gehoord dat _____ .

of: Ik heb op de televisie gezien dat _____ .

Voorbeeld:

Amerikaanse president met hartklachten in ziekenhuis opgenomen.

Ik heb in de krant gelezen dat de Amerikaanse president met hartklachten in een ziekenhuis is opgenomen.

1   moordenaar krijgt 20 jaar voor moord op vierjarig meisje.

2   veel Internetwinkels functioneren slecht.

3   verkeersles moet op school verplicht worden.

4   uit onderzoek blijkt dat werkende vrouwen gelukkiger zijn.

5   Boeing neergestort met 217 passagiers.

6   rekenprestaties Nederlandse scholieren gaan achteruit.

7   op Prinsjesdag hoed Koningin afgewaaid.

8   de film *Star Wars* heeft miljoenen gekost.

GRAMMATICA

10 ●

Vul in. Kies uit: *het, hem, ze*.

A   Heb je de krant van vandaag al gelezen?

B   Ja, ik heb _____ 1 op tafel gelegd.

A   Ja, dat weet ik. Ik zoek _____ 2 niet, maar, ik bedoel, heb jij dat artikel
     over allochtonen gelezen? Ik begrijp _____ 3 helemaal niet.

B   Heb je gisteren dat programma over Nederlanders en buitenlanders op tv
     dan niet gezien?

A   Nee ik heb _____ 4 gemist.

B   Dat ging over hetzelfde onderwerp: de Nederlandse gewoontes. De meeste
     buitenlanders begrijpen _____ 5 niet zo goed.

B   Het onderwerp is actueel omdat er deze week overal multi-culturele
     manifestaties en concerten zijn. Ik heb kaartjes gekocht, maar ik weet niet
     waar ik _____ 6 heb neergelegd.

A   Wil je ook het programma kopen? Dan kan ik _____ 7 vandaag nog lezen.

B   Dat hoeft niet. Ik heb gezien dat _____ 8 in het Stadsblad staat. Dat kun je
     bij de buurman lenen.

11 ●

Verba met een vaste prepositie.

Vul het verbum (in de goede vorm) en de prepositie in. Kies uit:

denken aan	*zich interesseren voor*	*praten over*
dol zijn op	*informeren naar*	*uitnodigen voor*
zich ergeren aan	*kijken naar*	*zich verheugen op*
een hekel hebben aan	*luisteren naar*	*wachten op*
houden van	*praten met*	*zin hebben in*

1   Mijn buren hebben de radio altijd hard aan. Daar kan ik ____ zo ____ ____ !

2   Mijn vrouw ____ ____ ____ strandvakanties, maar ik ____ er absoluut niet ____ .

3   De film was fantastisch. We hebben er in het café nog lang samen ____ ____ .

4   Waarom ben je zo laat? Ik sta hier al een uur ____ je te ____ !

5   Onze buren hebben ons ____ hun bruiloftsfeest ____ .

6   Over een maand ga ik op vakantie. Heerlijk, ik ____ ____ daar nu al enorm ____ .

7   De leraar werd boos omdat de leerlingen de hele tijd ____ elkaar zaten te ____ .

8   Ik ga vanmiddag bij de VVV ____ ____ rondvaarten in de Amsterdamse grachten.

9   Mijn vader wilde ____ de voetbalwedstrijd op tv ____ , maar ik ____ daar
     helemaal geen ____ ____ .

10   Karel is smoorverliefd. Hij moet de hele tijd _____ zijn nieuwe vriendin _____ !
11   Als kind _____ ik een _____ _____ klassieke muziek, maar nu _____ ik er vaak
      _____ op de radio.
12   Als u _____ _____ _____ Nederlandse schilderkunst, moet u eens naar het
      Rijksmuseum gaan.

12 ●

Kijk naar de zinnen van de vorige oefening.

1   Wat is 'Daar' in zin 1?   _____
2   Wat is 'er' in zin 2?   _____
3   Wat is 'er' in zin 3?   _____
4   Wat is 'daar' in zin 6?   _____
5   Wat is 'daar' in zin 9?   _____
6   Wat is 'er' in zin 11?   _____

13 ●

U kunt 'er' gebruiken om te verwijzen naar het cursieve woord in de eerste zin.
Zet 'er' en de juiste prepositie op de juiste plaats in de tweede zin.
Voorbeeld:
      Dit woordenboek is niet goed.
      Ik kan niet genoeg betekenissen vinden.
      Ik kan *er* niet genoeg betekenissen *in* vinden.

1   We zetten iedere avond de tv aan voor *het journaal*. We kijken bijna altijd.
2   Heb je gisteren *dat programma over Nederlandse architectuur* gezien?
    Nee, maar ik heb wel iets gelezen.
3   Heb jij *die brief die op tafel lag* al op de bus gedaan? Ik had nog geen postzegel
    gedaan.
4   Als je meer wil weten over *Italië*, vraag het dan aan Paola. Ze praat heel graag.
5   We hebben wel een *radio*, maar ik moet zeggen dat ik bijna nooit meer luister.
6   Zit u al de hele ochtend op *dat telefoontje* te wachten?
    Ja, maar het is zo belangrijk, dat ik nog even wil wachten.
7   Ik begrijp niet dat je zoveel *koffie* drinkt. Ik houd absoluut niet.
8   Ik heb Anita een *cd* gegeven voor haar verjaardag. Ze was heel erg blij.
9   Ik heb een *interessant programma* op de televisie gezien. Ik wil graag iets
    vertellen.
10 Mijn zus heeft *schoenen met hoge hakken* gekocht, maar ze kan bijna
    niet lopen.

14 ●

Vul in de tweede zin 'daar' en de juiste prepositie in.
Naar welk(e) woord(en) verwijst 'daar' in elke zin?

1 Natuurfilms vind ik altijd erg interessant. kijk ik meestal.
2 Bah, nou moet ik alweer afwassen! heb ik toch zo'n hekel !
3 Wat duurt het lang voor de bus komt! kan ik niet wachten.
4 Kan ik een pen van je lenen, want de mijne is leeg. kan ik niet meer schrijven.
5 Morgen ga ik mijn kamer verven. komt mijn broer me helpen.
6 Ik weet niet zo veel van geschiedenis. weet Hilda erg veel.
7 Ik moet een opstel schrijven. heb ik niet zo'n zin.
8 Ik zal alle brieven op tijd versturen. hoef je je geen zorgen te maken.
9 Zij geven morgen een feest. hebben ze honderd mensen uitgenodigd.
10 Nederlandse grammatica is niet gemakkelijk. heb ik altijd veel moeite.

15 ● ●

Waarover spreek ik?

Hij ligt op mijn bureau. Je kunt *ermee* schrijven. Je kunt *ze* in veel kleuren kopen. (Een pen)

Vertel over de volgende dingen zonder de naam te noemen. Gebruik verwijswoorden
(het/ hem / ze / er + prepositie). De andere studenten moeten dan raden waar u over spreekt.

a auto, bureau, cd-speler, computer, fiets, glas, krant, tafel, televisie, woordenboek
b Kies nu zelf een voorwerp en beschrijf het op dezelfde manier.
De andere studenten moeten weer raden wat u bedoelt.

LUISTEREN

16 ●

U gaat luisteren naar een interview met Michael Jansen. Hij maakt radioprogramma's
voor de VPRO op Radio 1.
Lees eerst de vragen:

1 **Wat vindt Michael Jansen van de radioprogramma's die je overdag hoort?**
a Die programma's zijn alleen bestemd voor cultuurbarbaren.
b Die programma's zijn kwalitatief veel slechter dan de nachtprogramma's.
c Die programma's zijn alleen bestemd voor mensen die niet serieus zijn.

2 **Wat voor een programma verzorgt Michael Jansen?**
a Een programma over het gebruik van Internet.

b   Een programma over bruggen bouwen.

c   Een programma met muziek uit de hele wereld.

3   Wat zegt Michael Jansen over het medium radio?

a   Hij is het eens met het idee dat radio een ouderwets medium is.

b   Hij vindt dat radio een blijvend, tijdloos medium is .

c   Hij denkt dat radio helaas helemaal geen rol meer speelt.

4   Wat voor een programma zou Michael Jansen in de toekomst graag willen maken?

a   Een programma met van alles wat mensen zelf hebben opgenomen en bewaard.

b   Een programma voor onnozele en nieuwsgierige mensen.

c   Een programma waar de mensen overdag voor thuisblijven.

17 ● ●

U hoort een overzicht van het nieuws in verschillende avondkranten van maandag
13 december 1999, voorgelezen door Marjan Koekoek.

De genoemde avondkranten zijn:

Landelijke kranten: *NRC-Handelsblad, Het Parool.*

Regionale kranten: *De Gooi- en Eemlander* (regio Hilversum), *Het Utrechts Nieuwsblad,
Het Haarlems Dagblad, Het Fries Dagblad* (Friesland), *Het Rotterdams Dagblad.*

NRC-HANDELSBLAD
Het PAROOL
De Gooi- en Eemlander
Het Utrechts Nieuwsblad
Het Fries Dagblad
Het Haarlems Dagblad
Het Rotterdams Dagblad

Bij elk fragment is vocabulaire gegeven.

Zoek de woorden op in een woordenboek voordat u gaat luisteren.

FRAGMENT 1: **Staking van conducteurs bij de Nederlandse Spoorwegen**
Achtergrondinformatie: Op 13 december 1999 staakten de conducteurs van de Nederlandse spoorwegen. In de ochtendspits (tot 9 uur 's ochtends) legden zij het werk neer, zodat er nauwelijks of geen treinverkeer was. De actie was niet aangekondigd, dus duizenden treinreizigers werden door de actie verrast.

Vocabulaire
reiziger, gestrand, grieven

1 Wat hoort bij elkaar?		kruis aan
1 NRC-Handelsblad	a Een overvol perron	❏ tekst ❏ foto
	b Gestrande restauranthouder	❏ tekst ❏ foto
2 Het Parool	blijft kalm	
	c Grieven van het spoorweg-	❏ tekst ❏ foto
3 De Gooi- en Eemlander	personeel moeten wel serieus	
	worden genomen	
4 Het Utrechts Nieuwsblad	d Reiziger beklaagt zich bij een	❏ tekst ❏ foto
	conducteur	
5 Het Haarlems Dagblad	e Reizigers kijken geïrriteerd	❏ tekst ❏ foto
	naar het lege vertrektijden-	
	bord van Amsterdam CS	
	f Wachtende reizigers op de	❏ tekst ❏ foto
	trappen van Rotterdam CS	

2   Waar of niet waar?
De reacties van de reizigers op de staking zijn overwegend negatief.

3   Waar of niet waar?
NRC-*Handelsblad* kan geen begrip opbrengen voor de acties van de conducteurs.

FRAGMENT 2: **Je mag niet bidden op een openbare school**
Achtergrondinformatie: Eind 1999 vond er in Nederland een discussie plaats over het wel of niet beschikbaar stellen van aparte gebedsruimtes voor moslims op openbare scholen. Sommige scholen boden die faciliteit wel, andere scholen wilden daar niet aan meedoen.

Vocabulaire
protestant, taboe, aarzelend

1   Waar of niet waar?

Een school in Amsterdam wil voor de moslim-leerlingen geen aparte ruimte
creëren, waar zij kunnen bidden.

2   Welke krant is het niet eens met de school in Amsterdam?
❏ Het Fries Dagblad
❏ NRC-Handelsblad

FRAGMENT 3: **kwaliteit cd's met klassieke muziek**

Achtergrondinformatie: het gaat in de discussie om de vraag of er een duidelijke
relatie is tussen prijs en kwaliteit van cd's.

Vocabulaire

wegwerpprijzen, beperkt

1   Waar of niet waar?

Goedkope cd's zijn over het algemeen slechter dan cd's die veel geld kosten.

2   Waar of niet waar?

Volgens de krant kan het aanbod van goedkope klassieke cd's het aantal
liefhebbers van klassieke muziek vergroten.

SPREKEN

18   ●

Werk in tweetallen of met de cd.

a   Luister naar de spreker en geef een reactie. Alleen ja of nee is niet voldoende.

1   Lees je wel eens een Nederlandse krant?
2   Koop je vaak een buitenlandse krant?
3   Ben je op een krant geabonneerd?
4   Kijk je vaak naar de televisie?
5   Heb je gisteren iets leuks gezien op de televisie?
6   Heb je ook zo'n hekel aan al die spelletjes op tv?
7   Mag de tv aan? Ik wil graag het nieuws zien.
8   Kan die radio wat zachter? Zo kan ik niet telefoneren!

b   Bespreek de volgende situaties. Werk in groepjes.

1   U kijkt samen naar een spannende film op tv. De film wordt elk half uur
onderbroken door reclame. Wat vindt u daarvan? Reageer ook op de reacties
van de anderen.

2   Een van u komt na drie weken terug van vakantie. U hebt in die tijd het nieuws niet gevolgd. U vraagt aan de anderen: 'Is er de afgelopen weken nog iets bijzonders gebeurd?'

3   U wilt wel eens een Nederlandse of Vlaamse krant lezen, maar u weet niet welke. Ga naar uw docent om advies te vragen. Wat vraagt u?

4   U leest een interessant artikel in een Nederlandse krant. U kunt het wel globaal volgen, maar er staan een paar zinnen in de tekst die u niet goed begrijpt. Vraag de anderen in uw groepje u te helpen.

5   U kijkt elke dag graag naar een Nederlandse soap op tv. Vraag aan de anderen in uw groepje wat ze daar van vinden. Probeer duidelijk te maken waarom u zo graag kijkt.

19 ● ●
Werk in tweetallen of kleine groepjes.

Een avondje tv

Op bladzijde 83 ziet u een pagina uit een omroepblad met een overzicht van tv-programma's op de Nederlandstalige zenders, zoals ze in 1999 op de Nederlandse kabel te ontvangen waren:
-   De zenders Nederland 1, Nederland 2 en Nederland 3
-   De Belgische (Vlaamse) zenders België1 en België2

Opdracht A
U kunt de programma's indelen in de volgende categorieën:

-   nieuws en actualiteiten
-   documentaire
-   speelfilm
-   sport
-   muziek

-   toneel en cabaret
-   kunst en cultuur
-   praatprogramma (talkshow)
-   quiz / spelprogramma
-   onderwijs / educatie

Nu volgt een aantal titels uit het programmaoverzicht op bladzijde 83. Tot welke categorie behoort ieder programma? Bespreek uw indeling met de andere groepsleden.

-   NOS-Journaal (Ned 1, 20.00)
-   Achter de lach (Ned 1, 22.07)
-   Zoeken naar Eileen (Ned 1, 23.05)
-   Algemene Ondernemers Vaardigheden (Ned 2, 11.00)
-   2 vandaag (Ned 2, 17.29)
-   Columbus (Ned 2, 23.05)
-   Middernacht klassiek (Ned 2, 0.00)

TELEVISIE ZATERDAG 18 SEPTEMBER

NEDERLAND 1

7.30 KRO's Kindertijd (KRO). 7.30 Musti. 7.36 Moomin **7.59** Alles kits extra (AKN). Met om: 7.59 Robbedoes (KRO). Hh. 8.24 Ratjetoe (KRO). Hh. 8.48 Droomshow (AVRO). Hh. 1997. 9.14 Willem Wever (NCRV) ⓣ. Hh. 13-9. 9.37 Pirates (AVRO). Hh. 1996.

10.05 Een Duitse grootvader (HUMAN) Documentaire over het leven van een voormalig Wehrmachtsoldaat. Samenstelling en regie: Alfred Edelstein en Karin van Coeverden. Herh. • 5079147

10.45 Hindoes jongeren en hun verwachtingen (OHM) Herh. van zondag. • 37097741

11.16 Get the picture (AVRO) Herh. van gisteren. • 109690963

11.40-12.35 C-majeur (NCRV) Afl: Opera Dido & Aeneas. Presentatie: Gregor Bak. Herh. 1996. • 7436944

16.00 NOS-JOURNAAL ⓒⓣ • 60963

16.05 Alle dieren tellen mee ▭ (AVRO)

16.30 Alle dieren tellen mee: Kids for animals Presentatie: Sipke Jan Bousema. • 1673

16.57 Alles kits (AKN) • 205901708 16.59 Verdwaald in Afrika (NCRV). (Missing in Africa). Afl 1. 17.22 De legende van de Bokkenrijders (KRO). 13-delige dramaserie. Afl 7: Tussen twee vuren. Hh. 17.47 Wildlife (KRO). Natuursprookje. 17.53 Achter de deur (NCRV). Afl: Zuid-Afrika. Hh. 31-7.

18.08 TopPop non stop (AVRO) Muziekserie met een non-stop terugblik op het hitje TopPop-archief. • 300612963

18.38 Star Trek: Voyager ▭ (AVRO) Amerik. sf-serie. Afl: Bride of Chaotica. Met oa Kate Mulgrew. • 304400857

19.31 Get the picture (AVRO) Kennisquiz. Pres.: Paula Udondek.

20.00 NOS-JOURNAAL ⓒⓣ • 35876

20.31 Tatort (AVRO) Duitse krimiserie. Afl: Engelchen Flieg. Met oa Ulrike Folkerts, Andi Hoppe en Hans-Günter Martens. • 100339012

22.07 Achter de lach (NCRV) Een blik achter de schermen van het Nederlandse cabaret. 3-delige serie. Afl 2: Het maken van een voorstelling. Herh. 1997. • 209030147

23.05-0.42 Zoeken naar Eileen Ned 1987. Thriller van Rudolf van den Berg. Naar een boek van Leon de Winter. Met oa Thom Hoffman, Lysette Anthony en Kenneth Herdigein. Philip is een gebroken man na de dood van zijn vrouw Marjan. Als op een dag een jonge vrouw zijn boekhandel binnenloopt, die sprekend op Marjan lijkt, besluit hij haar te volgen. ▭ • 4530147

NEDERLAND 2

8.40-10.30 Schooltv (TELEAC/NOT). Met om: 8.40 ZEP. Herh. 8.55 Beestenboerderij. 9.05 Koekeloere. Herh. 9.20 Nieuws uit de natuur ⓣ. Herh. 9.40 Schooltv-Weekjournaal ⓣ. Hh. 10.10 Vakkenwijzer 7/8. Afl: Elektriciteit is overal. Hh. **10.30** Family album (TELEAC/NOT). Cursus Amerikaans Engels. Afl: Full of surprises **11.00** Algemene Ondernemers Vaardigheden (TELEAC/NOT). 6-delige serie voor startende ondernemers. Afl 1: Marketing **11.25** Duidelijke taal! (TELEAC/NOT). 16-delig. Afl 1. Herh. **11.50** Interieurarchitectuur (TELEAC/NOT) ⓣ. 8-delige serie. Afl 7: Invloeden **12.20-12.35** Hoeksteen en Groenstrook (TELEAC/NOT). 10-delige milieustrip. Afl 3 **13.35** Cliptime (EO)

14.00 Champions League magazine (NOS).

14.35 Studio sport (NOS) • 6839234 Oa beelden van de 13de etappe in de Ronde van Spanje (wielrennen) en van het WK ATB (cross) in Are (Zweden). Met om ± 15.30 NOS-JOURNAAL.

17.00 Plein extra (TELEAC/NOT) • 995383 6-delige serie voor ouders van kinderen in basisonderwijs. Afl 2: Stoornissen.

17.29 2 Vandaag ⓣ • 406724234 17.30 en 18.00 NOS-JOURNAAL. 17.35 en 18.15 Actualiteiten (TROS/EO). 18.43 Sportjournaal (NOS). 18.51 Hoofdpunten nieuws/weer (NOS).

19.00 Prinsen en prinsessen (EO) Thematisch muziekprogramma. • 457128

19.25 Promised land (EO) Amerikaanse familieserie. • 9541166

20.15 Wildlife op 2: Nakuru - een reservaat in Kenya (EO) ⓣ Het ecosysteem van het nationale park Nakuru staat onder grote druk. • 238470

21.10 Het ziekenhuis (EO) • 371708 Serie over een Nederlands ziekenhuis.

21.40 Niets meer te verliezen (EO) 8-delige serie portretten van mensen die ernstig ziek zijn. Afl 3. • 907147

22.10 Nederland zingt (EO) • 165925

22.35 Otto op zoek (EO) • 3936147 4-delige serie. Afl 3: Otto in IJsland.

23.05 Columbus (EO) • 4006147 Afl: Sir David Frost: Into the Cold War. 2-delige Engelse documentaire waarin BBC-presentator Sir David Frost de kijker langs de belangrijkste gebeurtenissen van de Koude Oorlog leidt. Deel 1: De periode van 1945 tot 1969.

23.54 NOS-JOURNAAL • 408618499

0.00 Middernacht klassiek (EO) Serenade in D KV 203 van Mozart uitgevoerd door het Amati Ensemble olv Gil Sharon. • 759180

0.33 Kunst... omdat het moet (TROS) Afl: Nooteboom's Omweg naar Santiago. Deel 2 (slot). • 304547819

1.43-7.00 NOS-JOURNAAL ⓒ Herh.

NEDERLAND 3

DAGTV (Ned 3). Om: **13.00** NOS-JOURNAAL ⓒ **13.07** Lingo ⓣ. Hh. van gisteren **13.26** De Plantage. Hh. van zondag **14.22** Het uur van de wolf. Afl: Het Museumplein. Ingekorte herhaling van maandag **15.24** Zembla ⓣ. Afl: De verdwenen meisjes. Hh. van dinsdag.

16.00 NOS-JOURNAAL ⓣ • 331760

16.07 All stars (VARA) ⓣ • 200623505 13-delige Ned. comedyserie over een voetbalteam. Afl 2. Herh. gisteren.

16.36 Kijken naar de ander: Prix Iris 1999 (NPS) Portretten van de makers van de voor de Prix Iris 1999 genomineerde programma's Goodness gracious me, In my father's house en Hammarkullen. ▭ • 102422645

17.33 Dr. Katz, professional therapist (VPRO) Amerikaanse animatieserie. Afl: Big fat slug. Herh. 1998. • 300996012

18.00 Villa Achterwerk (VPRO) • 182437 18.00 Verhaaltjes voor Sallie. Deense animatieserie, naar de boeken van Kim Fupz Aakeson. 18.07 Teckel Titus. Regie: Eric van Schaaik. ▭

18.15 Sesamstraat (NPS) • 166215

18.30 Jeugdjournaal (NOS) ⓣ • 165760

18.45 ZaterdagavondLINGO (VARA) ⓣ Pres.: François Boulangé. • 4542079

19.07 Laat De Leeuw vroeg (VARA) Live. Pres.: Paul de Leeuw. • 206676760

20.03 Youp van 't Hek - Scherven (VARA) ⓣ • 300964673 Theatershow 'Scherven' van Youp van 't Hek gaat over romantiek tegenover keiharde efficiency. Scherp, actueel, komisch en ontroerend schopt Youp weer tegen allerlei heilige huisjes. Hij wordt daarbij begeleid door multi-instrumentalist Rens van der Zalm. Herh.

22.00 NOS-JOURNAAL ⓒⓣ • 813760

22.15 Nova (NPS/VARA) ⓣ • 894234

22.45 Studio sport (NOS) Oa KPN-Telecompetitie. • 1682470

23.40 De Nederlandse Cabaretdagen 1999 (VARA) Nieuw, maar ook gevestigd talent krijgt de kans zich voor een breed publiek te presenteren. Oa Mike Boddé, Kees Torn, Eeef & Coo, Onno Innemee, Bolder & Plante, Reinder van der Naalt en Klaas van der Eerden. Tv-registratie (in 2 delen) opgenomen op 6 en 7 sept. in theater Frascati in Amsterdam. Deel 1. Presentatie: Peter Heerschop. • 881586

0.35-1.25 Weerzien op 3: Our friends in the north (Nederland 3) ⓣ • 1993797 Eng. (BBC-)dramaserie (9 dln) over het leven van vier vrienden. Afl 8. Met oa Daniël Craig en Gina McKee. Hh. '97.

BELGIË 1 (VRT-TV1)

12.00 Open scherm - Televox magazine **12.30** Regionale tv **13.00** JOURNAAL en Weer **13.30** Derrick. Duitse misdaadserie. Afl: Gegenüberstellung. Met oa Horst Tappert **14.25** Wielrennen. Ronde van Spanje, 13de etappe. Live **16.50** Due south **17.35** Mad about you **17.55** Kijk uit! ⓣ • 178234 **18.00** JOURNAAL **18.10** Vlaanderen vakantieland ⓣ **19.00** JOURNAAL, Joker- en Lottotrekking en Weerbericht ⓣ • 699321 **19.40** Hitkracht Muziekprogramma. • 9183383 **20.15** Niet vergeten ▭ • 190692 Spelprogramma. Pres.: Marcel Vanthilt. **20.49** Winstverdeling Joker en Lotto **20.50** Boerenkrijg ⓣ Vlaamse comedyserie over 'het rijke leven tv de Boerenkrijg'. Afl: Vrijheid, gelijkheid en broederlijkheid. Met oa Griet Debacker en Fania Sorel. • 361321 **21.20** Something to believe in • 8684578 VS 1997. Drama van John Hough. Met oa William McNamara, Maria Pitillo en Tom Conti. Mike is een pianist die met moeite het hoofd boven water kan houden. Een pianoconcours in Napels is z'n laatste kans op succes. Maggie is croupier in een casino in Las Vegas. Zij wordt ongeneeslijk ziek verklaard en in hoopt op de heilzame kracht van 'n wenend Mariabeeld, eveneens in Napels. **23.14** KENO-uitslagen • 40339741 **23.15** Weer en JOURNAAL • 8658418 **23.50** The Seventh Sign • 6626963 VS 1988. Doomsday-thriller van Carl Schultz. Met oa Demi Moore, Jürgen Prochnow, Michael Biehn en Peter Friedman. Zes tekens hebben al aangeven dat de Dag des Oordeels nabij is. De enige die het onheil kan stoppen is een jonge, zwangere vrouw, die volgens een 'profeet' een zieloos kind - het Zevende Teken - ter wereld zal brengen. **1.22-8.00** JOURNAAL en Weer Doorl.

BELGIË 2 (VRT-KETNET/CANVAS)

KETNET **18.00** Tik Tak **18.05** Musti **18.10** Pingu **18.15** Allemaal beestjes **18.20** Wizzy en Woppy **18.30** Disney festival **19.00** Ket & Co **19.05** Shadow raiders **19.30** Ket & Co. Vervolg **19.35** Teen angel. Amerikaanse comedyserie **19.57** Ket & Co. Vervolg. CANVAS **20.00** JOURNAAL ⓒ • 846418 **20.30** Zinzen • 845789 Walter Zinzen interviewt een politicus. **21.00** Silent witness • 248012 Engese thrillerserie. Op 14 augustus uitgevallen wegens een storing. **22.30** Het peulengaleis • 825925 Amusement. Presentatie: Bart Peeters en Hugo Matthijsen. Hh. van gisteren. **23.00** Plankenkoorts: Festival van Vlaanderen - Happening Gent Verslag van de opening van het Festival van Vlaanderen Gent-Brussel, met oa de Peace Symphony van Philip Glass, uitgevoerd door het Vlaams Radio Orkest olv Dante Anzolini. Verder mmv oa het Huelgasensemble, The Harp Consort en het Spiegelkwartet. • 389708 **0.00** Open scherm Herh. 12.00 TV1. **0.30-2.00** JOURNAAL Doorl. herhaling.

- Kunst... omdat het moet (Ned 2, 0.33)
- Youp van het Hek - Scherven (Ned 3, 20.03)
- Studio sport (Ned 3, 22.45)
- Wielrennen. Ronde van Spanje (België 1, 14.25)
- Plankenkoorts: Festival van Vlaanderen (België 2, 23.00)

Opdracht B

Bekijk nu het programmaoverzicht een paar minuten.

Bespreek dan samen welke programma's u wilt bekijken. Er is maar één televisietoestel aanwezig, dus u moet proberen het eens te worden.

SCHRIJVEN

20 •

U bent al drie jaar geabonneerd op een krant maar u bent erg ontevreden over uw krant.
Maak de volgende brief compleet. Het is een brief aan de redactie van de krant waarin u uw
abonnement opzegt*. Leg uit waarom u uw abonnement opzegt, en per wanneer.
Mogelijke klachten:

• Kwaliteit van de artikelen niet meer zo goed als vroeger.
• Te weinig internationaal nieuws.
• Te veel foto's en weinig tekst.
• Veel te veel sport.
• Nieuwe lay-out van overzicht van radio- en t.v. programma's onduidelijk.

* een abonnement opzeggen = een abonnement stopzetten

Utrecht, 21 januari 2001

Geachte redactie

Hierbij wil ik u mededelen dat ik _____
_____

met ingang van _____ (datum) _____

Ik wil uw krant niet meer lezen omdat _____
_____
_____

Bovendien ben ik erg ontevreden over _____
_____
_____

Hopend u hiermee voldoende te hebben geïnformeerd
verblijf ik,

met vriendelijke groeten,

_____

---

21 ● ●

De beste, de ergste, de mooiste

In de krant van 9 november '99 vroeg De Volkskrant haar lezers een oordeel te geven over de afgelopen eeuw: 'Schrijf ons wat u het meest opvallend vindt van de periode tussen 1900 en 2000. Motiveer uw antwoord. Enkele suggesties:
* Wat is het lelijkste gebouw dat in de 20^e eeuw is ontworpen en gebouwd?
* Wat was het slechtste idee, de grootste rage, de belangrijkste uitvinding?
* Wat was het beste jaar?

Reageer op deze oproep en schrijf een stukje van maximaal 150 woorden aan de krant.

LEZEN

22 ●

Lees de krantenartikeltjes en beantwoord de 'waar-niet waar' vragen.
Als een bewering niet waar is, kunt u dan uitleggen waarom?

A Nederlander kijkt meer televisie

1   De Nederlander is méér televisie gaan kijken. Dat is de voornaamste conclusie in het zojuist gepresenteerde jaaroverzicht van de dienst Kijk- en Luisteronderzoek. Die becijferde dat de tijd die de Nederlander van zes jaar en ouder in 1998 aan televisie besteedde, steeg naar 2 uur en 45 minuten per dag. Dat is precies tien
5   minuten meer dan in 1997.
    Die stijging valt voornamelijk te verklaren uit de 'oranjegekleurde' sportevene-menten van afgelopen jaar. Het WK-voetbal in Frankrijk, met de kijkcijferkraker Nederland-Brazilië (inclusief kroegkijkers goed voor 11,7 miljoen mensen!), droeg daar stevig aan bij.
10 Het best bekeken 'niet-sportprogramma' was 'Domino D-Day' van SBS 6, dat 3,8 miljoen kijkers trok.

B Spanje wil miljoen buitenlandse werkers

1   MADRID - Spanje heeft zo'n gebrek aan arbeidskrachten dat de regering in Madrid de komende drie jaar één miljoen buitenlandse arbeiders wil aantrekken. Hun aantal zal daardoor verdubbelen.
    Hoewel de werkloosheid in Spanje tot de hoogste van de Europese Unie behoort,
5   kunnen bouwondernemingen en boeren nauwelijks Spanjaarden vinden die voor hen willen werken. Op dit moment zoeken zij hun heil bij illegalen.

De nieuwe arbeiders worden vooral geworven in Polen, Marokko, Roemenië, Ecuador, Colombia en Mali. Met Marokko heeft Spanje al een overeenkomst getekend.

c Uitzendbureau vluchtelingen wordt zelfstandig

1 AMSTERDAM - Het uitzendbureau voor vluchtelingen Emplooi gaat vanaf volgend jaar zelfstandig verder. Het tien jaar bestaande bureau is tot die tijd nog onderdeel van VluchtelingenWerk Nederland.
Sinds het begin heeft Emplooi 5500 vluchtelingen aan een baan geholpen,
5 variërend van productiemedewerker tot tandarts. Soms met als opstap een gesubsidieerde baan. Naar schatting zouden op dit moment vijftienduizend vluchtelingen werkloos zijn.

d Man neergeschoten in Arnhems café

1 ARNHEM - Een nog onbekende man is vrijdagavond neergeschoten in het Arnhemse café Centraal. De man is zwaargewond geraakt. Over de aanleiding is nog niets bekend. Het café zat op het moment van de schietpartij bomvol, maar toen de politie arriveerde, waren vrijwel alle gasten weg. Het is de tweede schietpartij
5 binnen een week in Arnhem.

Waar of niet waar?

A **Nederlander kijkt meer televisie**
1 In 1997 keek de Nederlander gemiddeld 2 uur en 35 minuten televisie.
2 De stijging in tv kijken heeft vooral te maken met de deelname van Nederlandse teams aan internationale sportevenementen.
3 Tijdens het WK-voetbal hebben 11,7 miljoen mensen thuis gekeken naar de wedstrijd Nederland-Brazilië.

B **Spanje wil miljoen buitenlandse werkers**
4 Spanje wil het komende jaar één miljoen buitenlandse arbeiders werven.
5 Spanje doet dit omdat er bijna geen Spanjaarden te vinden zijn die het werk willen doen.
6 Het aantal werklozen onder de Spanjaarden zal daardoor verdubbelen.

C **Uitzendbureau vluchtelingen wordt zelfstandig**
7 Het uitzendbureau Emplooi is tien jaar geleden opgezet als onderdeel van VluchtelingenWerk Nederland.
8 Emplooi wil proberen 5500 vluchtelingen aan een baan te helpen.

D   **Man neergeschoten in Arnhems café**

9   Een nog onbekende man is vrijdagavond in Arnhem gedood bij een schietpartij.

10   De politie weet nog niet waarom de man neergeschoten is.

23   ● ●

Woorden raden

Woordbetekenissen raden lijkt misschien een vreemde zaak maar als u er goed in getraind bent, spaart het u veel tijd bij het lezen van teksten. U hoeft dan niet steeds woorden op te zoeken in het woordenboek. Voor een globaal begrip van de tekst is het vaak genoeg als u van een aantal woorden ongeveer begrijpt wat ze betekenen.

Doorloop voor ieder woord de volgende 3 stappen:

STAP 1   Kijk naar de woordsoort: is het een verbum (in welke vorm (tijd) staat het),
of een substantief (welke vorm: enkelvoud of meervoud) of een andere woordsoort?

STAP 2   Kent u een deel van het woord, of lijkt het woord op een woord dat u wel kent? Staat er
een prefix voor of een suffix achter waarvan u de betekenis kent?
(bijvoorbeeld: *on*begrip, waarde*loos*)

STAP 3   Kijk goed naar de zin waarin het woord staat, en de zin ervoor en erachter.
U maakt dan gebruik van de context.

- Lees eerst de tekst een of twee keer helemaal door.
- Kijk dan naar woorden in de tabel (cursief gedrukt in de tekst).
- Raad en omschrijf de betekenis. Geef daarbij aan welke 'stappen' u hebt gebruikt.
- Kijk nog niet in een woordenboek.

Media in Vlaanderen

1   Als we de Vlaamse dagbladpers vergelijken met de Nederlandse, dan *valt* een aantal belangrijke verschillen *op*.
Ten eerste hebben de Vlaamse kranten een kleinere *oplage* dan de Nederlandse: het aantal potentiële lezers is in Nederland ruim tweemaal zo groot als in Vlaanderen.

5   Ten tweede behoren de Vlaamse kranten allemaal tot een *levensbeschouwelijke* zuil, hoewel geen enkele krant een partijorgaan is. De Gazet van Antwerpen en De Standaard zijn katholiek, Het Laatste Nieuws en de Nieuwe Gazet liberaal en De Morgen socialistisch. Bepalend voor het imago van de Vlaamse kranten is het hoofdartikel van de politieke redacteur die vaak ook *hoofdredacteur* is. In het

10   dagelijks persoverzicht van BRTN worden de hoofdartikels kort samengevat.
Ten derde is de Vlaamse dagbladpers jonger dan de Nederlandse. Tot 1974 *verschenen* er in Vlaanderen nog Franstalige kranten. Pas in de jaren 70 is de totale oplage van de Nederlandstalige kranten in België even groot geworden als die van de Franstalige.

15 De BRTN, de omroep van de Vlaamse Gemeenschap, is een publiekrechtelijke *in-stelling* die tot 1989 een feitelijke monopoliepositie bezat. De *informatieve* uitzendingen moeten objectief zijn. Diverse *nuances* van de openbare mening kunnen *aan bod komen* in de gastprogramma's die verzorgd worden door levens-beschouwelijke, politieke en culturele organisaties. VTM is 1 februari '89 met

20 haar uitzendingen begonnen en *bereikte* in 1991 ruim de helft van het kijkerspu-bliek met amusement *van* Vlaamse en Amerikaanse *makelij*. De VTM bestaat uit een aantal Vlaamse persbedrijven van dag- en *weekbladen*. Het is een niet-open-bare televisievereniging, die voorlopig het monopolie heeft gekregen om handelsreclame uit te zenden.

25 Net als in Nederland hebben de radiozenders in België een *karakteristieke* programmering:

- Radio 1 brengt service en informatie.
- Radio 2, de gewestelijke omroep en tevens familiezender, zorgt voor populair amusement en informatie uit de vijf Vlaamse provincies.

30 - Radio 3, de culturele radioketen, zendt serieuze muziek uit en *besteedt aandacht aan* de grote culturele stromingen.
- Studio Brussel, sedert 1987 een nationale zender en sindsdien in heel Vlaanderen te beluisteren, is een jongeren- en popstation.
- Radio Donna ten slotte richt zich met de 'betere' muziek en *beknopt* nieuws

35 voornamelijk tot jongeren.

	STAP 1	STAP 2	STAP 3
	Welke woordsoort? Welke vorm?	Bekend deel van het woord	Belangrijke woorden uit de context
1 valt op	_____	_____	_____
2 de oplage	_____	_____	_____
3 levensbeschouwelijke	_____	_____	_____
4 hoofdredacteur	_____	_____	_____
5 verschenen	_____	_____	_____
6 instelling	_____	_____	_____
7 informatieve	_____	_____	_____
8 nuances	_____	_____	_____
9 aan bod komen	_____	_____	_____
10 bereikte	_____	_____	_____
11 van ____ makelij	_____	_____	_____
12 het weekbladen	_____	_____	_____
13 karakteristieke	_____	_____	_____
14 besteedt aandacht aan	_____	_____	_____
15 beknopt	_____	_____	_____

- Vergelijk de woordbetekenissen met een studiegenoot.
- Lees de tekst nog eens door. Begrijpt u hem nu beter?
- Als u nu nog twijfelt over sommige woordbetekenissen, kijk dan in een woordenboek.

BUITEN HET BOEKJE

24 ● ●

In Nederland en België kunt u zich abonneren op de krant, u kunt hem los kopen en u kunt hem lezen op Internet.

Kijk eens welke Nederlandstalige kranten u kunt vinden.
Neem een of meer kranten mee naar de cursus en vergelijk ze met elkaar.

Zijn er verschillen tussen de kranten, bijvoorbeeld in de opmaak (= de lay-out), de lengte van de artikelen, het gebruik van kleuren, de keuze van de onderwerpen, enzovoort?

Wat doet u liever: de krant kopen of de krant op Internet lezen?

Kies een krantenartikel (niet te lang) en vertel kort waar het over gaat.
Vertel ook waarom u dit artikel hebt gekozen. Neem het artikel mee naar de les.

les 4

Laat ze maar praten

Basis B

1 TEKST

1a Introductie

Farah Karimi komt uit Iran. Ze woont al enkele jaren in Nederland. Ze is lid van de Tweede Kamer, onderdeel van het Nederlandse parlement. Ze is van de politieke partij GroenLinks.

1b Lees nu de tekst

1 'Toen ik scholier was, - ik woonde toen nog in Iran -, las ik eens een artikel over een bijeenkomst van de Wereldbank in mijn land. Ik hoorde voor het eerst het begrip 'Derde Wereld' en ik dacht: 'Wat denken ze wel, er is maar één wereld.' Ik was in die tijd al politiek actief. De tweedeling in de Iraanse samenleving raakte

5 me. Ik wilde strijden tegen de armoede, voor alfabetisering en voor de ontwikkeling van vrouwen.
Nu zit ik aan de 'andere' kant. In het parlement van een welvarend land. Ik heb hier eerst een tijdje moeten werken voordat ik begreep dat je op deze plek maar

9 een beperkte invloed hebt. Je kunt niet zeggen: 'Zo, ik ga dat land even ontwik-

10 kelen.' Dat is onmogelijk. De problemen zijn daar veel te groot voor. Wat we wel kunnen doen is kleine initiatieven van de mensen in die landen ondersteunen. Ik heb veel vertrouwen in de mensen zelf. Wij moeten hun rol in hun eigen ontwikkeling niet overnemen.

We moeten natuurlijk doorgaan met ontwikkelingssamenwerking, en onrecht,
15 armoede en geweld in de wereld verminderen, maar tegelijkertijd ook de oorzaak van de problemen aanpakken.

Bijvoorbeeld ons landbouwbeleid: we dumpen onze producten op de wereldmarkt en concurreren daarmee de kleine boer in de Derde Wereld kapot. Een ander voorbeeld is de geldstroom. Nog steeds wordt er meer geld uit de ontwikkelingslanden
20 gehaald dan ernaartoe gebracht. Als daaraan niks wordt gedaan, dan blijft het dweilen met de kraan open.'

1c   Oefening bij de tekst

1   Wat bedoelt men met het begrip 'Derde Wereld' en wat vindt Karimi daarvan?
2   Voor welke zaken wilde Karimi zich politiek inzetten toen ze nog in Iran woonde?
3   Op welke manier houdt ze zich in Nederland met politiek bezig?
4   Waarom kun je volgens Karimi niet zeggen: 'Zo, ik ga dat land even ontwikkelen.'
5   Karimi zegt: 'We moeten hun rol in hun eigen ontwikkeling niet overnemen.' Wat bedoelt ze daarmee?
6   In regel 17 spreekt Karimi over 'ons landbouwbeleid'. Wie bedoelt ze met 'ons'?
7   Wat betekent de uitdrukking: 'Dweilen met de kraan open' en welke voorbeelden geeft Karimi om dit idee te illustreren?
8   Kunt u zelf een ander voorbeeld geven van 'dweilen met de kraan open'?

U kunt nu oefening 1 maken.

2   TEKST

2a Introductie

U gaat luisteren naar een radio-opname uit de serie *De Nederlander als buitenlander*. U hoort een interview met een Nederlandse vrouw die woont en werkt in Kampala, Uganda. Zij werkt voor een ontwikkelingsorganisatie die een kantoor heeft in het gebouw van de Belgische ambassade. Zij vertelt over recente politieke ontwikkelingen. Onlangs is er een aantal nieuwe ministers benoemd.

2b Vocabulaire

Zoek, voordat u gaat luisteren naar de tekst, de volgende woorden en uitdrukkingen op in een woordenboek.

gevestigd in	je krijgt te maken met
de stroom	de staatssecretaris
uitvallen	de motie van wantrouwen
verlaten	de roep van het volk
het affiche	aanklagen
de minister	de maatregel
het klopt niet	die mensen gaan er gewoon uit
van de ene op de andere dag	

2c Luister een keer naar de tekst.
Luister nog een keer en beantwoord de vragen.

Waar of niet waar?

1 De interviewer is verrast een gebouw als dat van de Belgische ambassade te zien in Kampala.
❑ Waar
❑ Niet waar

2 De minister van Buitenlandse Zaken van de Verenigde Staten heeft vastgezeten in de lift van het gebouw van de Belgische ambassade.
❑ Waar
❑ Niet waar

3 Je kunt in Kampala op straat affiches kopen met een foto van mensen die in de regering zitten.
❑ Waar
❑ Niet waar

4 Als er een motie van wantrouwen tegen een minister wordt aangenomen, worden ze in Nederland én in Uganda onmiddellijk vervangen.
❑ Waar
❑ Niet waar

5 Ontslagen ministers kunnen in Uganda geen andere politieke functies meer krijgen.
❑ Waar
❑ Niet waar

U kunt de tekst nog eens nalezen. (Appendix 1)

3 TAALHULP

Hieronder vindt u veel voorkomende zinnen die bij discussies (bijvoorbeeld in een vergadering of bij onderhandelingen) gebruikt kunnen worden.

Reageren op een mening of uitspraak

POSITIEF	NEGATIEF
Dat vind ik ook.	Dat vind ik niet.
Ik ben het met u eens.	Ik ben het niet / gedeeltelijk met u eens.
Daar ben ik het mee eens.	Daar ben ik het niet / gedeeltelijk mee eens.
Ik vind (dat) ____ / Ik denk dat ____	Wat een onzin / flauwekul!
Dat is een prima idee.	
Daar zit wat in.	

Een vraag niet, of indirect beantwoorden

Daar kan ik (nu nog) niks over zeggen.
Daar wil ik niet op vooruitlopen.
Dat is mij niet bekend.
Aan de ene kant _____ , aan de andere kant _____ .

Doorvragen

U hebt mijn vraag nog niet beantwoord.
Maar u zei net nog dat _____ ? Hoe verklaart u dat?

Iemand onderbreken

Mag ik u even onderbreken?
Daar wil ik graag even op reageren.

De aandacht terugvragen

Ik wil (toch) nog even terugkomen op _____ .
U laat me niet uitspreken!
Mag ik misschien even uitspreken?

Idioom

aldus _____ = volgens _____

Het woord 'aldus' wordt vooral gebruikt in geschreven taal, bijvoorbeeld een krantenartikel. Hiermee geeft de journalist aan dat hij de woorden van iemand anders (bijvoorbeeld een politicus) citeert.
'Ik heb met die uitspraak niemand willen beledigen,' aldus de minister-president.

roerend = helemaal, volledig
Ik ben het roerend met je eens.

Uitdrukkingen

Als iemand je citeert, maar je hebt dat heel anders gezegd, of zelfs helemaal niet gezegd, kun je zeggen:
U legt mij die woorden in de mond!
Als iemand anders hetzelfde zegt als jij net wilde gaan zeggen, kun je zeggen:
Je haalt me de woorden uit de mond!
Hiermee kun je ook zeggen dat je het helemaal met iemand eens bent.

U kunt nu oefening 7 en 8 maken.

4   GRAMMATICA

4a   Passief presens
Het grammaticale thema van les 4, 5 en 6 is: werkwoorden.

Inleiding

Kijk naar de volgende zinnen uit tekst 1 en 2.

> Nog steeds <u>wordt</u> er meer geld uit de ontwikkelingslanden <u>gehaald</u> dan ernaartoe gebracht.
> Als daaraan niks <u>wordt</u> <u>gedaan</u>, dan blijft het dweilen met de kraan open.
> De mensen willen dan ook dat er maatregelen <u>genomen</u> <u>worden</u>.

Deze zinnen staan in het passief.

Vorm en functie

1a	*Koningin Beatrix* opent morgen het nieuwe gebouw van de Tweede Kamer.
1b	*Het nieuwe gebouw van de Tweede Kamer* wordt morgen door koningin Beatrix geopend.
2a	*De voorzitter* opent de vergadering.
2b	*De vergadering* wordt door de voorzitter geopend
3a	*De secretaresse* brengt de dossiers naar de minister.
3b	*De dossiers* worden door de secretaresse naar de minister gebracht.
4a	*De Tweede Kamerleden* voeren een discussie.
4b	*De discussie* wordt door de Tweede Kamerleden gevoerd.

VRAGEN met betrekking tot de vorm:

- De a-zinnen noemen we actief en de b-zinnen passief.
- Onderstreep alle werkwoordsvormen in de b-zinnen.
- Een zin wordt passief gemaakt met een vorm van het hulpwerkwoord
  _____ en een _____ .

VRAGEN met betrekking tot de functie:

- Voert het *subject* in de a-zinnen een actie uit? ja/nee
- Voert het *subject* in de b-zinnen een actie uit? ja/nee
- We gebruiken de passieve vorm als *het subject* van de zin wel/niet* zelf een
  actie uitvoert.

Bij passieve zinnen ligt de nadruk meer op de actie zelf. Hierdoor worden de zinnen afstande-lijker, men voelt zich minder betrokken bij de inhoud.

Het is minder belangrijk of zelfs onbekend *wie* de actie uitvoert, of men wil het subject niet noemen.

Passieve zinnen zonder actieve persoon:

> 5   Er wordt in de Tweede Kamer veel gediscussieerd.
> 6   Er wordt ook wel eens gelachen.
> 7   Om half twaalf wordt er over deze motie gestemd.

VRAAG

- Het grammaticale subject van de zinnen 5 t/m 7 is het woord _____ .

Passieve zinnen met onbepaald subject:

> 8   Er wordt een nieuwe wet voorbereid.
> 9   Er worden veel discussies gevoerd.
> 10   Er wordt een motie van wantrouwen ingediend.
> 11   Er wordt vandaag een uitspraak van de minister-president verwacht.
> 12   Er werd in dat artikel iets gezegd over 'de derde wereld'.

N.B.

In de volgende zinnen wordt 'er' niet gebruikt.

> 13   Vandaag wordt een uitspraak van de minister-president verwacht.
> 14   In dat artikel werd iets gezegd over de derde wereld.

VRAGEN

- Ook in passieve zinnen met een onbepaald subject moet _____ worden gebruikt.
- Vergelijk zin 11 en 12 met zin 13 en 14. Welke veranderingen ziet u?

CHECK

- Zet de volgende zinnen in het passief presens.

De minister opent het debat. Het debat _____ .
Men schrijft en artikel over het koningshuis. Er _____ .
Ze lachen ook wel eens in het parlement. Er _____ .

U kunt nu oefening 9 en volgende maken

4b   Men, je en ze

Kijk naar de volgende zinnen.

15	Waarom moet *men* iets over politiek weten?
16	In Nederland kiest *men* eens in de vier jaar de Tweede Kamer.
17	Op de televisie kun *je* regelmatig politieke debatten zien.
18	In de krant lees *je* de laatste tijd veel over de problemen in het kabinet.
19	Bij de gemeente weten *ze* waar u een werkvergunning moet aanvragen.
20	Bij deze partij hebben *ze* veel aandacht voor het milieu.

VRAGEN

- Wie wordt bedoeld met *men* in zin 15 en 16?
  Men = _____
- Wie wordt bedoeld met *je* in zin 17 en 18?
  Je = _____
- Wie wordt bedoeld met *ze* in zin 19 en 20?
  Ze = _____

De vorm 'men' is nogal formeel.
De vormen 'je' en 'ze' worden veel gebruikt in de praktijk. 'Je' vraagt meer eigen betrokkenheid.

4c   Spreken over het verleden

Inleiding

Kijk naar de volgende zin uit tekst 1:

Toen ik scholier *was*, - ik *woonde* toen nog in Iran -, *las* ik eens een artikel over een bijeenkomst van de Wereldbank in mijn land.

VRAGEN

- In welke tijd staan de werkwoorden van deze zin?

- Kent u de regels voor de vorming van deze tijd nog? (zie hulpboek bij Help! 1, hoofdstuk 6)

Kijk naar de volgende zin uit tekst 2:

De minister-president *heeft* tien ministers *vervangen*. Het afgelopen jaar *zijn* er nogal wat problemen *geweest* met ministers en staatssecretarissen. Dus ik denk dat de minister-president daarom *heeft besloten* ook echt maatregelen te nemen.

VRAGEN

- In welke tijd staan de werkwoorden van deze zin?
- Kent u de regels voor de vorming van deze tijd nog? (zie hulpboek bij Help! 1, hoofdstuk 5)

Een andere vorm van het perfectum

Kijk naar de volgende zinnen.

21a	Hoe *kun* je dat nou zeggen?
21b	Hoe *heb* je dat nou *kunnen zeggen*?
22a	Daar *willen* we iets aan doen.
22b	Daar *hebben* we iets aan *willen doen*.
23a	De minister *laat* zich door zijn chauffeur brengen.
23b	De minister *heeft* zich door zijn chauffeur *laten brengen*.
24a	Ik *ga* dit jaar niet stemmen.
24b	Ik *ben* dit jaar niet *gaan stemmen*.

VRAGEN

- In welke tijd staan de a-zinnen?
- Wat voor een werkwoord is het cursieve woord in de a-zinnen?
- In welke tijd staan de b-zinnen?
- Hoe wordt die tijd bij dit soort zinnen gevormd?

U kunt nu oefening 13 en volgende maken.

VOCABULAIRE

1 •

Hieronder vindt u woorden uit tekst 1, die u nog niet in Help! 1 hebt geleerd. U hoeft ze echter niet allemaal op te zoeken om ze te begrijpen. Sommige woorden lijken op een woord in een andere taal die u kent, van andere kent u delen van het woord en kunt u de betekenis afleiden. Andere zijn misschien duidelijk uit de context. Ten slotte zijn er woorden die u zult moeten opzoeken in een woordenboek.

De woorden staan in de volgorde waarin ze in de tekst voorkomen. We hebben aangegeven of u de betekenis van een woord kunt raden of afleiden, of dat u het moet opzoeken. Vul de betekenissen in de laatste kolom in.

Als u het woord kent omdat het lijkt op een woord in uw eigen/ een andere taal, zet u een x achter dat woord. Schrijf het woord waarop het lijkt op.

scholier	deel [delen] van het woord bekend schrijf bekende delen op	_____
bijeenkomst	deel [delen] van het woord bekend schrijf bekende delen op	_____
begrip	deel [delen] van het woord bekend schrijf bekende delen op	_____
politiek actief	deel [delen] van het woord bekend schrijf bekende delen op	_____
tweedeling	deel [delen] van het woord bekend schrijf bekende delen op	_____
samenleving	deel [delen] van het woord bekend schrijf bekende delen op	_____
raakte [raken]	probeer uit de context af te leiden	
strijden	probeer uit de context af te leiden	
armoede	deel [delen] van het woord bekend schrijf bekende delen op	_____
alfabetisering	deel [delen] van het woord bekend schrijf bekende delen op	_____
ontwikkeling	opzoeken in het woordenboek	
welvarend	opzoeken in het woordenboek	
plek	probeer uit de context af te leiden of: opzoeken in het woordenboek	
beperkte	opzoeken in het woordenboek	

invloed	opzoeken in het woordenboek	
ontwikkelen	deel [delen] van het woord bekend	
	schrijf bekende delen op	_____
onmogelijk	deel [delen] van het woord bekend	
	schrijf bekende delen op	_____
initiatieven	opzoeken in het woordenboek	
ondersteunen	opzoeken in het woordenboek	
ontwikkelings-		
samenwerking	deel [delen] van het woord bekend	
	schrijf bekende delen op	_____
onrecht	deel [delen] van het woord bekend	
	schrijf bekende delen op	_____
geweld	opzoeken in het woordenboek	
verminderen	deel [delen] van het woord bekend	
	schrijf bekende delen op	_____
tegelijkertijd	deel [delen] van het woord bekend	
	schrijf bekende delen op	_____
oorzaak	opzoeken in het woordenboek	
aanpakken	probeer uit de context af te leiden	
landbouwbeleid	opzoeken in het woordenboek	
dumpen	opzoeken in het woordenboek	
wereldmarkt	deel [delen] van het woord bekend	
	schrijf bekende delen op	_____
concurreren	opzoeken in het woordenboek	
geldstroom	deel [delen] van het woord bekend	
	schrijf bekende delen op	_____
dweilen	opzoeken in het woordenboek	
kraan	opzoeken in het woordenboek	

Vergelijk en bespreek met een medecursist.

2 ● ●

Vul het goede woord in. Het woord lijkt gedeeltelijk op het cursieve woord, maar de vorm is anders. Gebruik eventueel een woordenboek.

1 De *minister* van onderwijs staat aan het hoofd van het _____ van onderwijs.
2 Nederland heeft een _____ stelsel waarbij de macht ligt bij het *parlement* en de regering.
3 Het _____ Nederlanders dat vandaag heeft gestemd, is slechts 55 *procent*.
4 In een *democratie* worden belangrijke besluiten op _____ wijze genomen.

5   Veel computerbedrijven zijn elkaars _____ . *Ze concurreren* elkaar soms kapot.

6   Er zijn nog te veel mensen _____ . Er moet meer gedaan worden aan *alfabetisering*.

7   Ook moeten we de _____ blijven bestrijden om de kloof tussen *arm* en rijk te verkleinen.

8   Veel supporters zijn _____ . De politie heeft de handen vol om dat *geweld* te bestrijden.

3 ● ●

Vul op elke plaats een woord in.

(hulpmiddelen: tekst 2 basis (appendix 1), woordenboek)

Kies uit:

coalitie, fractie, grondwet, kabinet, kamerleden, macht, meerderheid, minister-president, parlement, politieke, senaat, staatshoofd, staatssecretarissen, stembus, verkiezingen.

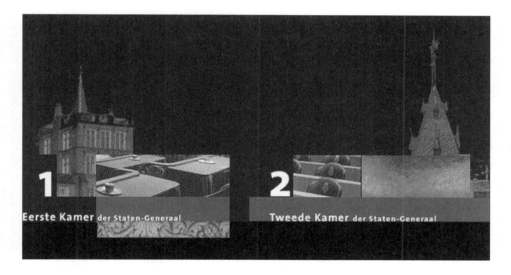

Nederland is een constitutionele monarchie met een koning of koningin als _____ [1]. De constitutie, ofwel de _____ [2], regelt de verdeling van bevoegdheid tussen de Koning, de ministers en andere instanties van de overheid.

De eigenlijke _____ [3] ligt tegenwoordig niet meer bij de Koning maar bij het parlement en de regering.

Het Nederlandse _____ [4] bestaat uit de Eerste en de Tweede Kamer. De Eerste Kamer, te vergelijken met een _____ [5] in het buitenland, heeft een adviserende en controlerende taak. De naam 'Eerste Kamer' is een beetje misleidend. Het belangrijkst is namelijk de Tweede Kamer.

De Tweede Kamer bestaat uit 150 _____ 6 van verschillende _____ 7 partijen. Eens in de vier jaar zijn er _____ 8 voor de Tweede Kamer, waarbij het Nederlandse volk naar de _____ 9 gaat om de leden van de Tweede Kamer, de volksvertegenwoordigers, te kiezen.

De Nederlandse regering, ook wel het _____ 10 genaamd, moet aan de Tweede Kamer verantwoording afleggen van haar beleid. De regering wordt geleid door de _____ 11 en bestaat verder uit een aantal ministers en een aantal _____ 12 (een soort 'tweede' ministers).

De regering moet gesteund worden door meer dan 75 leden, dus een _____ 13 van de Tweede Kamer. Geen enkele _____ 14 van een politieke partij in de Tweede Kamer is echter groot genoeg om alleen de regering te vormen. Daarom heeft Nederland altijd een _____ 15 regering die bestaat uit minimaal twee politieke partijen.

PROSODIE

4 •

Luister naar de docent of de cd. Schrijf de woorden en zinnen die u hoort op.
Luister daarna nog een keer.
Schrijf achter ieder woord het ritmeschema.

5 •

Luister eerst naar alle fragmenten.
Luister dan nog een keer en zeg de cursieve zinnen na.
Let goed op de intonatie.

A Postbodes mogen geen korte broek dragen!
B *Dat vind ik ook!*
C *Wat een onzin!*

A Nederland moet meer geld geven aan ontwikkelingssamenwerking.
B *Daar wil ik graag even op reageren.*

A We moeten eigen initiatieven van mensen in de ontwikkelingslanden steunen.
B *Daar zit wat in.*
C *Kunt u uitleggen wat u daarmee bedoelt?*

A Moet de kamer een motie van wantrouwen tegen de minister uitbrengen?
B *Daar wil ik niet op vooruitlopen.*
C *Dat hebt u mij niet horen zeggen.*

A   Je kan die ministers wel aanklagen maar _____ .
B   *U spreekt zichzelf tegen!*
A   *Mag ik misschien even uitspreken?*

6   ●●

Liedje

Vogelvrij

Tekst: Hans Kooreneef
Zang: Marco Borsato

Het kan me niets schelen wat een ander van me vindt
Mijn enige vrienden zijn het zonlicht en de wind
Laat ze maar praten, ik ga liever onderuit
Dan dat ik moet leven met een ander op m'n huid
Het kan me niets schelen wat een ander van me zegt
Ik ben aan mijn vrijheid en mijn eigen wil gehecht
Laat ze maar lullen ik ga liever op m'n bek
Dan dat ik ontgoocheld op een mooie dag ontdek
Dat ik een man ben zonder mening
Of gezicht en zonder eigen idealen
Jij kan me niet vangen, ik ben niemand iets verplicht
Ik wil gewoon mezel(e)f zijn

Vogelvrij, ik laat me door geen mens de wet voorschrijven
Vogelvrij, ik ben iemand anders, ik ben iemand anders, dan jij

Het kan me niets schelen wie me aardig vindt of niet
En het doet me geen donder wat een ander in me ziet
Liever een vrije en een eigenwijze gek
Dan dat ik moet leven met een ander op m'n nek
Ik wil een man zijn met een duidelijk gezicht
En met een uitgesproken mening

Je kan het proberen maar ik blijf in evenwicht
Ik wil gewoon mezel(e)f zijn

Vogelvrij, ik laat me door geen mens de wet voorschrijven
Vogelvrij, ik ben iemand anders, ik ben iemand anders, dan jij
Vogelvrij, ik laat me door geen mens de wet voorschrijven
Vogelvrij, ik ben iemand anders, ik ben iemand anders, dan jij

TAALHULP

7   ●

Lees het volgende interview met de minister van onderwijs.
Kies bij de cursieve zinnen de meest logische reactie.

M   Minister
I   Interviewer

I   Het tekort aan leraren in het middelbaar onderwijs wordt steeds groter.
   De scholen vinden dat het ministerie te weinig doet om dat op te lossen.
   Wat vindt u van die kritiek?
M   1   *Dat vind ik ook. / Daar ben ik het niet mee eens. / Daar wil ik niet op
   vooruitlopen.*
   We hebben echt geprobeerd er iets aan te doen. Er is al een paar miljoen extra
   geïnvesteerd in het vergroten van de capaciteit van de lerarenopleidingen. En er is
   ook extra geld beschikbaar om de salarissen van de leraren te verhogen.
I   Maar waarom zijn er dan nog steeds te weinig leraren?
M   Nou, daar zijn verschillende redenen voor.
   2   *Aan de ene kant* _____ / *Aan de andere kant* _____ / *Ik heb de indruk dat*
   _____ .
   _____ is het moeilijk om genoeg studenten te werven voor die
   lerarenopleidingen. Het vak van leraar is steeds minder populair geworden.
   3   *Aan de ene kant* _____ / *Aan de andere kant* _____ / *Ik heb de indruk dat*
   _____ .
   _____ stappen veel leraren uit het onderwijs om elders te gaan werken, bijvoorbeeld in het bedrijfsleven, waar ze veel meer kunnen verdienen.
I   Aha, dus toch een geldkwestie. Volgens mij _____ .
   4   _____ *is dat een prima idee* / _____ *spreekt u zichzelf tegen* / _____ *is dat
   onzin.*
   U zei net nog dat er extra geld beschikbaar is voor de salarissen van de leraren.
   Met dat extra geld kunt u de salarissen toch gewoon verhogen tot het niveau van
   het bedrijfsleven?

M 5 *Daar zit wat in. / Dat is mij niet bekend. / Dat hebt u mij niet horen zeggen.*
We kunnen wel iets doen aan die salarissen, maar we kunnen onmogelijk concurreren met het bedrijfsleven, dan moeten we nog veel meer ....

I Tja, dan blijft het dus ook moeilijk om genoeg studenten te werven voor ....

M 6 *U spreekt zichzelf tegen. / Mag ik misschien even uitspreken? / Dat is te
overwegen.*
We kunnen de leraren echt niet evenveel betalen als in het bedrijfsleven. Maar we
kunnen het vak van leraar wel aantrekkelijker maken en de werkdruk verlagen.

I Dat betekent dus een beperkte salarisverhoging en het verkleinen van de klassen.

M 7 *Daar kan ik nu nog niks over zeggen. / Dat vind ik niet. / Ik ben het roerend
met u eens.*
We gaan daar de komende maanden eerst uitgebreid over praten met de vakbonden en de schooldirecties.

I Ik wens u veel succes, en bedankt voor uw reacties.

M 8 *Alstublieft. / Graag gedaan. / Tot ziens.*

8 ● ●

Werk in tweetallen of groepjes.

Wat is uw reactie op de volgende meningen?

Maak gebruik van de zinnen uit de taalhulp in de basisles.

Geef eventueel ook een motivatie voor uw mening.

Over de Nederlandse taal
1 Naar de Nederlandse tv kijken is goed voor je Nederlands.
2 Als je in dit land wilt werken, moet je perfect Nederlands spreken.
3 Nederlands leren spreken is moeilijker dan leren schrijven.

Over toerisme en vakanties
4 Toerisme is goed voor de economie, maar slecht voor het milieu.
5 Als je op vakantie bent, moet je vooral uitrusten en lekker niks doen.
6 Voor een leuke vakantie hoef je niet naar een ver land te gaan.

Over de media
7 Voor het actuele nieuws kun je beter de krant lezen dan naar de tv kijken.
8 De meeste programma's die je tegenwoordig op tv ziet, zijn waardeloos.
9 Kinderen kijken veel tv en lezen weinig. Dat is slecht voor hun ontwikkeling.

Over politiek
10 De meeste politici zijn corrupt; ze proberen vooral hun eigen zakken te vullen.
11 Het heeft weinig zin om te gaan stemmen, want er verandert toch niks.
12 Democratie is het beste systeem om een land goed te regeren.

GRAMMATICA

9 ●

Maak de volgende zinnen passief.

1 Men kiest morgen de nieuwe voorzitter.
2 Men onderschat de problemen van de derdewereldlanden.
3 Ze bespreken morgen het voorstel van Farah Karimi in de Tweede Kamer.
4 Men repareert de lift in het gebouw van de Belgische ambassade.
5 Waarom stelt men die vragen aan de minister van Justitie, en niet aan de minister van Binnenlandse Zaken?
6 Met onze landbouwpolitiek beconcurreren we de boeren in de Derde Wereld.
7 Men stelt de minister van Ontwikkelingssamenwerking hiervoor verantwoordelijk.

10 ●

Maak de volgende zinnen passief. Let op! In welk opzicht zijn deze zinnen anders dan die van de vorige oefening?

1 Iemand dient een motie in.
2 Iemand stelt vragen in de Tweede Kamer over dit onderwerp.
3 Men verkoopt producten uit derdewereldlanden in de wereldwinkel.
4 Morgen benoemt men een nieuwe staatssecretaris.
5 Men rookt niet tijdens de zitting van de Tweede Kamer.
6 De leraren van het voortgezet onderwijs staken morgen.
7 Morgen demonstreren ze voor hogere lonen in het onderwijs.

11 ●●

U ziet steeds twee zinnen, een actieve en een passieve. Bij welke van de twee zinnen is de spreker meer betrokken?

1a Wij dumpen onze producten op de wereldmarkt.
1b Onze producten worden op de wereldmarkt gedumpt.
2a Daarmee concurreren wij de kleine boer kapot.
2b Daarmee worden de kleine boeren kapot geconcurreerd.
3a Wij halen meer geld uit de ontwikkelingslanden dan we ernaartoe brengen.
3b Er wordt meer geld uit de ontwikkelingslanden gehaald dan ernaartoe wordt gebracht.
4a Doen we daar niks aan, dan blijft het dweilen met de kraan open.
4b Als daaraan niks wordt gedaan, dan blijft het dweilen met de kraan open.

12 ● ●

Werk in tweetallen.

Persoon **A** stelt onderstaande vragen. Persoon **B** beantwoordt de vragen met een passieve zin.

1   Wordt u regelmatig door vrienden voor het eten uitgenodigd?
2   Welk gerecht wordt er in uw land veel gegeten?
3   Welke taal wordt er in uw eigen land gesproken?
4   Welke feesten worden er in uw land gevierd?
5   Welke sport wordt er in uw land veel beoefend?

13 ●

In de volgende tekst vertelt iemand wat hij afgelopen week gedaan heeft.
Zet de werkwoorden tussen haakjes in het perfectum.

Afgelopen week (^{1} hebben) ik het heel druk.
Maandag (^{2} beginnen) ik met mijn nieuwe baan als netwerkdeskundige.
Ik (^{3} kennismaken) eerst met mijn nieuwe collega's, en daarna (^{4} rondleiden) één
van de collega's me in het kantoor. Met die collega deel ik een kamer en ga ik veel
samenwerken
De volgende dag (^{5} gaan) mijn eerste project van start. Ik (^{6} zijn) op bezoek bij een
belangrijke klant, het Ministerie van Financiën, en daar (^{7} vertellen) ze me welk
probleem ze hadden met hun computernetwerk.
Op woensdag en donderdag (^{8} uitwerken) ik samen met een collega een plan hoe
ik het probleem ga aanpakken. Daarna (^{9} bespreken) we het met onze afdelings-
chef.
Naar aanleiding van zijn commentaar (^{10} veranderen) we het plan op enkele punten. Vrijdag (^{11} aanbieden) we het weer aan de chef, en hij (^{12} bekijken) het nog
een keer. Gelukkig (^{13} goedkeuren) hij de laatste versie van het plan.
Mijn eerste werkweek (^{14} verlopen) dus redelijk succesvol. Daar (^{15} drinken) mijn
collega en ik vrijdag na het werk een goede borrel op.

14 ●

In de volgende tekst wordt een stukje Nederlandse geschiedenis beschreven.
Zet de werkwoorden tussen haakjes in het imperfectum.

Een stukje Nederlandse geschiedenis

In 1813 (^{1} worden) Nederland een koninkrijk. Willem I, prins van Oranje-Nassau,
was de eerste koning van dit koninkrijk, waaraan in 1815 België en Luxemburg (^{2}
worden) toegevoegd.

Koning Willem I

Vijftien jaar later (^{3} ontstaan) in het katholieke België een anti-noordelijke, anti-protestantse en anti-koninklijke beweging, die uiteindelijk (^{4} leiden) tot de onafhankelijkheid van België in 1839. Na de afscheiding van België (^{5} krijgen) Nederland zijn huidige vorm.

Nederland (^{6} slagen) er tijdens de Eerste Wereldoorlog (1914-1918) in zijn neutraliteit te bewaren en buiten de oorlog te blijven. In de Tweede Wereldoorlog (^{7} lukken) dat niet: in mei 1940 (^{8} vallen) de Duitse troepen Nederland binnen en (^{9} bezetten) het land. Voor het zuiden van Nederland (^{10} komen) de bevrijding in de herfst van 1944, voor het noorden een paar maanden later. Op 5 mei 1945 (^{11} zijn) heel Nederland bevrijd.

Tot aan de Tweede Wereldoorlog (^{12} zijn) Nederland een belangrijke koloniale mogendheid. Tot de Nederlandse koloniën (^{13} behoren) Nederlands-Indië (nu Indonesië), Suriname en de Nederlandse Antillen. De laatste maken nog steeds deel uit van het koninkrijk der Nederlanden, maar Indonesië (^{14} krijgen) zijn souvereiniteit in1949 en Suriname (^{15} worden) onafhankelijk in 1975.

15 ●

Zet de volgende zinnen in het perfectum.

1   De Nederlandse Taalunie wil de spelling vereenvoudigen.
2   De oudere Nederlanders kunnen de veranderingen niet volgen.
3   Zij moeten al twee keer in hun leven een nieuwe spelling leren.
4   De PTT wil mannelijke postbodes geen toestemming geven in de zomer een korte broek te dragen.
5   De postbodes kunnen hun bazen niet overtuigen.
6   Veel Nederlanders moeten erg om deze discussie lachen.
7   De gemeente wil de binnenstad opvrolijken.
8   De gemeenteraadsleden kunnen plannen daarvoor indienen.
9   De burgers van de gemeente kunnen niet protesteren tegen de plannen.
10 De fontein op het grote plein moet daarom wijken voor een de kinderspeelplaats.

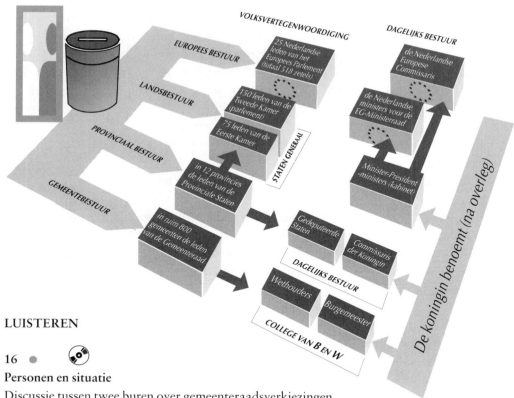

LUISTEREN

16 ●

Personen en situatie

Discussie tussen twee buren over gemeenteraadsverkiezingen.

Opdracht

Vul de weggelaten zinnen in.

A   Morgen moeten we weer stemmen voor de gemeenteraad, hé?

B   Ja, maar ik denk niet dat ik het doe.

A   Nee? Waarom niet?

B   Ach, ik heb morgen overdag geen tijd en 's avonds om 7 uur gaan de stemlokalen al dicht. En het haalt toch nooit iets uit. Als kandidaat beloven ze veel, maar als politici doen ze uiteindelijk niks.

A   1____ ____ ____ ____ ____ ____ ____ . Als je niet stemt, laat je een kans voorbijgaan om je mening te geven.

B   Maar er zijn zoveel partijen. Ik weet eigenlijk niet op welke partij ik moet stemmen.

A   Nou, ik wel.

B   Op welke partij dan?

A   Op *De Groenen*.

B   Oh, ja, die lui die in hun verkiezingsprogramma zeggen: 'Alleen met *De Groenen* in de gemeenteraad wordt uw stad weer leefbaar!' 2____ ____ ____ !

A   Nou, je hebt toch wel gehoord dat ze een groot kampeerterrein in het bos aan
    de rand van de stad willen maken, waar mensen met hun caravan kunnen
    staan? Nou, het was er juist zo heerlijk rustig. En nou wordt het er natuurlijk
    een bende. Het laatste stukje bos dat we hier hebben, gaat zo naar de knop-
    pen. *De Groenen* verzetten zich er tenminste tegen. Dat kampeerterrein mag
    hier gewoon niet komen.

B   3 ____ ____ ____ ____ ____ ____ ____ . Ik vind dat mensen het recht
    moeten hebben om hier in de buurt op een heerlijke plek te kunnen
    kamperen.

A   Ja, maar dat is toch zonde van dat bos. Die mensen gaan maar ergens
    anders…

B   4 ____ ____ ____ ____ . Denk eens aan al die mensen die ergens hoog in
    een flatgebouw in de stad wonen en weinig zon en frisse lucht krijgen.
    Je denkt alleen aan een klein stukje eigenbelang. Volgens me kun je beter
    op een van de grote partijen stemmen. Die houden tenminste meer de
    algemene belangen in het oog.

A   5 ____ ____ ____ ____ heb je daar wel gelijk in, 6 ____ ____ ____ ____
    denk ik dat die grote partijen toch wel overal een meerderheid krijgen.
    Ik wil juist een van de kleinere partijen steunen.

B   Nee, dat vind ik niet verstandig van je. *De Groenen* worden toch nooit groot
    genoeg om veel invloed te krijgen op het beleid van de gemeente.

A   Ah, zie je wel! Je begint er over na te denken. 7 ____ ____ heb je je bedacht
    en ga je morgen toch stemmen!

B   8 ____ ____ ____ ____ ____ ____ ____ !

17 ● ● 💿

Inleiding
De catastrofe is uitgebleven.
De millenniumbug heeft op
1 januari 2000 de wereld niet
lamgelegd, zoals door velen
werd gevreesd. Maar het had
anders kunnen gaan, daarvan
is minister Rogier van Boxtel
overtuigd: 'We hebben de
ramp kunnen voorkomen
door in te grijpen.'

Een interview.

VRAGEN

1   Rogier van Boxtel noemt een aantal 'vitale onderdelen van de samenleving'.
    Kruis aan welke van de volgende zaken hij daaronder rekent:
a   bedrijfsleven
b   energie
c   technologie
d   telecommunicatie
e   water

2   Op de opmerking van de interviewer dat in Rusland, Afrika en Zuid-Amerika
    niet zoveel geld is besteed, reageert Rogier van Boxtel met twee tegenargumen-
    ten. Vul in:
    Aan de ene kant _____ .
    Aan de andere kant _____ .

3   Waarom heeft Rogier van Boxtel opdracht gegeven voor een evaluatie van de
    kosten van het project?
a   Omdat hij denkt dat er geld over de balk is gesmeten.
b   Omdat hij veel bewijzen heeft dat dat zo is.
c   Omdat hij wil kijken of voor de efficiëntste aanpak is gekozen.

4   Wat vindt Rogier van Boxtel van de theorie dat computerbedrijven de angst
    voor het milleniumprobleem hebben aangewakkerd om geld te verdienen?
a   Daar wil Van Boxtel nog niks over zeggen
b   Daar zit wat in, volgens Van Boxtel.
c   Dat vindt Van Boxtel flauwekul / onzin.

SPREKEN

18   •

Waar wordt u gelukkig van?

Kijk naar de illustratie hiernaast.
Beantwoord nu eerst voor uzelf de vraag wat voor u
belangrijke aspecten zijn voor de kwaliteit van uw
dagelijkse leven. Noteer minimaal vijf aspecten.
Bedenk ook waarom u dat belangrijke aspecten vindt.
Vergelijk uw lijst met de lijst van een medestudent en
met de informatie in de illustratie.

Wat zijn de overeenkomsten en de verschillen?

Waar wordt u gelukkig van?
Geld maakt niet gelukkig, vinden veel mensen.
Gezondheid vindt men veel belangrijker.
'Wat zijn de belangrijkste aspecten voor
de kwaliteit van uw dagelijks leven?'

1. Gezondheid   2. Natuur en milieu   3. Sociale relaties
4. Vrijheid, controle   5. Privacy
6. Veiligheid   7. Werk/arbeid   8. Leren/ontwikkelen
9. Rechtvaardigheid   10. Vrije tijd

19 ● ●

Spreekbeurt

U bent gemeenteraadslid in een grote gemeente. Wat moet er in uw gemeente dringend veranderen? U kunt hierbij denken aan: extra stoplichten op grote wegen in de stad, extra parken, meer speeltuinen voor kinderen, het centrum autovrij, enzovoort. Houd hierover een spreekbeurt.

Schema

Introductie	Vertel in twee of drie zinnen wat het probleem in uw gemeente is en geef een oplossing voor dit probleem.
Argumenten voor	Wat zijn de voordelen van uw oplossing?
Argumenten tegen	Wat zijn nadelen aan uw oplossing?
Samenvatting / slot	U concludeert dat u een goede oplossing hebt. De voordelen zijn groter dan de nadelen.

SCHRIJVEN

20 ●

Lees de brief die twee vrouwelijke postbodes schreven naar aanleiding van de discussie of mannelijke postbodes in de zomer in korte broek hun werk mogen doen. De directie van de PTT vindt dat postbodes een representatief beroep hebben, en dat vrijetijdskleding zoals een korte broek daar niet bij past.

Geachte redactie,

Het PTT-bestuur heeft besloten dat mannen die als postbode werken geen korte broek mogen dragen. Wij vrouwelijke collega's doen een oproep dit besluit terug te draaien. Het is 25°, bloedheet en daar ga je met de zware tassen aan je fiets. Meer dan drie uren loop je pal in de zon. Overal op straat zie je heren in korte broek. Wie interesseert het in hemelsnaam of de post in korte broek wordt gebracht? De belastingaanslag blijft even hoog, en de vakantiekaarten worden niet ranziger door een besteller in korte broek. Wij, dames in rok of broekrok, hebben medelijden met de mannen. Onze benen worden wel bruin. Wij pleiten dan ook voor een gelijke behandeling. Laat ze de post in korte broek bezorgen. Zijn wij ook gelijk van het dagelijkse gezeur af.

Baarn, *K. IJsselstein* en *M. Huibers* (Trouw 17 juli '99)

Geef een reactie op het bovenstaande artikeltje. Vul de volgende zinnen aan:

1 In _____ van _____ las ik de mening van _____ over _____ .
2 Zij vinden dat _____ .
3 Daar ben ik het _____ .
4 Ik vind dat _____ .
5 Enerzijds vind ik dat _____ .
6 Anderzijds is het zo dat _____ .
7 Mijn conclusie is daarom dat _____ .

21 ● ●

1 U krijgt van uw docent een artikeltje uit een krant of u kiest zelf een artikel.
2 Schrijf een reactie op dit artikeltje. Gebruik zinnen / zinsdelen zoals u die in de paragraaf taalhulp hebt geleerd en maak gebruik van de aanwijzingen hieronder:

1e alinea	Introductie: Geef een korte samenvatting van het artikel waarop u reageert (max. 2 zinnen) en geef aan of u het ermee eens / gedeeltelijk eens / oneens bent.
2e alinea	Uw mening
3e en eventueel 4e alinea	Argument(en) en / of achtergrondinformatie
Laatste alinea	Afsluiting

Geef nog eens (kort) met andere woorden uw mening, of een conclusie.

LEZEN

22 ●

Kloof gaapt tussen jongeren en politiek

1 AMSTERDAM   Driekwart van de jongeren tussen de 12 en 18 jaar vindt dat de politiek niet weet wat de jeugd bezighoudt. Dat blijkt uit het Nationaal Jongerenreferendum onder 11.000 jongeren op 134 scholen. Volgens de onderzoekers van de Stichting Codename Future betekent dit dat de huidige politieke instituties jonge-
5 ren niet aanspreken, maar dat ze op een andere manier, bijvoorbeeld door middel van Internet, wel betrokken willen zijn. Op de vraag of ze mee willen praten over de toekomstplannen in de eigen woonplaats, antwoordde toch nog 41 procent positief. 'We zullen jongeren op scholen en popfestivals op moeten zoeken,' reageert PvdA-Kamerlid Sharon Dijkstra op het onderzoek.
10 Niet alleen de politiek moet het ontgelden. Bijna de helft van de jeugd heeft wei-

nig vertrouwen in werkgevers en zou in de toekomst het liefst eigen baas worden. Het bedrijfsleven moet volgens de jongeren wel meer invloed krijgen op wat ze op school leren. Een meerderheid (55 procent) van de jeugd vindt dat iedereen in Nederland moet kunnen leven volgens de gewoonten van de eigen cultuur. In de grote steden loopt dit op tot 70 procent.

15

'Jongeren zijn toleranter ten opzichte van allochtonen naarmate ze vaker met ze in de klas zitten,' zegt de onderzoeker. Van de ondervraagden wil 44 procent geen nieuwe asielzoekers toelaten.

Opdrachten

22a Vocabulaire: woordbetekenis

In het woordenboek staan vaak verschillende betekenissen van één woord. Welke betekenis goed is, hangt af van de context.

Kies de goede betekenis van het / de cursieve woord(en) uit deze tekst:

1 *Kloof* gaapt tussen jongeren en politiek.
a ravijn
b afstand
c barst

2 Het probleem is dat de huidige politiek *de jongeren niet aanspreekt*.
a de jongeren niet echt interesseert
b de jongeren niet verantwoordelijk stelt
c niet met de jongeren praat

3 Jongeren willen wel op een andere manier bij de politiek *betrokken zijn*.
a bedroefd zijn
b met politiek bezig zijn
c bewolkt zijn

4 Van de ondervraagden wil 44 procent geen nieuwe asielzoekers *toelaten*.
a goedvinden
b toestaan
c binnenlaten

22b Vocabulaire: antoniemen

Kunt u in de tekst de antoniemen (woorden met tegengestelde betekenis) van de volgende woorden vinden ?

1 autochtoon   _____

2 vroegere   _____

3	negatief	_____
4	kortzichtig	_____
5	ouderen	_____
6	minderheid	_____
7	wantrouwen	_____
8	werknemer	_____

22c Vragen bij de tekst

A Open vragen

1 Welke kritiek heeft een groot deel van de jongeren op de politiek?
2 Welke rol kan Internet spelen in de politieke interesse van jongeren?
3 Waarover wil een deel van de ondervraagde jongeren nog wel meepraten?
4 Waarom willen veel jongeren in de toekomst het liefst eigen baas worden?
5 Waar zijn de jongeren het meest tolerant ten opzichte van allochtonen?
   Wat is daarvan de oorzaak?

B Hoeveel procent van de ondervraagden heeft de volgende meningen?

1 Iedereen is vrij om te leven volgens de eigen cultuur. _____ procent
2 De politiek heeft geen idee waar jongeren mee bezig zijn. _____ procent
3 Er mogen niet nog meer asielzoekers het land in. _____ procent
4 Ik wil later liever niet in dienst van een werkgever zijn. _____ procent
5 Ik wil mee discussiëren over de toekomst van mijn stad of dorp. _____ procent

les 5

Als je wint, heb je vrienden

Basis	B

1 TEKST

1a Inleiding

Terence Brown is 38 jaar en hij komt uit de VS. Hij is magazijnmedewerker van beroep.
Hij woont in Hilversum. Hij is in 1992 in Nederland komen werken en bij zijn vriendin gaan
wonen. Daarvoor had hij een paar jaar in Duitsland gewerkt.

1b Tekst

1 'De eerste keer dat ik vanuit Duitsland naar Nederland kwam, was ik op zoek
naar de flat van mijn vriendin. Ik sprak natuurlijk geen Nederlands, maar mijn
vriendin had gezegd dat Duits en Nederlands veel op elkaar lijken dus stapte ik
een snackbar binnen en vroeg in mijn beste Duits: Gutentag, wissen Sie wo...
5 Die jongen keek me aan en zei: 'Waarom praat jij Duits? Wij spreken hier geen
Duits.' Daar begreep ik toen niks van. In Duitsland had ik nooit iets van die rivaliteit gemerkt.

Dat is de Nederlandse mentaliteit van de underdog. Die hebben ze ook in de sport. Als Amerikanen een wedstrijd spelen, maakt niet uit waarin, dan willen
10 wij winnen. Voor ons is het heel belangrijk om eerste te worden. Voor Nederlanders niet, als jullie niet eerste worden, is dat niet erg. Voetbal is een perfect voorbeeld. Ik kan me daar echt boos over maken. Kijk dan naar Italië! Kijk dan naar Duitsland! Die jongens winnen altijd, die hebben een killersinstinct. Jullie spelen niet om te winnen, jullie spelen om te spelen, en hopen dat jullie mis-
15 schien wel winnen. Talent is er volop, maar jullie zijn soms erg bescheiden. Bij de Ring Stars, de basketbalclub waar ik trainer ben, zeggen de jongens altijd: wij spelen voor de gezelligheid. Dat vind ik niet erg, natuurlijk moet het gezellig zijn. Maar ik sta daar niet voor, hoe zeg je dat, Jan Doedel. Ik vind het toch zuur als mijn jongens kansen hebben laten liggen. Voor mij is het pas écht gezellig als we
20 winnen.'

1c Oefening bij de tekst

1 Terence zegt: 'In Duitsland had ik nooit iets van die rivaliteit gemerkt.' Over welke rivaliteit heeft hij het?
2 Wat zegt Terence over verschil in mentaliteit tussen Nederlanders en Amerikanen?
3 Wat wil Terence illustreren als hij het heeft over Duitsland en Italië?
4 Wat bedoelt hij met: 'Jullie zijn soms erg bescheiden.'
5 Wat vindt hij van de instelling van de jongens van zijn basketbalclub, als ze zeggen: 'Wij spelen voor de gezelligheid.'
6 Wat bedoelt hij met de uitdrukking: 'Ik sta daar niet voor Jan Doedel.'

U kunt nu oefening 1 maken.

2 TEKST

2a Introductie

Veel Nederlandse topvoetballers voetballen bij topclubs in het buitenland, waar ze over het algemeen veel meer kunnen verdienen dan in Nederland.
U gaat luisteren naar een fragment uit een interview met de Nederlandse topvoetballer Jaap Stam.
Hij begon zijn carrière in Nederland, waar hij onder andere bij PSV (Eindhoven) speelde. Hij werd al snel geselecteerd voor Oranje (het nationale elftal) en maakte in 1998 voor 35 miljoen gulden de overstap naar de Engelse kampioen Manchester United.

2b Vocabulaire

Zoek, voordat u gaat luisteren naar de tekst, de volgende woorden / uitdrukkingen op in een woordenboek.

opkijken tegen	prestatiedruk
landstitel	afgemaakt
elftal	(in: je wordt afgemaakt in de kranten)
basisplaats	wangedrag
centrumverdediger	door dik en dun
kampioenschap	riant
anoniem	een nobel streven

2c Luister een keer naar de tekst.
Luister nog een keer en beantwoord de vragen.

1 Hoe is de carrière van Jaap Stam verlopen?
2 Volgens de interviewer heeft Jaap alles bereikt wat een voetballer kan bereiken. Is Jaap het daarmee eens?
3 Hoe bevalt hem het leven in Engeland?
4 Wat vindt hij moeilijk aan het werken als topvoetballer in Engeland?
5 Hoe denkt hij over de Engelse supporters?
6 Is hij veranderd nu hij zo rijk en beroemd is geworden?

EXTRA VRAGEN

7 Wat vindt u zelf van voetbal? Houdt u ervan, vindt u het wel aardig, of hebt u er een hekel aan?
8 Houdt u van andere sporten? Doet u zelf ook aan sport?

U kunt de tekst nog eens nalezen. (Appendix 1)

3 TAALHULP

Er is veel aandacht in de media voor professionele sport. Daarnaast wordt er veel sport beoefend door amateurs. Er zijn heel veel sportverenigingen (sportclubs) voor amateurs. Bepaalde uitdrukkingen uit de sport worden ook in niet sportieve contexten gebruikt.

Praten over ⎯⎯ (een sportevenement)**:**

Heb je die ⎯⎯ (voetbal-/ tennis-/ hockeywedstrijd) gezien?	
Nee, die heb ik gemist.	Ja, het was een fantastische wedstrijd! Ja, wat speelden ze goed, hè!

Een reactie, een oordeel geven

POSITIEF	NEGATIEF
Ze hebben verdiend gewonnen.	Ze hebben terecht verloren. Ze hebben het aan zichzelf te wijten. Het was waardeloos.

Teleurstelling uiten en relativeren

Wat jammer dat ze verloren hebben.
Ik baal als een stier.
Wat was dat waardeloos, zeg!
Volgende keer beter!
Er kan er maar één de beste zijn, hè?

Aanmoedigen

Hup Feijenoord!
Vooruit, pak die bal!
Kom op, scoren!
Kom op jongens, we gaan ervoor!
We gaan ertegenaan!

Praten over mentaliteit en inzet

Je moet je volledig inzetten.
Je moet je voor de volle 100% geven.

Waardering over de inzet

POSITIEF	NEGATIEF
Ze blijven doorgaan tot de laatste minuut.	De spelers tonen gebrek aan inzet. Jullie missen de overwinnaarsmentaliteit. Wat een slappe vertoning!

Idioom

Dik verliezen = een grote nederlaag leiden
Een tandje minder = het iets rustiger aan doen
Erdoorheen zitten = helemaal uitgeput zijn
De dood of de gladiolen = alles of niets

Uitdrukkingen

Als iemand niet veel beweegt of zich liever niet inspant, kun je zeggen:
Jij bent liever lui dan moe.

Als je iets op een tactische manier ter sprake wil brengen, kun je zeggen:
Daar zal ik eens een balletje over opgooien.
Als je een gemakkelijke kans laat liggen, kun je zeggen:
Dat was een kans voor open doel.
Als je weinig middelen hebt waar je toch je doel mee moet bereiken, kun je zeggen:
Wij moeten roeien met de riemen die we hebben.
Als het iemand financieel goed gaat, kun je zeggen:
Het gaat hem voor de wind.

EXTRA VRAAG
Kunt u zeggen uit welke takken van sport de uitdrukkingen afkomstig zijn?

U kunt nu de oefeningen 8 en 9 maken.

4   GRAMMATICA

4a   Het plusquamperfectum

Inleiding

U kent twee manieren om iets met betrekking tot het verleden uit te drukken: perfectum en imperfectum.
In de volgende zinnen uit tekst 1 vindt u een derde manier: het plusquamperfectum.

Daarvoor *had* hij een paar jaar in Duitsland *gewerkt*.
In Duitsland *had* ik nooit iets van die rivaliteit *gemerkt*.
Mijn vriendin *had gezegd* dat Nederlands en Duits op elkaar lijken.

Vorm

Kijk nu naar de volgende zinnen. (V1 = verbum 1   V2 = verbum 2)

1   Ik ben gisteren mijn sportschoenen kwijtgeraakt die ik eergisteren *had (V1) gekocht (V2)*.
2   Hij won de schaatswedstrijd op de baan waar hij in zijn jeugd *was (V1) begonnen (V2)*.
3   Nadat hij uren over voetbal *had (V1) gepraat (V2)*, vroeg hij pas hoe het met me ging.
4   Mijn opa heeft mij leren schaken toen ik 14 was. Daarvoor *was (V1)* ik nooit *geïnteresseerd (V2)* in die sport.
5   Peter-Jan heeft opgebeld. Hij *had (V1)* je gisteren een e-mail *gestuurd (V2)*, maar daar heb je niet op geantwoord.

VUL IN

- Kijk naar de *cursief* gedrukte verba in de zinnen op blz. 121.
- Verbum 1 *(V1)* is het imperfectum van het werkwoord _____ of _____ .
- Verbum 2 *(V2)* is een _____ .

Deze combinatie noemen we het plusquamperfectum.

Functie

Functie 1

> 6 Ik ben gisteren in de Amsterdam Arena geweest. Ik *was* er nog nooit eerder *geweest*.
> 7 Ik heb aan het tennistournooi meegedaan. Daar *had* ik me voor *opgegeven*.
> 8 Toen schaatser Ritsma kampioen werd, zei hij dat hij er ook hard voor *had getraind*.

VRAGEN

Het gaat steeds om twee opeenvolgende momenten of periodes in het verleden.

- Wat is eerder gebeurd? Kruis aan:

Zin 6
- ❑ In de Amsterdam Arena geweest
- ❑ Er nog nooit eerder geweest

Zin 7
- ❑ Meegedaan aan het tennistournooi
- ❑ Zich opgegeven voor het tennistournooi

Zin 8
- ❑ Ritsma is kampioen geworden
- ❑ Ritsma heeft hard getraind

Kies het goede woord:
- Het plusquamperfectum beschrijft de actie die *voor/na* de andere actie heeft plaatsgevonden.

Functie 2

Kijk ook naar volgende voorbeelden:

> 9 Als ik goed *gespeeld had*, *had* ik *gewonnen*.
> 10 Als hij die penalty raak *geschoten had*, *was* zijn team nu kampioen *geweest*.

KRUIS AAN : ja of nee.

Zin 9: Heeft hij goed gespeeld?

❑ Ja

❑ Nee

Zin 10: Heeft hij de penalty raak geschoten?

❑ Ja

❑ Nee

- Het plusquamperfectum kan dus ook een irrealis zijn.

VUL IN

- In welke tijd staan de andere zinsdelen van voorbeeld 1 t/m 5 (dus de zinsdelen die *niet* in het plusquamperfectum staan)? Deze zinsdelen staan in het _____ of in het _____ .
- De zin / het zinsdeel met het plusquamperfectum bevat vaak een conjunctie of bijwoord van tijd, zoals *toen, nadat, daarvoor*.

U kunt nu oefening 10, 11 en 13 maken.

Plusquamperfectum 2

Kijk naar de volgende zinnen.

De zin: 'Ik moet die wedstrijd winnen', wordt in het plusquamperfectum als volgt:

11 Ik had gisteren de wedstrijd *moeten winnen*. (maar het is niet gelukt)

De zin: 'Wij willen graag kaartjes voor de finale kopen', wordt in het plusquamperfectum:

12 Wij hadden graag kaartjes voor de finale *willen kopen*. (maar ze zijn helaas uitverkocht)

VRAGEN

- In de zinnen in het plusquamperfectum die ook een (modaal) hulpwerkwoord hebben, gebruiken we geen participium, maar twee _____ (dit is ook zo in het perfectum).
- Kies het goede woord:

De goede volgorde van de werkwoorden is:

a *Hulpwerkwoord - hoofdwerkwoord*

b *Hoofdwerkwoord - hulpwerkwoord*

U kunt nu oefening 12 maken.

4b   Het gebruik van perfectum en imperfectum

Het perfectum

1   **Een situatie of handeling in het verleden die afgelopen, klaar is.**
(Een vraag stellen over het verleden, of informatie, een bewering, feiten en nieuwtjes weergeven)

> 1   Wat *heb* je gisteravond *gedaan*? Ik *ben* naar een vergadering *geweest*.
> 2   Ik *heb* een afspraak met de trainer *gemaakt*.
> 3   Bij de Tour de France *zijn* er veel problemen *geweest* met dopinggebruik.

Het imperfectum

2   **Een beschrijving van een historische situatie of gebeurtenis.**

> 4   Tot 1997 *heersten* de Engelsen in de dartsport. Aan deze overheersing *kwam* in 1998 een einde. In dat en het volgende jaar *werd* de Nederlander Raymond van Barneveld wereldkampioen.

3   **Een beschrijving van een situatie in het verleden.**

> 5   Ik *was* nooit geïnteresseerd in schaken. Ik *vond* mensen die er alsmaar over *praatten*, vervelend. Tot mijn opa me *leerde* schaken.
> 6   Toen ik scholier *was*, *interesseerde* politiek mij nog niet.

4   **Een serie kort op elkaar volgende handelingen in het verleden.**

> 7   De spelers van Ajax *kwamen* de kleedkamer uit, *zagen* alle televisiecamera's en *gingen* weer naar binnen.

5   **Een steeds terugkerende handeling in het verleden, een gewoonte.**

> 8   Vanaf mijn achttiende *las* ik dagelijks de krant en ik *luisterde* veel naar de radio.

N.B. Na de conjuncties *toen* en *terwijl*, en na het adverbium *vroeger*, wordt meestal het imperfectum gebruikt.

Afwisseling van perfectum en imperfectum

Voorbeeld 1

Ik *ben* gisteren in Rotterdam *geweest*. Het *regende* daar, maar ik *vond* dat niet erg omdat ik musea *ging* bezoeken.

Voorbeeld 2

Tijdens het EK voetbal in 2000 *is* Frankrijk Europees kampioen *geworden*. In een spannende finale *won* Frankrijk met 2-1 van Italië. Het beslissende doelpunt *viel* in de allerlaatste minuut.

VUL IN

• De eerste zin van beide voorbeelden staat in het _____ . Deze zin geeft informatie over iets wat in het verleden gebeurd is en wat afgelopen, klaar is.

   Het is tevens de *introductie* van een gebeurtenis.

• De volgende zinnen staan in het _____ . Zij geven meer *details* over de gebeurtenis.

U kunt nu oefening 14 maken.

Het imperfectum en perfectum in een passieve zin

Introductie

Kijk naar de volgende zin:

Een korfbalteam *wordt gevormd* door mannen en vrouwen.

Deze zin staat in het *presens* van het passief.

Bekijk de volgende zinnen:

1a Mijn opa *heeft* mij het schaken *geleerd*.
1b Het schaken *is* mij door mijn opa *geleerd*.

2a Scheidsrechter Van Beek *heeft* de wedstrijd *geleid*.
2b De wedstrijd *is* door van Beek slecht *geleid* en daardoor heeft Ajax verloren.

3a De buurman *heeft* de bal van de jongens *afgepakt*.
3b De bal *is* door de buurman *afgepakt*, daarom kunnen de jongens niet meer spelen.

De a-zinnen zijn actieve zinnen en staan in het perfectum.

VUL IN

• De b-zinnen zijn _____ zinnen en staan in het _____ .
• Dat bestaat uit een vorm van het hulpwerkwoord _____ en een participium.
• De nadruk ligt op het *resultaat van de actie*.

Bekijk de volgende zinnen:

> 4a Ik zag dat de Nederlanders de meeste penalty's *misten*.
> 4b Ik zag dat de meeste penalty's door de Nederlanders *werden gemist*.
>
> 5a Na de wedstrijd *praatten* ze er op televisie nog lang over *na*.
> 5b Na de wedstrijd *werd* er op de televisie nog lang over *nagepraat*.

De a-zinnen zijn actieve zinnen en staan in het imperfectum.

VUL IN

- De b-zinnen zijn _____ zinnen en staan in het _____ .
- Dat bestaat uit de werkwoordsvormen _____ / _____ en een participium.
- De nadruk ligt op de *handeling, de actie*.

Oefeningen

VOCABULAIRE

1 ●

Oefening bij tekst 1

De volgende woorden zijn synoniemen van woorden in tekst 1.
Zoek die woorden op in de tekst.

> Kampioen, mentale instelling, meer dan genoeg, oefenmeester, niet op de voorgrond tredend, uitstekend, wedijver, (op papier) zwakkere partij.

2 ●●

Vul in.

Kies uit: *beoefenen, bestuur, financieren, fitter, contributie, lid, niveau, penningmeester, sponsor, sportschool, sportvereniging, stadion, toernooi, vergaderen, wedstrijd, trainen.*

1 Sinds vorig jaar ben ik lid van de _____ Samen Sterk. Daar kan je verschillende sporten _____ , onder andere tennis, voetbal en volleybal. Ik heb er al veel mensen leren kennen.
2 Ik was vergeten de _____ te betalen. Gisteren kreeg ik een betalingsherinnering van de _____ van de club.

3   We moeten twee avonden per week ———— , en op zondag spelen we altijd een
     ———— .

4   Volgend weekend is er een voetbal———— met veel goede teams uit allerlei
     landen. Daar ga ik zeker naar toe. Ik verwacht dat er op hoog ———— gespeeld
     zal worden.

5   Mijn conditie is echt zwaar beneden peil. Met Bart heb ik nu de afspraak
     gemaakt om in het vervolg twee keer in de week naar de ———— te gaan om te
     fitnessen. Misschien ga ik me dan weer een stuk ———— voelen.

6   Morgen is er een belangrijke vergadering van het ———— van onze club. Dan
     zal worden besloten of we de tribune van het ———— gaan verbouwen of niet.

7   Geld is helaas een belangrijke factor. We moeten nog een grote ———— probe-
     ren te vinden, anders kunnen we de verbouwing niet ———— .

8   Bent u de nieuwe voorzitter? Welnee, ik ben gewoon ———— van de club.
     Ik doe graag aan sport, maar bestuurswerk is niks voor mij. Ik heb een hekel
     aan ———— .

3   ● ●

Sporttermen

In de sportwereld worden veel woorden gebruikt die
je in het dagelijks leven niet hoort. Dat zijn speciale
'sporttermen' of 'sportjargon'. Sommige termen drin-
gen later wel in de gewone taal door.
Hieronder staat een aantal sporten. Kent u deze
sporten? Is deze sport populair in uw land? Kent u
misschien internationale of nationale spelers van deze
sport?
Ook ziet u een rij met sporttermen. Bij welke sporten horen deze woorden?

atletiek, golf, judo, korfbal, kunstschaatsen, windsurfen, tennis, turnen, voetbal,
volleybal, ijshockey, zwemmen.

bal, dubbele axel, duckgijpen, hardlopen, hole-in-one, mandje, ongelijke brug,
opslag, puck, strafschop, set, vlinderslag.

PROSODIE

4   ●
Luister naar de docent of de cd.
Schrijf de woorden en zinnen die u hoort op. Luister daarna nog een keer. Schrijf achter ieder
woord het ritmeschema.

5 ●

Luister naar alle fragmenten en lees mee. Geef van elke zin aan:

- welke delen van woorden u niet hoort / niet worden uitgesproken?
- welke emoties u hoort: is de prosodie neutraal, enthousiast, geërgerd?

A Vanavond is er weer Europees voetbal op tv.
B Nou, ik kijk er niet meer naar! Er is de laatste tijd veel te veel voetbal op tv!
A Ja, maar dat is toch prachtig. Allemaal topclubs uit Europa tegen elkaar.
B Dat zegt niks.

A Man, wat heb jij slecht gespeeld, zeg! Je hebt geen bal goed geraakt!
B Ja, sorry, maar ik voelde me niet helemaal lekker.
A Zeker weer doorgezakt gisteravond!
B Wat maakt het uit?
A Dat is toch geen mentaliteit!
B Doe toch niet zo fanatiek!

A Doe jij eigenlijk iets aan sport?
B Nee, joh, daar heb ik helemaal geen tijd voor.
A Kom nou! Je kunt toch een uurtje per week gaan zwemmen.
B Zwemmen? Ik moet er niet aan denken.
A Ga dan af en toe joggen in het bos.
B Ja, dat bos vind ik prachtig, als ik op een bankje zit.
A Of tennissen, dat vind je toch leuk?
B Ja, vroeger tenniste ik regelmatig.
  Tegenwoordig kijk ik liever naar tennis op tv.
A Ik hoor het al! Jij bent liever lui dan moe.

A Heb je zondag de finale van Wimbledon gezien?
B Jazeker, ik heb genoten! Wat een fantastische wedstrijd.
A Vond je? Nou, ik vond het een beetje tegenvallen.
B Nou, ik vond het heel spannend! Toptennis van beide spelers, van begin
  tot eind.
A Ja, dat wel, maar over het geheel genomen toch een saaie wedstrijd.
B Ach, jongen, jij bent ook nooit tevreden!

6 ●

Luister nogmaals naar de dialogen van oefening 5 en zeg de zinnen na.
Probeer ook irritatie en dergelijke te imiteren.

7 •

Liedje

Als je wint

Herman Brood en *Henny Vrienten*

Hij kijkt vooruit, ziet niets
Hij denkt niet na, hij fietst
Al doen zijn benen pijn
Hij moet de snelste zijn
Ze halen (me) nooit meer in
Hij denkt verdomd ik win!

Nooit meer alleen (2x)

Ze komt halfnaakt voorbij
De jury op een rij
Ze lacht haar tanden bloot
Wat zijn haar borsten groot
Haar tranen stromen want
Ze is miss Nederland

Nooit meer alleen (2x)

Als je wint, heb je vrienden
Rijen dik, echte vrienden
Als je wint, nooit meer eenzaam
Zolang je wint

Al ben je nog zo moe
Ze komen naar je toe
Of je nu slaapt of eet
Of half aangekleed
Een feest is nooit een feest
Als jij niet bent geweest

Nooit meer alleen (2x)

Als je wint, heb je vrienden
Rijen dik, echte vrienden
Als je wint, nooit meer eenzaam
Zolang je wint

TAALHULP

8   ●

Kies de goede reactie.

1   (Twee vrienden over een voetbalwedstrijd op tv)
    John: 'Heb je gisteren die voetbalwedstrijd op tv gezien?'
    Peter:
a   'Nee, ik vond het een slechte wedstrijd.'
b   'Nee, helaas, die heb ik gemist.'

2   (Twee hockeyspeelsters na een verloren wedstrijd)
    Marja: 'Balen, zeg! We hebben zo goed gespeeld, en toch net verloren!'
    Jolanda:
a   'Ja, inderdaad, we hadden niet hoeven verliezen.'
b   'Ja, inderdaad, we hebben dik verloren.'

3   (Trainer tegen zijn spelers na een verloren wedstrijd)
    Jullie hebben waardeloos gespeeld! Logisch dat jullie verloren hebben!
a   'Jullie hebben je volledig ingezet!'
b   'Jullie hebben het aan jezelf te wijten.'

4   (Twee voetballers in de rust van een voetbalwedstrijd)
    Jan: 'We staan al met 3-0 achter. Dat wordt niks meer.'
    Piet: 'Wat is dat nou? Niet opgeven! We hebben de tweede helft nog!'
a   'Kom op! We gaan ervoor!'
b   'Jammer. Volgende keer beter.'

5 (Twee toeschouwers tijdens de wedstrijd Nederland – Duitsland, stand 2-0)
   Karel: '2-0 voor! Dat kan Nederland niet meer verliezen!'
   Hans: 'Nou, dat weet ik nog niet zo zeker! Je kent de mentaliteit van die
   Duitsers':
a 'Ze tonen altijd gebrek aan inzet!'
b 'Ze gaan door tot de laatste minuut!'

9 ●●

Probeer de cursieve fragmenten anders te formuleren. Gebruik idioom / uitdrukkingen uit de
paragraaf taalhulp.

1 Ik ben een beetje overwerkt. De dokter heeft me geadviseerd *het wat rustiger
   aan te doen.*
2 Hij heeft vandaag wel 10 uur gewerkt en er zijn veel verschillende dingen
   gebeurd. Nu *is hij helemaal uitgeput.*
3 A Wil jij eens aan Bert vragen of ik salarisverhoging kan krijgen?
   B Ja, ik zal *het in de vergadering eens tactisch ter sprake brengen.*
4 Als je geen nieuw woordenboek kunt kopen, zul je *het met het oude moeten
   doen.*
5 Hij heeft wel een heel mooi huis, zeg. En de auto waarin hij rijdt, is ook geen
   goedkope. Volgens mij *gaat het financieel goed met hem!*

GRAMMATICA

10 ●

Onderstreep de zinnen in het plusquamperfectum.
Waarom wordt in deze zinnen het plusquamperfectum gebruikt?

1 Voor mijn vierde verjaardag kreeg ik een Ajaxshirt van mijn opa. Hij had dit
   roodwitte shirt op het Waterlooplein in Amsterdam gekocht.
2 De eerste week nadat ik het had gekregen, droeg ik het iedere dag.

3   Erben Wennemars heeft gisteren de 500 en de 1000 meter schaatsen in Deventer gewonnen, op de baan waar hij als kind had leren schaatsen.

4   Nadat Marianne Timmer Nederlands kampioen op de 1000 meter schaatsen voor vrouwen was geworden, gaf haar trainer haar drie dikke zoenen.

5   Badmintonster Judith Meulendijks heeft zich bij de beste acht van de Korean Open geplaatst. Bij een eerder Grandprix tournooi had zij ook al eens de kwartfinales bereikt.

6   Co Stompé heeft gisterenavond de halve finale van het WK darts in Frimley Green bereikt. De Amsterdamse trambestuurder won in de kwartfinale. Daarvoor had hij in de 4e ronde van Steve Coote gewonnen.

7   De Canadese schaatser Jeremy Wotherspoon heeft gisteren het wereldrecord op de 1000 meter van de Nederlander Jan Bos verbeterd. Velen vóór hem hadden al geprobeerd het record te verbeteren, maar het was nog niemand gelukt.

8   De Indiana Pacers hebben in de Amerikaanse basketbalcompetitie (NBA) de Washington Wizards met 117 - 102 verslagen. De Pacers hadden eerder deze maand van de Los Angeles Lakers en de Sacramento Kings verloren.

9   De Argentijn Gaston Gaudio heeft zich geplaatst voor de halve finale van het tennistournooi in Auckland nadat hij in de kwartfinale van de Nederlander Sjeng Schalken had gewonnen met 6 - 1, 6 - 2.

11 ●

Maak de zinnen af, gebruik het plusquamperfectum:

1   Op de televisie werd nog lang nagepraat nadat _____ . (Nederland verliezen)

2   De voetbalsupporters werden gearresteerd door de politie nadat _____ . (tribune vernielen)

3   De spelregels van darten werden me pas duidelijk toen _____ . (boekje erover lezen)

4   Ik ben gestopt met basketballen nadat _____ . (kinderen krijgen)

5   Oscar kreeg van zijn ouders een fiets cadeau nadat _____ . (zwemdiploma's halen)

6   Mijn collega heeft op vijfenzestigjarige leeftijd de vierdaagse* gelopen. Dat _____ . (nooit eerder doen)

7   Ik heb gisteren naar Ajax - Feijenoord gekeken maar ik vond het een saaie wedstrijd en ik heb de tv uitgezet nadat _____ . (eerste helft afgelopen)

8   De coach zei tegen hem dat hij niet mocht meespelen omdat _____ . (niet hard genoeg trainen)

*   De vierdaagse = een evenement in Nijmegen (elk jaar in juli) waarbij duizenden mensen vier dagen 30 tot 50 km per dag wandelen.

12 ● ●

Maak zinnen in het perfectum (p) en plusquamperfectum (pp), met twee infinitieven.
Voorbeeld:
Ik - gisteren - niet -met de ijshockeywedstrijd van ons team - kunnen -meedoen (p)
Ik - er- met de auto - naartoe - willen - gaan (pp)
Ik heb gisteren niet met de ijshockeywedstrijd van ons team kunnen meedoen.
Ik had er met de auto naartoe willen gaan.

1   Maar -mijn vriendin - de auto - bij haar ouders - laten - staan. (pp)
2   Ik - wel - met de coach - kunnen - meerijden. (pp)
3   Maar - dan - ik - eerst - met de bus - naar zijn huis - moeten - gaan. (pp)
4   Dus toen - ik - maar - gaan - fietsen. (p)
5   Ik - natuurlijk - wat vroeger - van huis - moeten - vertrekken. (pp)
6   Of ik - moeten - opbellen (pp) - dat ik iets later zou komen.
    Maar dat heb ik niet gedaan. Ik was zo laat dat de coach me niet meer wilde
    opstellen. Normaal ben ik eerste keus, maar nu zat ik op de reservebank.
7   Leuk, hoor! Ik - op die reservebank - ontzettend - zitten - balen! (p)

13 ● ●

Combineer de volgende twee zinnen. Gebruik *toen* of *nadat*, en het plusquamperfectum in de
eerste zin. Gebruik het imperfectum in de tweede zin.
Voorbeeld:
    Hij betaalt. Hij verlaat het café.
    Toen hij betaald had, verliet hij het café.

1   Rogier leest de krant. Hij gaat televisie kijken.
2   Het journaal is afgelopen. Hij kijkt naar een sportprogramma.
3   De presentator begroet de kijkers. Hij kondigt een voetbalwedstrijd aan.
4   De voetbalwedstrijd is afgelopen. Er wordt een voetballer geïnterviewd.
5   De interviewer feliciteert hem met de overwinning. Hij stelt een paar vragen.
6   De voetballer antwoordt kort op de vragen. Er wordt overgeschakeld naar
    de studio.
7   De presentator leest alle voetbaluitslagen voor. Rogier zet de televisie uit.
8   Hij zet de televisie uit. Hij schenkt iets te drinken in.

14 ● ●

Perfectum of imperfectum?

Hieronder ziet u een paar fragmenten uit krantenartikelen. Vul de goede vorm van het werkwoord in.

1   LEIDEN - Het Jan van Scorelcollege uit Alkmaar (winnen) zaterdag het
    scholierenbasketbaltoernooi. Aan de finale (doen) 16 scholen mee, en het

team van de Alkmaarse school (komen) als beste uit de bus. Het (zijn) de tweede keer dat het kampioenschap georganiseerd (worden).

2   ROME - Juventus (worden) de winterkampioen van Italië. De ploeg van Van der Sar en Davids (winnen) gisteren van met 3 - 0 van Perugia. Van der Sar (meespelen) de volle 90 minuten. Juventus (nemen) pas in de laatste minuten de leiding. Zidane en Kovacevic (scoren) in de slotfase. Het openingsdoelpunt (komen) op naam te staan van Del Piero, die in de 26e minuut een strafschop (benutten).

3   DEN HAAG - Koningin Beatrix en prins Claus vieren Koninginnedag dit jaar in Katwijk en Leiden. Dat (bekendmaken) de Rijksvoorlichtingsdienst gisteren. Ook (bekendmaken) de dienst dat Koninginnedag dit jaar niet op 30, maar op 29 april gevierd wordt omdat de 30ste op een zondag valt. Kroonprins Willem-Alexander, prinses Margriet en haar man Pieter van Vollenhoven zijn er ook bij. Zowel de laatste drie als de koningin hebben een speciale band met Leiden: ze (doorbrengen) er hun studietijd.

LUISTEREN

15 ●

Inleiding

U gaat luisteren naar een fragment uit de ledenvergadering van een tennisclub. Zo'n ledenvergadering
wordt eens per jaar gehouden. In dit fragment
wordt gesproken over het vaststellen van de contributie voor volgend seizoen. U hoort een discussie
tussen de voorzitter, de penningmeester en leden
van de tennisclub.

VRAGEN

1   Tijdens deze vergadering zal er alleen gestemd worden over de contributie voor volgend seizoen.
❑ Waar
❑ Niet waar

2   Op zaterdagmorgen kunnen leden soms niet spelen omdat de banen aan niet-leden verhuurd zijn.
❑ Waar
❑ Niet waar

3 De penningmeester heeft geprobeerd om sponsors te werven, maar dat is nog niet gelukt.
- ❏ Waar
- ❏ Niet waar

4 In de begroting van de penningmeester staat duidelijk dat het geld van de verhuurde banen bestemd is voor het onderhoud van het tennispark.
- ❏ Waar
- ❏ Niet waar

5 Omdat de begroting nog niet klopt, kan er nu nog niet over het contributie-voorstel gestemd worden.
- ❏ Waar
- ❏ Niet waar

16 ●●

Inleiding

De meeste mensen sporten puur voor hun plezier. Dat doen ze 1 of 2 keer per week. Maar er zijn ook mensen die van hun 'hobby' hun beroep maken. Zo heb je beroepsvoetballers, de zogenaamde 'professionals'. Daarnaast heb je diegenen die lesgeven in sport. Dat kan bijvoorbeeld op een school, bij het vak 'lichamelijke opvoeding' (L.O.), ook wel 'gym(nastiek)' genoemd. Maar het kan natuurlijk ook bij een sportschool of een sportvereniging.
Er zijn ook mensen die een eigen sportvereniging oprichten. Zo iemand is Marinus Verbeek. Marinus heeft 5 jaar geleden een eigen judovereniging opgericht.

VRAGEN
Kies het goede antwoord:

1 Marinus noemt een aantal problemen die hij tegenkwam bij de oprichting van de vereniging.
   Welk probleem noemt hij *niet*?
   a Mensen vinden die een voorlopig bestuur vormen.
   b Een goede locatie vinden voor de vereniging.
   c Van tevoren een paar financiële zaken regelen.

2 Door wie worden de zogenaamde 'oprichtingskosten' betaald?
   a Door de bank.
   b Door de sponsor.
   c Door de gemeente.

3 **Wat is essentieel als je een eigen sportvereniging wilt oprichten?**
a Dat je genoeg tijd hebt en al het administratief werk leuk vindt.
b Dat je een beleidsplan opstelt waarin duidelijk staat wat je doel is.
c Dat je heel geïnteresseerd bent in het sporten zélf.

4 **Wat bedoelt Marinus met zijn ideaal van een 'gemengde' judoclub?**
a Een club waar zowel jongens als meisjes lid van kunnen worden.
b Een club waar zowel op hoog als op laag niveau gesport kan worden.
c Een club die niet discrimineert op nationaliteit, leeftijd of geslacht.

5 **Met welke middelen probeert Marinus zijn club in de publiciteit te brengen?**
a Informatie geven in buurthuizen, folders verspreiden, een interview geven.
b Informatie geven in buurthuizen, advertenties in de krant, een interview geven.
c Advertenties in de krant, folders verspreiden, een interview geven.

SPREKEN

17 ●
Lees eerst het volgende interview.

11 vragen, beantwoord door een derdejaars studente rechten

Wat is jouw meest irritante eigenschap?
Ik ben vrij ongeduldig. Als iets te langzaam gaat, zal ik wel doorbijten, maar
liever heb ik dat het snel af is.

Wat irriteert je het meest bij andere mensen?
Als ze passief zijn. Als mensen niet met leuke ideeën komen en weinig in te brengen hebben, dan kan ik me daar echt aan ergeren.

Voor wie heb je bewondering?
Voor mijn ouders. Zij zijn al 25 jaar samen en het gaat nog steeds goed. Ik
bewonder hoe zij in het leven staan.

Wat is je favoriete cd?
De Top-100 van de Nederlandse hits, daar word ik erg vrolijk van.

Welk boek lees je, en wanneer lees je?
Op dit moment lees ik *De verborgen geschiedenis* van Donna Tart. Het is lekker

spannend. Ik lees meestal in bed voordat ik ga slapen. Ik hou van de boeken van Isabel Allende, maar eigenlijk is alles ontspannend vergeleken met de wetboeken die ik overdag moet bestuderen.

Wat zou je nog wel eens willen doen?
Ik wil veel reizen. Landen met een andere cultuur trekken me wel aan. China of zo, of landen in Zuid-Amerika.

Wat is je oudste herinnering?
Ik was vijf en ik keek tv met mijn broertje. We zaten op de bank. Ineens moesten we alle twee heel hard lachen. Mijn broertje lachte zo hard dat hij van de bank viel en met zijn achterhoofd tegen de verwarming aankwam. Ik keek - al lachend - naast me en zag dat zijn hoofd onder het bloed zat. Het lachen veranderde op slag in huilen.

Welk tv-programma wil je niet missen?
De serie 'Westenwind', maar die is nu afgelopen. Bij ons in huis staat op zondag wel de tv aan, maar meestal kletsen we er toch doorheen. Ik kijk vrij weinig televisie, ik praat liever.

Wie bewonder je het meest?
Niet een bepaalde persoon. Ik heb enorme bewondering voor topsporters. Zij worden voor een zware keuze gesteld: of je gaat er helemaal voor, en dan moet je er veel voor opzij zetten: vrienden, uitgaan, van alles wat je leven als jong mens prettig maakt en je draait mee aan de top, meestal maar voor een paar jaar. Of je kiest voor een 'normaal leven' en gaat je sport alleen als hobby beoefenen, onder je niveau, terwijl je zoveel talent voor iets hebt. Dat is een onmogelijke keuze.

Wat is het beste advies dat je hebt gekregen en van wie?
Mijn huisgenoten hebben gemerkt dat ik 's ochtends nogal langzaam op gang kom. Ze hebben me gezegd dat ik meteen een douche moet nemen en mezelf op moet peppen. Dan begint de dag veel beter.

Hoe zie jij jezelf over 25 jaar?
Dan heb ik in ieder geval al heel wat van de wereld gezien. Hopelijk heb ik dan een uitdagende baan met voldoende kans om me te ontwikkelen.

Werk in tweetallen. Stel elkaar dezelfde 11 vragen.

1 Wat is jouw meest irritante eigenschap?
2 Wat irriteert je het meest bij andere mensen?

3 Voor wie heb je bewondering?
4 Wat is je favoriete cd?
5 Welk boek lees je?
6 Wat zou je nog weleens willen doen?
7 Wat is je oudste herinnering?
8 Welk tv-programma wil je niet missen?
9 Wie bewonder je het meest?
10 Wat is het beste advies dat je hebt gekregen en van wie?
11 Hoe zie jij jezelf over 25 jaar?

18 ● ●
Lees eerst het volgende artikeltje.

Topsport

1 De Nederlandse topsport floreert al geruime tijd.
In het profvoetbal genieten het Nederlandse elftal
en clubs als Ajax, Feyenoord en PSV over de hele
wereld aanzien. Ook in andere takken van sport
5 blinken Nederlanders uit. Rintje Ritsma, Anna-
marie Thomas en Tonny de Jong wonnen vele
schaatsmedailles, het Nederlandse herenhockey-
team werd al 2 maal Olympisch kampioen, in 1996
en in 2000, terwijl het damesteam zich naast
10 Olympisch kampioen ook wereldkampioen mocht
noemen. In de paardensport zorgt Anky van
Grunsven voor internationaal succes, in de tennis-
sport Richard Krajicek. Raymond van Barneveld
werd in 1998 en 1999 wereldkampioen darts.
15 Bij het roeien werd de 'Holland-acht' in 1996
Olympisch kampioen. Tijdens Sidney 2000 was er weer een roeisucces voor
Nederland, dankzij Eeke van Nes. Pieter van den Hoogenband won zes gouden
medailles tijdens de Europese kampioenschappen zwemmen 1999. Tijdens de
Olympische spelen 2000 in Sidney won hij drie maal goud en één maal brons.

Werk in tweetallen of groepjes.

OPDRACHT A
Bespreek samen wat de volgende zinnen uit de tekst betekenen. Gebruik eventueel een
woordenboek.
• De Nederlandse topsport *floreert al geruime tijd*.

- Het Nederlandse elftal en Nederlandse clubs *genieten over de hele wereld aanzien.*
- Ook in andere takken van sport *blinken* Nederlanders *uit.*

OPDRACHT B

In de tekst worden een aantal Nederlandse clubs en individuele sporters genoemd.
Welke namen kende u al, welke nog niet?
Vertel elkaar ook iets over bekende clubs of sporters uit uw eigen land.

SCHRIJVEN

19 ● / ● ●
Een langere tekst schrijven.
Voor het schrijven van een langere tekst is het handig om eerst een schema te maken, om de volgende redenen:
- Uw tekst krijgt dan een goede structuur. Aan de hand van het schema kunt u de volgorde van de gegevens bepalen en een alinea-indeling maken.
- Terwijl u dit doet, kunt u zich concentreren op de inhoud en de woordenschat, eventueel woorden opzoeken.
- Daarna gaat u pas schrijven en daarbij kunt u dan meer aandacht besteden aan de taal (grammatica en spelling).

OPDRACHT
Schrijf een stukje over 'mezelf - en de sport'.
Schema van uw stukje:

1e alinea	Inleiding
2e alinea	Naar aanleiding van opdracht A
3e alinea	Naar aanleiding van opdracht B
4e alinea	Naar aanleiding van opdracht C + 'tot besluit'

Stap 1   Schrijf op in steekwoorden of 'telegramstijl':
a   Een lijst van activiteiten die u ooit al eens beoefend heeft. Denk daarbij aan sporten op school, sporten bij een sportvereniging, sporten binnen, sporten buiten, individueel of in teamverband, enzovoort. Geef daarbij aan wat uw mening is over deze sporten. U kunt ook denken aan andere hobby's en aan spelletjes die u vroeger deed.
b   Een lijst van activiteiten die u nu (nog steeds) beoefent of die u eventueel ooit nog eens wilt doen.
c   Een motivatie waarom u sport of, indien u niet sport: waarom niet?

Stap 2   Als uw lijstjes erg lang zijn, maak dan een selectie.

Stap 3   Maak met de steekwoorden en zinnen in telegramstijl goede zinnen.
Lees ze goed door, corrigeer uzelf.

Stap 4   Schrijf de inleiding, en de laatste zin(nen). Bedenk ook een titel voor uw stukje.
Lees alles goed door, corrigeer uzelf.

Stap 5   Schrijf nu alles in de goede volgorde achter elkaar. Laat een marge vrij of sla
steeds een regel over, zodat uw docent ruimte heeft voor opmerkingen en correcties.

LEZEN

20 ●
Lees in ongeveer 10 minuten de volgende teksten.

1   **Doorzetten en hard zijn voor jezelf**
Zo gauw er ijs ligt moet ik er op, dat heb ik altijd al gehad. Zo hard mogelijk
vooruit. We deden vroeger wedstrijden en hielden lijsten bij met onze tijden, mijn
vrienden en ik. Natuurijs is het fijnst, ook omdat je dan buiten bent. Ik houd van
5   de winter en ik kan goed tegen de kou. Maar wachten op ijs is heel vervelend.
Dan gaan we naar de kunstijsbaan met z'n allen. Ik train vanaf mijn twaalfde en
zit nu in junioren C. De wedstrijden op de korte en lange baan zijn leuk om aan
mee te doen maar daar ben ik niet echt fanatiek in. Tochten rijden, dat is het
mooiste. Dan komt het echt aan op doorzetten en volhouden.

1   **Je moet de snelheid van de bal leren kennen**
Ik zit nu twee jaar bij de junioren, maar toen ik vier was had ik al een plastic
racket. Ik vond het gewoon leuk om een bal tegen een muurtje te slaan. En ik
vind het lekker om met mijn armen te zwaaien. In je eentje kun je deze sport over-
5   al doen, ook in de vakantie op de camping, als er maar een muurtje is. Maar met
z'n tweeën is het pas echt. Of met z'n vieren, dat heet 'dubbel'. Dubbel vind ik
leuker want samen ben je sterker. En je kunt dingen afspreken. Als je medespeler
beter is in springen bijvoorbeeld, dan laat je hem de hoge ballen terugslaan. Ik
speel buiten en binnen, maar buiten vind ik het leukst. Elke woensdag heb ik een
10   uur les en daarna speel ik met vrienden nog een partijtje. Wedstrijden vind ik ook
leuk maar daar heb ik niet altijd tijd voor.

1   **Eerst denken, dan doen**
Hier op school komt een keer in de week iemand die ons les geeft. Ik was voor

heel iets anders op school, maar ik stond te kijken en toen mocht ik meedoen. Eigenlijk heb ik het geleerd van een vriend van mijn moeder. Wij hebben niets
5   tegen mijn vader gezegd en veel geoefend. Na een paar maanden versloeg ik mijn
vader in een partijtje! Hij zat echt zo te kijken van: waar heeft hij dat nou
vandaan? Na een jaar les op school heb ik mijn pionnendiploma gehaald en ben
ik op een club gegaan want op school gingen ze niet verder.
Vanaf de allereerste keer vond ik het spannend. Het is net een soort oorlogje spe-
10 len. Alles draait om de koning. Met de pionnen moet je de koning van je
tegenstander veroveren. En je moet je eigen koning dus verdedigen. Nadenken is
heel erg belangrijk.

Beantwoord nu de volgende vragen.
1   Over welke sporten gaat elk fragment?
2   Zijn deze sporten populair? Ook in uw land?
3   Vindt u deze sporten leuk, of heeft u ze zelf al wel eens beoefend?
4   Kent u beroemde spelers die deze sporten beoefenen?
5   Kunt u de titel van elk fragment verklaren?

EXTRA OPDRACHT
Beschrijf nu zelf een sport op dezelfde manier als hierboven (dus zonder de sport te noemen).
De andere cursisten moeten raden over welke sport het gaat.

21 ●●
Hieronder volgt een artikel over de invloed van voetbaltaal op algemene taal in andere
situaties.

'De bal wordt in Den Haag voortdurend rondgespeeld'
Voetbalwoorden in gewone taal

1   **De bal rondspelen**
Van alle sporten is voetbal verreweg de belangrijkste leverancier van sportieve
nieuwe taal. Politici, managers, vakbondsleiders, journalisten - als ze behoefte
hebben aan wat beeldspraak, is er een grote kans dat ze gebruik maken van voet-
5   baljargon. Omdat het grote publiek bekend is met dit jargon verwachten ze dat
die beeldspraak veel mensen aanspreekt. Een voorbeeld uit de politiek: 'De bal
wordt in Den Haag voortdurend rondgespeeld en daarbij levert niemand iets in.'

Paniekvoetbal
10 Steeds meer taalvormen hebben de weg van voetbalveld naar woordenboek
gevonden. *Tackelen, vliegende kiep, aan de zijlijn staan* en *paniekvoetbal:* behalve met een voetbalbetekenis staan deze woorden inmiddels ook met een figuurlij-

ke betekenis in Van Dale[1]. Zonder de grote populariteit van het voetbal zouden deze termen nooit zijn ingeburgerd in de algemene taal.

15 Voordat een voetbalterm een plaatsje in het woordenboek krijgt, moet wel duidelijk zijn dat hij niet alleen bij trainers en spelers bekend is. Met andere woorden, de term moet regelmatig in voetbalverslagen te horen of te lezen zijn, zodat hij ook bekend wordt bij het grote publiek. In het woordenboek komt dan eerst de letterlijke betekenis (de 'voetbalbetekenis') en volgt pas daarna de figuurlijke

20 betekenis.

'Voetbal is oorlog'

Behalve voetbaljargon gaan ook uitspraken van voetballers, trainers en bobo's[2] soms een eigen leven leiden buiten de sport. Een goed voorbeeld daarvan is de le-

25 gendarische uitspraak van Rinus Michels[3] uit de jaren zeventig: 'Voetbal is oorlog.' Deze uitspraak is inmiddels klassiek en heeft zich min of meer van zijn schepper losgemaakt. Hij wordt dan ook bijna als een vaste uitdrukking gebruikt in onze taal. Daarom staat deze uitspraak ook in de Van Dale. Ook Johan Cruijff[4] zorgt regelmatig voor verrijking van de taal. Zijn uitspraak: 'Elk nadeel

30 heeft zijn voordeel', wordt inmiddels volop gebruikt. De woorden van Michels, Cruijff en andere mensen uit de sportwereld vormen een bron van inspiratie voor andere taalgebruikers.

---

1 Van Dale: bekend en gerespecteerd woordenboek van de Nederlandse taal.

2 Bobo: voor het eerst gebruikt door Frank Rijkaard (voetballer), spottende benaming voor een bestuurslid in de sportwereld.

3 Rinus Michels: succesvolle voetbaltrainer in de jaren zeventig (Ajax, Nederlands elftal).

4 Johan Cruijff: succesvolle voetballer, later trainer (Ajax, Barcelona). Na belangrijke wedstrijden wordt hem om commentaar gevraagd.

a VRAGEN

1 Waarom maken mensen zoals politici en managers graag gebruik van voetbaljargon?

2 Begrijpt u de uitspraak: 'De bal wordt in Den Haag voortdurend rondgespeeld?'

3 Wanneer komt een voetbalterm ook met een figuurlijke betekenis in het woordenboek?

4 Welke invloed hebben de uitspraken van Rinus Michels en Johan Cruijff op de alledaagse taal?

b   Idioom

De tekst geeft een paar voorbeelden van voetbaltaal die ook gebruikt wordt in algemene taal.
Hieronder volgen nog meer voorbeelden. Zoek de juiste figuurlijke betekenis bij elk idioom.

1	iemand buitenspel zetten	a	elkaar helpen en daarbij anderen buitensluiten
2	in eigen doel schieten	b	snelle, ondoordachte aanpak van een probleem
3	elkaar de bal toespelen	c	zorgen dat iemand niet meer mee kan doen
4	een schot voor open doel	d	iemand misleiden met verkeerde informatie
5	vliegende kiep	e	een gemakkelijk te behalen succes
6	een voorzet geven	f	een idee aanreiken
7	aan de zijlijn staan	g	iemand die veel verschillende taken heeft
8	iemand op het verkeerde been zetten	h	een probleem met veel inzet aanpakken
9	paniekvoetbal	i	zichzelf benadelen
10	tackelen	j	ergens niet bij betrokken zijn

BUITEN HET BOEKJE

22 ● ●

Werk samen met een medecursist:

1   Bedenk welke topsporter u graag zou interviewen.
2   Bedenk tien vragen die u hem/haar zou willen stellen.
3   Zoek informatie over deze sporter, bijvoorbeeld in een krant, een tijdschrift,
     de bibliotheek, op internet.
4   Zoek daarin zoveel mogelijk antwoorden op uw vragen op.
5   In de les: Speel het interview. Een van u stelt de vragen, de andere speelt de sporter en
     geeft antwoord.

les 6 De buren

Basis B

1 TEKST

1a Introductie

Dave en Amanda Sturman (respectievelijk 34 en 41 jaar) wonen in Nederland sinds 1997
en 1998. Zij wonen in Maastricht. Dave is marketing manager van beroep, en Amanda verlos-
kundige. Zij komen uit Groot-Brittannië. Zij spreken over contact maken met buren in Nederland.

1b Lees nu de tekst

1   Dave: 'Het was een moeilijke stap, we moesten moed verzamelen om voor het
    eerst bij onze buren aan te kloppen. Het was ons verteld en we hadden erover gele-
    zen: Nederlanders wachten tot jij bij hen aanklopt. Het is hier gebruikelijk dat jij
    degene bent die zegt: 'Ik ben de nieuwe buur, komen jullie iets bij ons drinken?'
5   Amanda: 'In Engeland is het juist andersom, daar word je meteen uitgenodigd:
    welkom in de straat, wil je een kop thee? We hebben ook gemerkt dat je in Neder-
    land je gasten niet meteen alcohol moet aanbieden. Een Nederlands stel waarmee
    we in Engeland bevriend waren, nodigde ons een keer uit om wat te komen drin-
    ken. Dus ik dacht aan een glaasje gin of whisky of wijn. Ik vroeg nog: wat heb je
10   zoal? Thee en koffie! Ik dacht, nou, dat wordt een dolle avond. De alcohol kwam
    wel, maar pas na de thee en cake.'

Dave: 'In Engeland begin je juist met drank. Misschien eet je er nog wat bij, en aan het eind neem je thee of koffie, om een beetje nuchter te worden. Dat is het moment om te gaan. Onze buren hebben ons trouwens wel heel snel uitgenodigd

15 voor hun huwelijksfeest.'

Amanda: 'De héle avond. Omdat ze ons zo aardig vonden.'

Dave: 'Er waren op die bruiloft drie groepen: een zeer bevoorrechte groep die met het bruidspaar thuis dineerde, een tweede groep die was uitgenodigd voor de hele avond, daar hoorden wij bij, en een derde groep die alleen op het eerste deel van de

20 receptie mocht komen. Die mensen gaven hun cadeau, dronken wat, en gingen weer.'

Amanda: 'Ja, die moesten weg! Dat verbaasde ons. Dat is in Engeland absoluut niet normaal. Wij vroegen ons ook af: Zouden we wegmoeten?, maar de ouders van het bruidspaar zeiden, nee, nee, we willen dat jullie de hele avond blijven.'

25 Dave: 'Als we die gidsen over Nederland niet zouden hebben gelezen, zouden we waarschijnlijk nu nog op het eerste echte contact zitten wachten. Volgens die boeken denken Nederlanders dat je met rust gelaten wil worden als je zelf geen contact zoekt.'

Amanda: 'En dan hadden wij misschien juist gedacht dat ze ons niet wilden ken-

30 nen. Er is een andere buur met wie we soms een paar woorden wisselen. Ik denk dat daar best een vriendschap uit zou kunnen ontstaan. Maar we hebben hem nog niet uitgenodigd.'

1c Oefening bij de tekst

Dave en Amanda praten over de verschillen tussen Engeland en Nederland ten aanzien van het uitnodigen van gasten voor de koffie, een borrel, een bruiloft e.d.

1 Wie neemt het initiatief voor de eerste ontmoeting in Nederland? En in England?
2 Wat zeggen ze over de drankjes die je de gasten aanbiedt?
3 Wat zeggen ze over de gewoonte gasten uit te nodigen voor een bruiloftsfeest?
4 Welke indruk wordt er van Nederlanders gegeven in de gidsen over Nederland?
5 Hebt u dezelfde indruk van Nederlanders als Dave en Amanda?
6 Wat bedoelen Dave en Amanda met de volgende uitspraken?
   Dave: 'Nederlanders wachten tot je bij hen aanklopt.'
   Amanda: 'Ik dacht, nou, dat wordt een dolle avond.'
   Dave: 'Aan het eind neem je thee of koffie, om een beetje nuchter te worden.'
   Amanda: 'Er is een andere buur met wie we soms een paar woorden wisselen.'

U kunt nu oefening 1 maken.

2 TEKST

2a Introductie

Uit de serie 'de Nederlander als buitenlander' hoort u een interview met Eva Breukink die op Curaçao woont, over buren en vrienden en contact met Antillianen.

(Curaçao is een eiland voor de kust van Venezuela. Het is één van de 'Nederlandse Antillen', die deel uitmaken van het Nederlandse Koninkrijk.)

2b Luister een keer naar de tekst.
Luister nog een keer en beantwoord de vragen.

1 Waarom hebben buren op Curaçao volgens Eva automatisch veel contact met elkaar?
2 Hoe was het contact dat Eva en haar vriend hadden met hun buurman in Boca?
3 Wat zegt Eva over Otrabanda, het deel van Willemstad waar ze nu woont?
4 Waarom zocht ze na een tijdje meer contact met Antillianen dan met Nederlanders?
5 Welk aspect van Nederland mist ze?

EXTRA

6 U hebt gelezen over de ervaringen van Dave en Amanda met buren in Nederland, en geluisterd naar Eva's ervaringen op Curaçao. Wat zijn uw ervaringen met de buren, waar u woont?

U kunt de tekst nog eens nalezen. (Appendix 1)

3 TAALHULP

Als u wordt uitgenodigd om 'op de koffie' te komen, of 'op de thee', of om een borrel te komen drinken, kunt u het beste even vragen wat precies de bedoeling is. Meestal is het niet de bedoeling dat u blijft eten, behalve als u daarvoor expliciet wordt uitgenodigd.

'Kom eens langs', is vooral hartelijk bedoeld, maar het is geen concrete uitnodiging. Dan wordt namelijk een concrete afspraak gemaakt, en datum en tijd genoemd.

Uitnodigen / uitgenodigd worden

VRAGEN	REACTIES
Komen jullie zondag op de koffie?	's Ochtends of 's avonds?
Kom morgen maar bij ons op de thee.	Hoe laat verwacht je ons?
Komen jullie eten?	Om een uur of zes?
Ik ben morgen jarig; komen jullie een borrel drinken?	Ja graag!
	Dus om een uur of half tien?
Zullen we meteen een afspraak maken?	Even in mijn agenda kijken.

Idioom

In het huwelijksbootje stappen = gaan trouwen
Annet en Theo stappen morgen in het huwelijksbootje.

Uitdrukkingen

Als we iets niet vertrouwen of denken dat iets illegaal is, kunnen we zeggen:
Dat is geen zuivere koffie.

'*Op de koffie komen*' kan ook betekenen: In een heel vervelende situatie terechtkomen.

De betekenis van het volgende spreekwoord kunt u waarschijnlijk wel raden:
Beter een goede buur dan een verre vriend.

U kunt nu oefening 5 maken.

4   GRAMMATICA

4a   Zou/zouden

Inleiding

Kijk naar de volgende zinnen uit tekst 1:

> Zouden we wegmoeten?
> Als we die gidsen over Nederland niet hadden gelezen, zouden we waarschijnlijk nu nog op het eerste echte contact zitten te wachten.
> Ik denk dat daar best een vriendschap uit zou kunnen ontstaan.

VRAGEN

In deze zinnen ziet u het imperfectum van *zullen*: zou (singularis), en zouden (pluralis), altijd gecombineerd met andere verba:

* zou(den) + _____
* onderstreep de bedoelde vormen.

Gebruik

1   Beleefdheid

Kijk naar de volgende zinnen:

1a   Mag ik je woordenboek lenen?
1b   Zou ik je woordenboek mogen lenen?

2a   Kunt u me terugschrijven?
2b   Zou u mij kunnen terugschrijven?

3a   Willen jullie ons even helpen?
3b   Zouden jullie ons even willen helpen?

4a   Je moet wat minder roken.
4b   Je zou wat minder moeten roken.

VRAGEN

- Markeer alle werkwoordsvormen.
- Wat is het verschil tussen de a-zinnen en de b-zinnen, in vorm?
- In de zinnen 1, 2 en 3 wordt een _____ gesteld. In zin 4 wordt een _____ gegeven.
- Wat is het verschil in betekenis tussen a- en b-zinnen?

2   Onzekerheid

Kijk naar de volgende voorbeelden:

---

5   Ik denk dat daar best een vriendschap uit zou kunnen ontstaan.
    (Ik denk het, maar ik weet het niet zeker.)
6   Zouden we wegmoeten?
    (We weten het niet zeker.)

In deze zinnen hebben de sprekers geen zekerheid.

3   Irrealis

---

7   Als ik veel geld had, zou ik een Rolls Royce kopen.
    (Maar ik heb niet veel geld, dus ik koop geen Rolls Royce.)
8   Als ik mijn agenda bij me had, zouden we meteen een afspraak kunnen
    maken.
    (Maar ik heb mijn agenda niet bij me, dus we kunnen geen afspraak maken.)

In deze zinnen is de situatie geen realiteit.

U kunt nu oefening 6 t/m 9 maken.

4b Passief

Gebruik van de passieve vorm

Dave en Amanda *worden* door de buren *uitgenodigd* voor hun bruiloft.

- We gebruiken de passieve vorm als *het subject* van de zin *niet zelf een actie uitvoert*, het is minder belangrijk of zelfs onbekend wie de actie uitvoert.
- Bij passieve zinnen ligt *de nadruk meer op de actie zelf*.

We kunnen daaraan toevoegen:

- De passieve vorm wordt gebruikt als de schrijver van een tekst niet een concrete persoon is, maar een instantie, organisatie, ministerie, etcetera.
  Voorbeeld: op een belastingformulier staat:
  Met 'echtgenoot' *wordt bedoeld* degene met wie u gehuwd bent.

CHECK

Lees de tekst op pagina 101 (les 4, oefening 3) nog een keer. Wie wordt bedoeld met 'de Koning' in de zin: De constitutie regelt de verdeling van bevoegdheid tussen de Koning en de ministers?

Het perfectum en imperfectum in een passieve zin

Kijk naar de volgende zinnen:

1 Toen Dave en Amanda voor de bruiloft uitgenodigd *werden*, waren ze heel blij.
2 Nu Dave en Amanda voor een bruiloft uitgenodigd *zijn*, zullen ze zich wel beter thuis voelen in onze straat.

VUL IN

- De eerste zin staat in het _____ van het passief. Dat wordt gevormd door het hulpwerkwoord _____ en een participium. De nadruk ligt op de *handeling, de actie*.
- De tweede zin staat in het _____ van het passief. Dat wordt gevormd door het hulpwerkwoord _____ en een participium. De nadruk ligt op het *resultaat van de actie*.

U kunt nu oefening 10 maken.

Oefeningen

VOCABULAIRE

1 •

Oefening bij tekst 1

Vul het juiste woord in de juiste vorm in.

FRAGMENT 1: kies uit:

aardig, bruidspaar, bruiloft, nuchter, receptie, uitnodigen, volgens, wisselen.

Gisteren is mijn collega Piet getrouwd. Ik was niet voor het feest _____ 1,
maar wel voor de _____ 2 , dus daar ben ik 's middags even naartoe geweest.
Piet wilde er op zijn eigen _____ 3 piekfijn uitzien, en inderdaad, dat was ook zo.
Hij droeg een mooi zwart pak en ook de bruid zag er erg mooi uit. Het _____ 4
zag er heel feestelijk en gelukkig uit. We hebben ook nog een paar woorden
_____ 5 met de ouders van Piet, heel _____ 6 mensen! En met zijn broer, die erg
vrolijk was. _____ 7 mij had hij al aardig wat borrels op en was hij niet meer helemaal _____ 8 .

FRAGMENT 2: kies uit:

aankloppen, gebruikelijk, merken, ontstaan, trouwens, verzamelen, waarschijnlijk.

Als u zelf geen gereedschap hebt, maar toch even een hamer nodig hebt, kunt u
_____ 9 bij de buurman. Misschien moet u eerst moed _____ 10 om dat te
doen, maar u _____ 11 snel genoeg wat voor mensen uw buren zijn. _____ 12

zal de buurman u wel willen helpen, en er kan een leuk contact uit _____ 13.
Het is dan _____ 14 dat u zegt dat u hem ook wel wilt helpen, als dat eens nodig
is. _____ 15, u hoeft zich er niet voor te schamen als u eens iets gaat lenen bij de
buren. U bent echt de enige niet.

2 ● ●

Vul op elke plaats een woord in.
Maak gebruik van het geleerde in 'taalhulp', en/of een woordenboek.

Als je _____ 1 hebt, kun je zaterdag een _____ 2 komen drinken. Ik ben eigenlijk
donderdag _____ 3, maar ik vier het zaterdag. Je bent welkom vanaf een _____ 4
of negen en we gaan door tot in de kleine uurtjes. Neem gerust iemand _____ 5.
Hoe meer zielen, hoe meer _____ 6 !

Als je met een Nederlandse kennis een _____ 7 wilt maken, gaat dat niet zomaar.
Hij of zij moet altijd eerst even in de _____ 8 kijken. Probeer niet zomaar _____ 9
te gaan, want dan is de gemiddelde _____ 10 helemaal in de war. Nederlanders
gaan niet vaak spontaan bij elkaar op _____ 11.

Ik hoorde gisteren dat mijn collega Hans vorige week alweer in het _____ 12 is
gestapt. Hij was vorig jaar getrouwd en vervolgens binnen een paar maanden
alweer _____ 13. Nou, die vrouw is aardig op de _____ 14 gekomen, kan je wel
zeggen.

PROSODIE

3 ●

Luister en zeg na. Let goed op de zinsmelodie!

A Hoi, Bert. Lang niet gezien.
   Hoe is het met je?
B Goed, Joh, en met jou?
A Prima!
   Zeg, zullen we weer eens wat afspreken?
B Lijkt me leuk.
   Kom eens langs.
A Zal ik doen.
   Ik bel je wel.

A　Komen jullie zondag op de koffie?
B　Ja, gezellig. Hoe laat?
A　Kom maar om een uur of elf.
B　Oké, tot zondag.

A　Kom je vanavond een borrel bij me drinken?
B　Ja, Ik zou wel willen, maar ik heb nog zoveel te doen.
A　Kom dan volgende week een keertje.
B　Ja, leuk.
　　Donderdag? Of vrijdag?
A　Even in mijn agenda kijken.
　　Vrijdag is prima.
B　Oké, dan kom ik vrijdag.
　　Hoe laat?
A　Vanaf een uurtje of negen.
　　Dan ben ik zeker thuis.

4　●●

Liedje

Zoveel te doen

Muziek / Tekst / Uitvoering: Toontje Lager

Mijn boodschappen nog doen, en straks de vuile was.
Mijn haar dat wil ik groen, maar dat kan morgen pas.
De huur nog overmaken, en de tandarts zo meteen.
Naar Valkenburg of Aken, waar moet ik dit jaar nou weer heen?
008* bellen! Had ik dat boek nou uit of niet?
Girokaarten bijbestellen. Vergeet de vuilniszakken niet!

Die afspraak was veranderd, en, oh, verrek, dat feest!
Naar de nieuwe van Fellini** ben ik gelukkig al geweest.

Ik ben geweest!
Zoveel te doen, ik heb nog zoveel te doen!
Ik moet de zon in Japan onder zien gaan.
Zoveel te doen, ik heb nog zoveel te doen!
Ik moet het oerwoud eens in bloei zien staan.

Met mijn vriendin moet ik praten over de rol van man en vrouw.
Sinterklaasgedichten maken, hoewel … het is pas juni nou.
De krant ligt nog te wachten, ik moet wat doen aan sport.
Slapeloze nachten, want de dagen zijn te kort.
Ze zijn te kort!
Zoveel te doen, ik heb nog zoveel te doen!
Ik moet nog eens wat jatten van een Italiaan.
Zoveel te doen, ik heb nog zoveel te doen!
Ik moet nog zwemmen in de Stille Oceaan.

Mijn bed moet ik verschonen, ik moet naar de wc.
Belastingformulieren, te laat, zo'n week of twee.
Ik zou langs bij haar vanavond, of kwam ze nou bij mij?
Mijn agenda moet ik bijhouden, maar ik heb te weinig tijd.

Te weinig tijd!
Zoveel te doen, ik heb nog zoveel te doen!
Ik moet nog hinkstapspringen op de maan.
Zoveel te doen, ik heb nog zoveel te doen!
Ik moet hier ooit nog eens vandaan.

(Instrumentaal intermezzo)

Ik moet de zon in Japan onder zien gaan.
Ik moet het oerwoud eens in bloei zien staan.
Ik moet nog eens wat jatten van een Italiaan.
Ik moet nog zwemmen in de Stille Oceaan.
Ik moet nog hinkstapspringen op de maan.
Ik moet hier ooit nog eens vandaan.

*   In de tijd dat dit lied werd geschreven, was 008 het informatienummer
    voor telefoonnummers
** Fellini: Bekende Italiaanse filmregisseur.

TAALHULP

5 ●

Kies de goede reactie:

1 Luuk: Hoi Max! Hoe is het in je nieuwe huis?
  Max:
a Prima! Kom eens langs.
b Prima! Even in mijn agenda kijken.

2 Luuk:
a 's Ochtends of 's avonds?
b Leuk, ik bel je wel.

3 Max: Of zullen we nu meteen een afspraak maken?
a Ik bel je wel.
b Even in mijn agenda kijken.

4 Max: Voor zondag hebben we geen plannen. Kom dan op de koffie!
  Luuk:
a Leuk, bedoel je 's ochtends of 's avonds?
b Lekker, wat heb je zoal?

5 Max: Ik bedoelde 's avonds.
  Luuk:
a Krijgen we ook iets te eten?
b Dus om een uur of half negen?

GRAMMATICA

6 ●

Lees de volgende dialoog.
Onder welke categorie valt het gebruik van 'zou(den)' in elke zin?
Kies uit: *Beleefdheid, onzekerheid, irrealis*

Amanda: *Zouden* we binnenkort uitgenodigd worden door de buren?
Dave: Als ik beter Nederlands sprak, *zou* ik wel naar hen toegaan.
Amanda: Zullen we het gewoon proberen?
Dave: *Zouden* ze dat niet vreemd vinden?
Amanda: In dit boek staat dat Nederlanders wachten tot je bij hen komt.
Dave: Als we een goede fles whisky in huis hadden, *zou* ik het wel doen.

Amanda: *Zouden* ze wel whisky drinken, denk je?
Dave: Ik ga erheen. Ik verzin wel een smoes.
(Dave belt aan en de buurman doet open)
Dave: Dag meneer, ik ben de nieuwe buurman. *Zou* ik een hamer kunnen lenen?
Buurman: Natuurlijk. Momentje, ik pak er even een voor u. … Alstublieft.
Dave: Dank u wel. En …komt u morgenavond iets bij ons drinken?
Buurman: Dat is heel aardig van u, maar morgenavond krijgen we zelf bezoek.
Zou het ook overmorgen kunnen?
Dave: Ja, hoor, dat kan. Nou, tot overmorgen dan.

7 ●
Wat is het verschil in betekenis tussen zin a en zin b?

1a De Antilliaanse mensen leven veelal buiten.
1b De Antilliaanse mensen zouden veelal buiten leven.

2a Eva Breukink ging maar voor zes maanden naar Curaçao.
2b Eva Breukink zou maar voor zes maanden naar Curaçao gaan, maar ze bleef een paar jaar.

3a Ik heb wel contact met de lokale bevolking.
3b Ik zou wel contact willen hebben met de lokale bevolking.

4a Als ik wat beter Antilliaans spreek, ga ik in een klein dorpje wonen.
4b Als ik wat beter Antilliaans sprak, zou ik in een klein dorpje gaan wonen.

5a Als ik in het buitenland woon en werk, heb ik veel heimwee.
5b Als ik in het buitenland zou wonen en werken, zou ik veel heimwee hebben.

6a Kan ik even een hamer lenen?
6b Zou ik even een hamer kunnen lenen?

8 ●●

Probeer de zin na: 'u zegt/vraagt' anders te formuleren. Gebruik 'zou' of 'zouden' in de zin.

Voorbeeld:
U bent uitgenodigd bij de ouders van een nieuwe vriendin. U gaat er met de trein naartoe.
U belt op en spreekt met haar vader. U vraagt:

Kunt u me misschien van het station ophalen?
Zou u me van het station kunnen ophalen?

1 U zit met een vriend te fantaseren over vakanties en reizen. U zegt: Als ik nu vakantie had, ging ik een paar weken naar Griekenland.

2 Uw vriendin klaagt dat ze vaak zo moe is, maar meestal toch niet goed kan slapen. U zegt: Je werkt te hard. Je moet het wat rustiger aan doen.

3 Uw collega vertelt dat ze al drie weken verkouden is. U zegt: Ben je nu al drie weken verkouden? Dan moet je naar de dokter gaan.

4 U zit in een trein die flinke vertraging heeft. De man naast u heeft een mobiele telefoon. U wilt even naar huis bellen dat u later thuiskomt.
U vraagt: Mag ik uw telefoon misschien even gebruiken?

5 U praat met de vriendin over een feest waar u vanavond naartoe gaat.
Zij vraagt zich af wie er zullen komen. U zegt: Ik denk dat Saskia ook naar het feest komt, maar ik weet het niet zeker.

9 ●●

Wat zou u doen in de volgende situaties?
Begin het antwoord met: 'Ik zou ...'

1 Wat zou u doen als u kiespijn had?
2 Wat zou u doen als u snel rijk wilde worden?
3 Wat zou u doen als uw auto gestolen was?
4 Wat zou u doen als uw buren 's nachts te veel lawaai maakten?
5 Wat zou u doen als het in uw vakantie de hele tijd regende?
6 Als u nu zou kunnen verhuizen, waar zou u dan gaan wonen?
7 Als u nu vakantie had, waar zou u dan naartoe gaan?
8 Als u een andere persoon kon zijn, wie zou u dan willen zijn?
9 Als u een (ander) beroep moest kiezen, welk beroep zou dat dan zijn?
10 Wat zou u een Nederlander adviseren als hij uw land wil bezoeken?

10 ●●

Zet de zinnen in de passieve vorm. Wat *cursief* gedrukt staat, moet subject worden.
Een woordgroep met 'door ...' is niet altijd noodzakelijk.

Voorbeeld:

>In Engeland nodigen de 'oude' bewoners *de nieuwe buren* uit.
>
>In Engeland worden de nieuwe buren (door de oude bewoners) uitgenodigd.

1 Hier nodigen de oude bewoners *de nieuwe buren* niet uit.
2 In Nederland drinken ze eerst *koffie* en pas daarna iets alcoholisch.
3 De Nederlanders begrijpen *de Antillianen* niet zo goed.
4 We halen *de fles whisky* tevoorschijn, als het gezellig wordt.
5 De mensen accepteren *je* sneller, als je hun taal spreekt.
6 Als je een Nederlander uitnodigt, haalt hij meteen *een agenda* tevoorschijn.
7 Op een verjaardag kust men *de jarige* drie maal op de wangen.
8 Als de gastvrouw of de jarige *de taart* binnenbrengt, zingt men: 'Lang zal hij of zij leven.'

LUISTEREN

11 •

Introductie

U hoort fragmenten uit het verhaal 'Theevisite'. Een Nederlandse politicus ontvangt een politicus uit Nicaragua bij zich thuis. Zijn vrouw vertelt hoe het ging. U hoort afwisselend stukjes dialoog, en het verhaal van de vrouw.

VRAGEN

1 Wat zou de Nicaraguaanse man graag willen?
2 Wat doen de Nederlandse man en zijn vrouw voordat zij de afspraak maken?
3 Waarom vraagt de Nederlandse man zich af of zijn gast wel zal komen?
4 Komt de Nicaraguaanse gast alleen?
5 De vrouw geeft beschuit met jam bij de thee. Is dat typisch Nederlands?

12 • •

Introductie

U hoort een fragment uit een interview met de schrijvers van het boekje *Typisch Nederlands*. Het boekje gaat over verschillende aspecten van de Nederlandse cultuur en identiteit. De schrijvers stellen zichzelf de vraag wat nou typisch Nederlands is of als typisch Nederlands wordt beschouwd, en ... is er eigenlijk wel een duidelijke Nederlandse identiteit?
U hoort nu een fragment uit dit interview waarin Jos van der Lans, één van de twee schrijvers, praat over het gebruik van de aanspreekvormen 'u' en 'jij'.

VRAGEN

1 Over welk probleem heeft Jos van der Lans het als hij zegt: 'Dat is een enorme verwarring, heel Nederland is in verwarring.'
a Buitenlanders weten niet precies wie je met 'u' moet aanspreken, en wie met 'jij'.
b Nederlanders weten zelf vaak niet wie je met 'u' moet aanspreken, en wie met 'jij'.
c Nederlanders weten niet dat je iemand altijd eerst met 'u' moet aanspreken.

2 Wat wil Van der Lans illustreren met het voorbeeld van de schooljuffrouw die in Nederland en in Duitsland werkte?
a De omgangsvormen in Duitsland en Nederland zijn ongeveer hetzelfde.
b De omgangsvormen in Nederland zijn formeler dan in Duitsland
c De omgangsvormen in Nederland zijn minder formeel dan in Duitsland.

3 Denkt Van der Lans dat we weer duidelijke afspraken kunnen maken over het gebruik van 'jij' en 'u'?
a Ja, dat is volgens hem wel mogelijk, en het zou ook heel handig zijn.
b Nee, dat is volgens hem niet meer mogelijk, en ook niet zo handig.
c Nee, het zou wel handig zijn, maar het is volgens hem niet meer mogelijk.

4 Hoe beoordeelt hij het verschil tussen de situatie vroeger en de situatie nu?
a Er is wel wat verwarring, maar de situatie nu is toch prettiger dan vroeger.
b De situatie was vroeger veel duidelijker en veel beter dan nu.
c Het zou beter zijn als we de formele codes van vroeger weer gebruikten.

5 Wat zegt hij over de Amerikaanse en de Franse aanspreekvormen, in vergelijking met de Nederlandse?
a De Amerikanen en de Fransen zijn formeler dan de Nederlanders.
b De Amerikanen zijn informeler, de Fransen formeler dan de Nederlanders.
c De Amerikanen zijn formeler, de Fransen informeler dan de Nederlanders.

6 Bestaat er in uw moedertaal een verschil tussen 'u' en 'jij', formeel en informeel, zoals in het Nederlands? Zo ja, is het dan duidelijk wanneer u welke vorm gebruikt?

SPREKEN

13 •

Werk in tweetallen. Stel een vraag op basis van de gegeven zinnen, gebruik 'zou/zouden'.
Persoon 1 stelt de vraag. Persoon 2 antwoordt.

1   Kan ik de buren uitnodigen voor een borrel, ik weet het niet zeker.
2   Ik wil graag een feest geven, maar ik weet niet waar.
3   We zoeken een goed boek over Nederland. Heb jij een suggestie?
4   We willen in Amsterdam uit eten gaan. Weet jij een gezellig en goedkoop restaurant?
5   We zijn uitgenodigd op de verjaardag van de buurman. Maar we weten niet hoe laat we ernaartoe moeten gaan.

14 ● ●

(in groepjes of met de cd)
Wat zou u doen in de volgende situaties?

1   Een van u is uitgenodigd op een feest bij vrienden die in een dorp wonen. Hij/zij gaat er met de bus naartoe en moet ook weer met de bus terug. Het is erg gezellig op het feest en hij/zij vergeet de tijd. Als hij/zij weg wil gaan, is de laatste bus net vertrokken.

2   Een van u moet naar een officiële receptie en heeft daarvoor heel nette kleding aangetrokken. In de trein op weg naar de receptie drinkt hij/zij een kop koffie. De persoon ernaast stoot tegen zijn/haar arm en er zit een grote koffievlek op zijn/haar nette kleding.

3   Een van u is gastheer/vrouw, hij/zij heeft bezoek van de buren. Het is wel gezellig, maar om elf uur is hij/zij moe en wil eigenlijk wel gaan slapen. De buren amuseren zich prima en maken nog geen aanstalten weg te gaan. Ze merken niet dat de gastheer/vrouw moe is.

4   Een van u is op het station en wil een treinkaartje kopen bij het loket. De trein vertrekt over drie minuten, maar de klant voor u is erg lang bezig. Hij vraagt veel informatie bij het loket en neemt alle tijd om zijn kaartje te betalen.

15 ● ●

Hieronder vindt u enkele uitspraken van buitenlanders over zaken die hun in Nederland zijn opgevallen.

•   Voor mensen die in Nederland zijn of zijn geweest: vielen deze dingen u ook op toen u voor de eerste keer in Nederland kwam? Of waren er andere dingen waarvan u dacht: hé, dat doen ze bij ons zo niet. Bespreek dit met uw medecursisten.

•   Voor mensen die nooit in Nederland zijn geweest: hebt u over deze dingen gehoord? Zijn er dingen waarvan u denkt: hé, dat doen ze bij ons niet zo. Bespreek dit met uw medecursisten.

•   Wat zou een buitenlander opvallend vinden in uw land?

1   Nederlanders wachten tot jij hen uitnodigt. Het is hier gebruikelijk dat jij degene bent die zegt: 'Ik ben de nieuwe buur, komen jullie iets bij ons drinken?'

2   Als je bij Nederlanders bent uitgenodigd voor koffie, zelfs als het rond etenstijd is, ga er dan maar niet van uit dat je een maaltijd krijgt. Voor een maaltijd word je alleen expliciet uitgenodigd.

3   Als je aanbelt om 6 uur, word je bij de deur opgevangen door de heer des huizes. 'We zitten net aan tafel', zegt die. Je wordt niet uitgenodigd om binnen te komen, en zeker niet om mee te eten.

4   Mijn dochter is getrouwd met een Nederlander. Haar schoonouders zijn typische Hollanders, van die mensen die niets doen als ze op visite komen. Ze zitten, drinken en eten wat hun aangeboden wordt, maar ze helpen niet mee. Ze brengen nog geen kopje naar de keuken.

5   Als je ergens op bezoek gaat, moet je eerst een afspraak maken. Nederlanders kijken altijd eerst in hun agenda.

SCHRIJVEN

16 ●
Brieven en kaarten

• In een formele brief gebruiken we de formele aanspreekvorm *u*.

```
Amsterdam, 12 juni 1999 (of: Amsterdam, 12-6-1999)


Geachte heer / mevrouw (eventueel gevolgd door de naam)


...........................
...........................
...........................


Hoogachtend, ...                    (heel formeel)
Met vriendelijke groet(en), ...     (minder formeel)
```

• In een informele brief of kaart gebruiken we de informele aanspreekvormen *je* en *jullie*.

Amsterdam, 12 juni 1999 (of: Amsterdam, 12-6-1999)

Lieve ...   (familie, goede vrienden)

Beste ...   (kennissen)

....

....

Veel liefs, ...   (heel persoonlijk)

Groetjes, ...   (persoonlijk)

Hartelijke groeten, ...   (persoonlijk)

Groeten, ...   (iets minder persoonlijk)

---

17 ● / ● ●

Schrijf nu twee korte brieven als reactie op de volgende uitnodigingen.

De brieven moeten de volgende elementen bevatten:

• Felicitatie of andere wensen.

• Laat weten of u komt of niet.

• Als u niet komt: geef een reden.

• Een afsluitende zin.

    ● **informeel**

Wij zijn heel blij en gelukkig met de geboorte van onze dochter en zusje

Jonice Maria Stephanie

3 juni 1997

Iedereen die dit met ons wil vieren is van harte welkom op
Het geboortefeest op 13 juli van 14.00 tot 18.00 uur

Laat je ons even weten of je komt?

Marleen en Ed Buteijn-van der Giesen
Jaël

Rijksweg 81, 6581 ER Malden

● ● formeel

Geachte medewerker,

Op 14 september aanstaande bereikt onze zeer gewaardeerde directeur

Mr. H.J.F.M. van Thiel

de pensioengerechtigde leeftijd. Op 15 september wordt er te zijner ere een afscheidsreceptie gegeven in de Grote Ontvangstruimte op de vierde verdieping. Het is zijn wens u allen bij die gelegenheid nog een maal persoonlijk de hand te schudden.

Namens de directie,
Drs. E. van Thiel

LEZEN

18 ●

De Zuid-Nederlandse mentaliteit versus de noordelijke

1 Noord en Zuid* hebben met elkaar gemeen dat de godsdienst een stempel heeft gedrukt op volksaard en levensstijl, maar in het noorden was dat de soberheid van het calvinisme, in het zuiden de weelde van het katholicisme: het zogenaamde 'rijke roomse leven'. Die verschillende godsdienstige achtergrond heeft grote

5 invloed gehad op het uit elkaar groeien van 'Noord' en 'Zuid'.
Door de loop der historie is Vlaanderen veel meer onder invloed geraakt van de Romaanse cultuurwereld en dat is in de mentaliteit zeer goed te merken.
De Vlaamse voorkeur voor 'het goede leven' wordt traditioneel als 'Bourgondisch' bestempeld. Zij komt tot uiting in de gastronomie, de biercultuur en de

10 populariteit van het alom tegenwoordige café.

* Noord = Nederland 'boven de rivieren'
Zuid = België, maar ook het zuiden van Nederland, 'onder de grote rivieren'

VRAGEN

1 **Welke elementen hebben invloed gehad op de *Noord*-Nederlandse mentaliteit?**
a calvinisme, Bourgondisch leven
b katholicisme, soberheid
c calvinisme, soberheid

2 **Welke elementen hebben invloed gehad op de *Zuid*-Nederlandse mentaliteit?**
a katholicisme, Bourgondisch leven
b calvinisme, weelde
c katholicisme, soberheid

3 **Waarin komt het 'Bourgondische leven' tot uiting? Noem enkele voorbeelden.**

4 **Wat spreekt u het meest aan, de Noord- of de Zuid-Nederlandse mentaliteit?**

VOCABULAIRE

In de tekst staan woorden en / of idioom met de volgende betekenis.
Zoek ze op in de tekst.

1 geschiedenis
2 zich uiten in
3 sterke invloed hebben met een blijvend effect
4 overeenkomstig
5 religie
6 mentaliteit van het volk
7 overal te vinden
8 eenvoud, zonder luxe of uiterlijk vertoon
9 eetcultuur van de fijne keuken en lekker eten
10 overvloed, veel luxe en uiterlijk vertoon

19 ● ●

Introductie

De volgende tekst komt uit het boek: 'The Undutchables. Leven in Holland', door Colin White en Laurie Boucke, Amsterdam 1994. Om u een idee te geven van de aard van het boek en de bedoelingen van de auteurs, geven wij u enkele citaten uit het voorwoord:

• In dit boek wordt een impressionistische kijk gegeven op bepaalde kanten van de Nederlanders die buitenlanders nogal eens in het oog springen.

• Het is geen droog wetenschappelijk werk en ook niet alle … gewoonten en aspecten van het leven komen aan bod.

- Het boekje heeft een luchtig karakter.
- Gelukkig konden de meeste lezers de humor en de overdrijving wel accepteren en voelden zij zich niet op hun tenen getrapt.

Lees de tekst. Bespreek met medecursisten wat u van de tekst vindt.

Verjaarsvisite

1 Verjaardagsfeestjes beginnen om een uur of acht en worden gehouden bij de jarige thuis. Zorg wel dat u bloemen en een cadeautje meebrengt, anders wordt u nooit meer uitgenodigd.

Het feestje heeft iets van een open huis. U wordt naar de huiskamer gebracht die
5 voor die gelegenheid de aanblik van een dokterswachtkamer heeft gekregen: alle stoelen staan langs de kant. Daarop zitten een rij familieleden met her en der wat vrienden en buren. De familieleden heten u welkom in wat op het eerste gezicht een avondje groepstherapie is.

De verwelkoming bestaat uit een rondje langs de stoelen waarbij u iedereen een
10 hand geeft. Om onduidelijke redenen wordt de nieuwe gast door alle aanwezigen gefeliciteerd en krijgt van elk een onverstaanbare naam te horen. Dit is geheel volgens de etiquette omdat u later, als u een gesprek met iemand wilt aanknopen, een mooie opening hebt: 'hoe was uw naam ook alweer?'

Juist als u voelt dat nog langer glimlachen onmogelijk is, wordt de spanning weg-
15 genomen omdat de koffie en de taart binnenkomen.

Tussen het eerste en tweede kopje komt men wat losser en wordt er verrukt commentaar gegeven op de prachtige cadeaus die zijn uitgestald, op de cursus die men volgt of het koopje dat men onlangs op de kop heeft getikt. Tijdens deze adembenemende conversatie hebt u alle gelegenheid om een boodschappenlijstje
20 voor de volgende dag te maken.

Als de koffie en taart op zijn, breekt onveranderlijk de bier- en frisdrankfase aan die vergezeld gaat van wat hapjes en nog meer gesprekken. Dit is het moment om op te staan en elders in de kamer een nieuwe boom op te zetten*.

* = een gesprek beginnen.

Kan het misschien iets zachter?

Kan het misschien iets zachter?

Geluidshinder: daar valt wat aan te doen

Geluid van buren.

Bijna iedereen heeft ermee te maken. Er zijn mensen die er al last van hebben als de buren de sleutel in het slot steken.

Het zou onredelijk zijn om daarover te gaan klagen. Hoe men geluid ervaart, hangt ook samen met de vraag of buren met elkaar kunnen opschieten of niet.

Als de buurman altijd voor je klaar staat, kan hij wel een potje breken wanneer hij op een avond laat nog even de boor pakt. Is de relatie verstoord, dan kan het dichtvallen van de voordeur al een bron van ergernis zijn. Andersom is het heel redelijk als mensen er in hun gedrag rekening mee houden dat ze nu eenmaal buren hebben.

Top drie

Miljoenen mensen ervaren in meer of mindere mate geluidsoverlast. Dit houdt automatisch in dat er ook miljoenen mensen moeten zijn die die overlast veroorzaken. Waarschijnlijk vaak zonder zich ervan bewust te zijn! Hieronder

volgen enkele geluiden waar velen zich aan ergeren.
• **Muziek** staat bovenaan in de top tien van hinderlijke geluiden. Vooral de bassen dreunen door. Het scheelt een stuk als u de speakerboxen op

De buurvrouw speelt elke dag een halfuur piano. De ene buur ergert zich daar groen en geel aan, de ander vindt dat wel gezellig. Aan de overkant is een jongen zich dagelijks urenlang en op de gekste tijden op zijn drumstel aan het uitleven.

Hierover zijn de meningen gelijk: dat is om gek van te worden. Hoe mensen geluid ervaren, is persoonsgebonden. Geluidshinder is echter voor iedereen een probleem.

• Ongemerkt kan een **wasmachine of droger** ook voor geluidshinder zorgen. Kunnen uw buren deze apparaten horen draaien? Zet ze dan op rubber blokjes en gebruik ze zoveel mogelijk overdag.
• **Knallende deuren** is ook zo'n veel voorkomende irritatie-

een laag rubber of vilt zet en ze vrij van de woningscheidende muur houdt. Als u of uw kinderen een muziekinstrument bespelen kunt u met de buren overleggen op welke tijden dat het beste uitkomt.

bron. Dit is makkelijk te voorkomen door de deurknop vast te houden tot de deur gesloten is. Kunststof stootblokjes of enkele stukjes tochtstrip in het deurkozijn helpen ook om het geluid te dempen.

TIP

Hebt u zelf voortdurend last van uw buren? Probeer er dan samen eens rustig over te praten bij een kopje koffie. Maar al te vaak blijkt dat men al een idee van had dat men zo tot last was. Meer informatie over dit onderwerp en de wijze waarop BO-EX kan bemiddelen tussen u en uw buren is te lezen in de brochure Overlast.
U kunt deze brochure telefonisch aanvragen bij BO-EX.

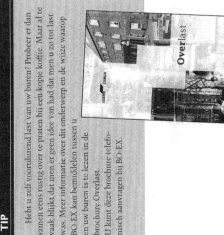

Overlast

Ik hou van jou

1 TEKST

1a Introductie

Oksana Klijberg-Maximchuk (27), afkomstig uit Rusland, is in 1994 naar Nederland gekomen. Ze is getrouwd met een Nederlander en woont in Amsterdam. Ze is stagiaire bij een bedrijf op het gebied van audiovisuele communicatie.

1b Lees nu de tekst

1 Vier maanden woonden mijn man en ik op kamers in een studentenhuis, en al die tijd heeft niemand gevraagd wie ik was, wat mijn ouders deden en of wij een echte relatie hadden. Dat vond ik opvallend. In Rusland vroeg iedereen meteen of we gingen trouwen, of we kinderen zouden nemen. Russen zijn hartstikke

5 nieuwsgierig. Ik moet me soms nog steeds inhouden. Ontmoet ik bijvoorbeeld iemand van 30 die geen relatie heeft, dan ben ik ontzettend benieuwd waarom niet. Toch word ik Nederlandser. Ik werkte een keer als tolk voor een Russische filmploeg in Nederland. Die vrouwelijke medewerkers hoorden me helemaal uit. Ze vroegen waar ik mijn man had ontmoet, hoe Nederlanders aan seks doen. Ik was

?

10 helemaal gechoqueerd. Nederlanders zouden dat niet vragen, ze nemen veel meer afstand.

Jullie zijn zakelijker, ook over de telefoon, maar dat komt natuurlijk ook omdat het duur is. In Moskou is bellen gratis, dus je belt maar raak. Ik werd hier helemaal gek van die telefoontikker*. In Moskou belde ik soms wel vier uur per

15 dag. Het heeft enorm veel invloed op de relaties tussen mensen.

Ik had daar in het begin veel moeite mee. We kregen afschuwelijk hoge rekeningen. Meer dan duizend gulden. Dat heeft een half jaar geduurd, toen werd de telefoon afgesloten. De ouders van mijn man hebben die rekening toen betaald. En ik heb het afgeleerd. Mijn man zegt dat ik nu 'dubbel-Nederlands' bel, nog

20 korter dan Nederlanders.

* telefoontikker: een apparaatje dat, b.v. in een studentenhuis, de kosten van een telefoongesprek registreert; het maakt daarbij een tikkend geluid.

1c Vragen bij de tekst

1 Wat is Oksana opgevallen toen ze met haar man in een studentenhuis woonde?
2 Welk verschil noemt ze in dat verband tussen Nederlanders en Russen?
3 Waaraan merkt ze dat ze 'Nederlandser' wordt?
4 Wat zegt ze over de manier van telefoneren in Nederland en in Rusland?
5 Waarom heeft Oksana afgeleerd zo lang te blijven telefoneren?
6 Oksana vindt Nederlanders nogal afstandelijk en zakelijk. Wat is uw eigen indruk?

U kunt nu oefening 1 maken.

2 TEKST

2a Introductie

Petra van der Horst is 37 jaar. Zij woont in Wijk bij Duurstede. Ze is getrouwd met een Afrikaanse man en vertelt over de reacties van Nederlanders daarop, en haar eigen mening daarover: in een bi-culturele relatie moet je openstaan voor elkaars cultuur.

2b Vocabulaire

Zoek, voordat u gaat luisteren naar de tekst, de volgende woorden en uitdrukkingen op in een woordenboek.

verbaasd huishouden
bezorgdheid ervan uitgaan

karakter   combineren
bepalen   twijfel
star   onwetendheid
strikt   simpelweg
openstaan voor   verrijking
bi-cultureel

2c   Luister een keer naar de tekst.
   Luister nog een keer en beantwoord de vragen.

1   Waarom heeft Petra de indruk dat Nederlanders denken dat haar relatie met
    een buitenlandse man problematisch is?
2   Maak de volgende uitspraak van Petra compleet: 'Mijn mening is dat
    iemands _karakter_ veel _belangrijker_ is dan zijn _cultuur_. Iemands _karakter_ bepaalt
    immers ook _hoe_ hij met zijn _cultuur_ omgaat.'
3   Wat heeft Petra ontdekt met betrekking tot haar eigen cultuur?
4   Wat is volgens Petra de oorzaak van de twijfels die veel mensen hebben bij
    een relatie zoals de hare?

U kunt de tekst nog eens nalezen. (Appendix 1)

3   TEKST
3a   Introductie
U hoort een kort interview met de Nederlander Albert Goutbeek in Tanzania. Zijn vriendin
Jacqueline werkt voor een Belgische ontwikkelingsorganisatie, en Albert is met haar meegegaan. In de terminologie van ontwikkelingsorganisaties heet een partner van een medewerker
een 'dependent', het Engelse woord voor 'afhankelijke'. De interviewer vraagt Albert hoe Nederlanders en Tanzanianen het vinden dat de vrouw werkt en de man niet.

3b   Vocabulaire
Zoek, voordat u gaat luisteren naar de tekst, de volgende woorden en uitdrukkingen op in een
woordenboek.

uitzondering
er raar tegenaan kijken
in dat opzicht
wat _____ betreft
emancipatie
ervan uitgaan

3c Luister een keer naar de tekst.
Luister nog een keer en beantwoord de vragen.

1 Vinden de Nederlanders het raar dat Albert niet werkt en zijn vrouw wel?
2 Vinden de Tanzanianen het raar dat Albert niet werkt en zijn vrouw wel?
3 Wat had Albert verwacht toen hij naar Tanzania ging?

U kunt de tekst nog eens nalezen. (appendix 1)

EXTRA VRAAG
In de luisterteksten 2 en 3 wordt gesproken over Nederlanders en hun verwachtingen met
betrekking tot Afrikaanse mannen: zij zijn traditioneler, zij werken niet in het huishouden.
Kunt u iets vertellen over de verdeling van werk en huishoudelijke taken tussen mannen en
vrouwen in uw cultuur?

4 TAALHULP

Relaties
Oksana zegt dat het in Nederland niet gebruikelijk is om zomaar te beginnen over (liefdes)-
relaties of te vragen naar iemands privéleven, zeker niet als mensen elkaar nog nauwelijks
kennen. Andere buitenlanders vinden juist dat Nederlanders altijd maar álles vragen.
In een gesprek over relaties kunt u het volgende type vragen en antwoorden tegenkomen.

VRAGEN	ANTWOORDEN
Heb je een (vaste) vriend(in)?	Nee, ik heb geen (vaste) partner.
Heb je een relatie?	Nee, ik ben (weer) alleen (sinds _____).
Is dat je (nieuwe) partner?	Ja, dat is mijn vriend(in).
Wonen jullie samen?	Ja, we wonen (sinds kort) samen.
Ben je getrouwd?	Ja, ik ben getrouwd (met _____).
Hebben jullie trouwplannen?	Misschien wel, op den duur.
Wanneer gaan jullie trouwen?	We gaan trouwen op …
Hoe lang zijn jullie al getrouwd?	We zijn nu 10 jaar getrouwd.
Hoe is het met je vriend(in)?	Het is uit / we zijn uit elkaar.
	Prima / Hartstikke goed.
Hoe is het met je vrouw / man?	We zijn (vorig jaar) gescheiden.

N.B. U kunt de vragen wat voorzichtiger stellen door te beginnen met:
Mag ik vragen of _____ ?
Mag ik vragen of je getrouwd bent?

Bezorgdheid uitdrukken

Ik maak me zorgen (over _____).
... toch ... *(intonatie is belangrijk)*

Ik maak me zorgen over mijn zus. Ze gaat samenwonen met een man die ze pas kort kent.
Hoe gaat het met je? Het gaat toch wel goed?

Verbazing uitdrukken

Oh ja? Dat wist ik niet.

Susan is vorige week getrouwd.
Oh ja? Dat wist ik niet.

Twijfel uitdrukken

Zou _____ .
Ik vraag me af of _____ .

Zou een huwelijk met een buitenlander problematisch zijn?
Ik vraag me af of een huwelijk met een buitenlander problematisch is.

Over leeftijd wordt niet snel gepraat, en zeker niet over salaris.
De vragen: 'Hoe oud ben je?' of 'Hoe oud word je nu?' worden niet zo gauw gesteld.
De vragen: 'Hoeveel verdien je?' of 'Wat ga je verdienen in je nieuwe baan?' zijn zeer ongebruikelijk. Dat soort vragen stelt men alleen als er een concrete aanleiding toe is in een conversatie.

Mogelijke antwoorden op vragen die u onbeleefd vindt

Daar wil ik niet over praten.
Dat zeg ik liever niet.
Dat mag je wel vragen, maar ik geef geen antwoord!
Dat gaat je niks aan.
Daar heb je niks mee te maken.

Idioom

Mijn vriend(in) = mijn vaste partner.
Een vriend(in) van mij = iemand uit mijn vriendenkring.
Ze is stapelgek / smoorverliefd op hem = ze is heel erg verliefd op hem.
Hij heeft een gebroken hart = hij heeft liefdesverdriet.
Hij is in de zevende hemel, en zij loopt met het hoofd in de wolken = Hij / zij is zeer gelukkig.

Uitdrukkingen

Als je met iemand alle goede dingen, maar ook ongeluk, hebt meegemaakt,
kun je zeggen:
We hebben lief en leed gedeeld.
Als iemand oprechte, goede bedoelingen heeft, kun je zeggen:
Hij/ zij is te goeder trouw.
Als iemand altijd alles openlijk vertelt, kun je zeggen:
Hij/ zij heeft het hart op de tong.

U kunt nu oefening 7 en 8 maken.

5   GRAMMATICA

5a   Indirecte vragen

Inleiding

In 'Help! Deel 1, les 10, hebt u de indirecte zin geleerd. Dat zijn zinnen zoals:
  Karel zegt *dat* hij vanavond naar pianoles gaat.
  Ik vind *dat* je mee moet doen.
  Toen merkte ik *dat* iedereen een rondje betaalt.
(Zie ook het hulpboek bij Help!1, paragraaf 3.2.2.)

In de volgende paragrafen komt een vergelijkbaar type zinnen aan de orde.
Kijk naar deze zinnen uit tekst 1:
  In Rusland vroeg iedereen meteen of we gingen trouwen.
  Ze vroegen waar ik mijn man had ontmoet.
Deze zinnen zijn indirecte vragen.

Vorm en functie

Directe vraagzinnen	Indirecte vraagzinnen
1a Gaan jullie binnenkort trouwen?	1b Iedereen vroeg meteen *of* we binnenkort *gingen trouwen.*
2a Nemen jullie kinderen?	2b Iedereen vroeg meteen *of* we kinderen *zouden nemen.*
3a Gaat het wel goed?	3b Mensen vragen bezorgd *of* het wel goed *gaat.*
4a Helpt je man wel mee in het huishouden?	4b Nederlanders vragen me *of* mijn man wel in het huishouden *meehelpt.*
5a *Waar* heb je je man ontmoet?	5b Ze vroegen *waar* ik mijn man *had ontmoet.*
6a *Hoe lang* heb je getelefoneerd?	6b Mijn man vroeg *hoe lang* ik *had getele-foneerd.*

VRAGEN

- Wat gebeurt er met de structuur van de zin bij een indirecte vraag?
- Welke conjunctie wordt gebruikt in de indirecte vragen 1, 2, 3 en 4.
- Welke woorden worden als conjunctie gebruikt in de indirecte vragen 5 en 6?
- Wat is de functie van deze indirecte vragen?

Kijk ook naar de volgende zinnen:

Directe vragen	Indirecte vragen
7a Komt lijn 5 hier langs?	7b Weet u of lijn 5 hier langskomt?
8a Hoe laat is het?	8b Weet u hoe laat het is?
9a Waar is de Van Baerlestraat?	9b Kunt u mij zeggen waar de Van Baerlestraat is?
10a Ben je getrouwd?	10b Mag ik vragen of je getrouwd bent?
11a Hoe oud ben je?	11b Mag ik vragen hoe oud je bent?

VRAAG

- Waarom zou men deze indirecte vragen gebruiken, in plaats van de directe vragen?

CHECK

Maak de volgende vragen indirect.

Heb je een relatie?   *Mag ik je vragen of je een relatie hebt.*
Hebben jullie trouwplannen?   *" " " " u trouwplannen hebt*
Wanneer gaan jullie trouwen?   *wanneer jullie trouwen gaan*
Hoe lang zijn jullie al getrouwd?   *hoelang jullie al getrouwd zijn*

U kunt nu oefening 9, 10 en 11 maken.

5b Diverse combinaties

Een _____ of _____

1a Ik woon nu vijf jaar in Nederland.	1b Ik woon nu *een jaar of vijf* in Nederland.
2a Zullen we vanavond om negen uur afspreken?	2b Zullen we vanavond om *een uur of negen* afspreken?
3a Ik heb honderd cd's in de kast staan.	3b Ik heb *een stuk of honderd cd's* in de kast staan.

VRAAG

- Wat is het verschil in betekenis tussen de a-zinnen en de b-zinnen?

Wat / Er _____ een

4	Er is nog genoeg *koffie*. Wil je ook nog *wat*?
5	Er zijn ook nog *koekjes*. Wil je *er* nog *een*?
6	Ik heb lekkere *soep*. Wil je ook *wat*?
7	Ik heb ook *broodjes*. Wil je *er een*?

telbaar substantief

VRAAG

• Wanneer gebruik je 'wat' en wanneer 'er een'?

Wat een _____ !

8a	*Wat een* mooie foto is dat van het bruidspaar!
8b	*Wat een* mooie foto's heb je van het bruidspaar gemaakt!
9a	*Wat een* nieuwsgierig mens is dat!
9b	*Wat een* nieuwsgierige mensen zijn die Russen!

VRAGEN

• Wat is het verschil tussen de a-zinnen en de b-zinnen?
• Welke woorden blijven hetzelfde?

U kunt nu oefening 12 maken.

Oefeningen

VOCABULAIRE

1 ●

Hieronder ziet u omschrijvingen van woorden / idioom uit tekst 1.
Zoek de bijbehorende woorden in de tekst.

tolk	1	Iemand die vertaalt wat een ander zegt.
stagiair(e)	2	Een student die onder leiding ergens werkt om de praktijk van een vak te leren.
telefoontikker	3	Apparaat dat de tijd en de kosten van een telefoongesprek registreert.
helemaal	4	Heel erg (3 x). *hartstikke, vreselijk, ontzettend*
afgrondelijk	5	Nuchter en praktisch, niet beïnvloed door emoties. *zakelijk*
nieuwsgierig	6	Gezegd van iemand die graag dingen wil weten die niet voor zijn / haar oren bestemd zijn.
gechoqueerd	7	Geschokt, pijnlijk getroffen.

8   Opmerkelijk, de aandacht trekkend. *Opfallend*

9   Zich beheersen, je niet uiten terwijl je dat wel zou willen. *inhouden*

10   Veel en lang (bellen), zonder limiet. *wat* *naah bellen*

11   Proberen iets niet meer te doen wat je vroeger altijd deed. *afleren*

12   Iemand van alles vragen over dingen waar die persoon liever niet over praat. *uithoren*

?   13   Belangstelling tonen voor iets of iemand.

2 ●●

Herhaling van idioom uit de paragrafen Taalhulp van les 1 t/m 6.

Hieronder ziet u een aantal uitdrukkingen en spreekwoorden, in twee stukken geknipt.

Werk in een groepje (3 of 4 personen). Kies om de beurt een combinatie. Voor elke juiste combinatie krijgt u één punt. Als u ook nog kunt vertellen wat deze uitdrukking betekent, krijgt u nog een punt. Wie scoort de meeste punten?

1	Het kan vriezen	4	op een borrel	*es macht viel aus.*
2	Het is een storm	5	voor open doel	*es wäre geschenkt*
3	Na regen	9	dan een verre vriend	
4	Dat scheelt een slok	1	het kan dooien	*es kann noch in alle Richtungen gehen.*
5	Dat was een kans	7	in de mond	
6	Je moet water	10	met de riemen die je hebt	*mit den Gegebenheiten zurecht kommen*
7	U legt me die woorden	12	dan moe	*Faulsack*
8	Dat komt als mosterd	3	komt zonneschijn	
9	Beter een goede buur	11	uit de mond	
10	Je moet roeien	8	na de maaltijd	*zu spät kommen*
11	Je haalt me de woorden	6	bij de wijn doen	*Du musst nachgeben*
12	Jij bent liever lui	2	in een glas water	*es löst nichts auf sich!*

PROSODIE

3 ●

Luister naar de docent of de cd.

Schrijf de woorden en zinnen die u hoort op. Luister daarna nog een keer. Schrijf achter ieder woord het ritmeschema.

4 ●

Luister en lees mee. Geef van elke zin aan waar u het zinsaccent hoort. Geef ook aan welke delen van woorden worden ingeslikt of aan elkaar worden uitgesproken.

Voorbeeld:

Ik heb gehoord dat je een nieuwe vriendin hebt.

Ik heb = kep; dat je een = datjun

A   Hé, ik heb gehoord dat je een nieuwe vriendin hebt.
B   Ja, dat klopt.
A   Sinds wanneer?
B   Sinds vorige maand.
     We hebben elkaar ontmoet op dat feestje bij Johan.
A   Goh, wat leuk voor je. En gaat het goed tussen jullie?
B   Geweldig! We zijn stapelgek op elkaar.

A   Volgende maand zijn mijn ouders 25 jaar getrouwd.
B   Gefeliciteerd! Mijn ouders hebben dat helaas niet gehaald.
A   Hoe bedoel je? Ze leven toch nog allebei?
B   Ja, dat wel, maar ze zijn een paar jaar geleden gescheiden.
     Ik woon sinds die tijd bij mijn moeder. Ze is nog alleen.
     Mijn vader is hertrouwd. En mijn broertje woont nu bij hem.
A   Waarom zijn je ouders eigenlijk gescheiden?
B   Oh… daar praat ik liever niet over.

A   Hé, Maria, je bent zo stil de laatste tijd. Is er iets?
B   Eh, ja, weer ruzie met mijn vriend gehad. We gaan uit elkaar.
A   Jeetje, is het zo erg? Maar jullie hebben toch wel vaker ruzie?
B   Ja, maar nu is hij te ver gegaan. Hij heeft me bedrogen, de hufter.
     Hij heeft al een tijdje een ander.
A   Goh, wat een rotstreek! Heb jij het uitgemaakt?
B   Ja, ik moest wel. Hij doet net of zijn neus bloedt!
A   Nou, je hebt groot gelijk! Mannen, ze zijn allemaal hetzelfde!

A Gefeliciteerd, hè, met je nieuwe baan!

B Dank je.

A Nou ga je zeker meer verdienen dan bij je vorige baas.

B Dat gaat je niks aan!

5 ●

Luister naar de band en zeg de zinnen na.

Let vooral op het zinsaccent. Probeer ook de emotie te imiteren.

A Ik heb een nieuwe vriendin.

B Wat leuk voor je. Gaat het goed?

A Geweldig! Ik ben stapelgek op haar.

A Mijn ouders zijn vijfentwintig jaar getrouwd.

B Mijn ouders zijn gescheiden.

A Goh, wat erg. Waarom zijn ze uit elkaar?

B Daar praat ik liever niet over.

A Hoe lang hebben jullie al een relatie?

B Een maand of acht.
    We denken erover om te gaan samenwonen.

A Zijn jullie getrouwd?

B Nee, we wonen nu twee jaar samen.
    Maar binnenkort gaan we trouwen.

A Alvast gefeliciteerd.

A Wat doe jij eigenlijk?

B Ik ben advocaat.

A En… verdient dat goed?

B Ik ben niet ontevreden.

A Maar hoeveel verdien je dan.

B Dat gaat je niks aan!

6 ●

Liedje

Liefde van later

Muziek / Tekst: Jacques Brel / Lennaert Nijgh
Zang: Herman van Veen

Als liefde zoveel jaar kan duren
Dan moet 't echt wel liefde zijn
Ondanks de vele kille uren
De domme fouten en de pijn
Heel deze kamer om ons heen
Waar ons bed steeds heeft gestaan
Draagt sporen van een fel verleden
Die wilde hartstocht lijkt nu heen
Die zoete razernij vergaan
De wapens waar we toen mee streden

Refrein

Ik hou van jou
Met heel m'n hart en ziel hou ik van jou
Langs zon en maan tot aan het ochtendblauw
Ik hou nog steeds van jou

Jij kent nu al m'n slimme streken
Ik ken allang jouw heksenspel
Ik hoef niet meer om jou te smeken
Jij kent m'n zwakke plaatsen wel
Soms liet ik jou te lang alleen
Misschien was wat je deed verkeerd
Maar ik had ook wel eens vriendinnen
We waren jong en niet van steen
En zo hebben we dan toch geleerd
Je kunt altijd opnieuw beginnen

Refrein

We hebben zoveel jaren gestreden
Tegen elkaar en met elkaar
Maar rustig leven en tevreden
Is voor de liefde een gevaar
Jij huilt allang niet meer zo snel
Ik laat me niet zo vlug meer gaan
We houden onze woorden binnen
Maar al beheersen we 't spel
Een ding blijft toch altijd bestaan
De zoete oorlog van 't minnen

Refrein

TAALHULP

7   ●

Kies de juiste reactie.

1   Hoeveel hebben jullie eigenlijk voor je huis betaald?
a   Oh ja? Dat wist ik niet.
b   Is dat echt waar?
ⓒ   Dat zeg ik liever niet.

2   Ik ben vorig jaar gescheiden.
a   Daar wil ik niet over praten.
ⓑ   En gaat het nu toch wel goed met je?
c   Wij gaan trouwen op 19 september.

3 **Petra en Hakim hebben een zoon. Leuk hé?**
a O ja? Wat leuk voor ze!
b Dat gaat ons toch niks aan.
c Ik vraag me af of dat waar is.

4 **Gefeliciteerd! Hoe oud ben je nu geworden?**
a Ik maak me zorgen over mijn leeftijd.
b Dat mag je wel vragen, maar ik geef geen antwoord!
c Daar heb je niks mee te maken!

5 **Waarom hebben Theo en jij geen kinderen?**
a Oh, dat weten we nog niet.
b Ik heb geen vaste partner.
c Dat gaat je niks aan!

8 ● ●

Werk in tweetallen en stel elkaar de volgende vragen.
Geef ook duidelijk aan als u een vraag liever niet wilt beantwoorden.

1 Hoe oud bent u?
2 Hebt u een partner?
3 Bent u getrouwd of woont u samen?
4 Woont u alleen of met meer mensen in een huis?
5 Hebt u kinderen?
6 Komt u uit een grote familie?
7 Vindt u het contact met familie belangrijk?
8 Hebt u contact met uw buren?
9 Hoeveel verdient u?
10 Bent u tevreden met uw salaris?

GRAMMATICA

9 •

Uw telefoon is afgesloten. U stelt vragen aan de medewerkers van de telefoonmaatschappij. Hieronder staan directe vraagzinnen, maar als u extra beleefd wilt zijn, kunt u ze ook indirect stellen.

Voorbeeld:

Waarom is mijn telefoon afgesloten?

Kunt u mij zeggen waarom mijn telefoon afgesloten is?

1 Tegen de receptioniste: Waar moet ik zijn?
   Weet u misschien _waar ik zijn moet_ ?
2 Aan het loket: Hoe hoog is mijn rekening?
   Kunt u mij zeggen _hoe hoog mijn rekening is_ ?
3 Kan ik in termijnen betalen?
   Kunt u mij zeggen _of ik in termijnen betalen kan_ ?
4 Mogen mijn schoonouders voor mij betalen?
   Weet u toevallig _of mijn schoonouders voor mij betalen mogen_
5 Wanneer moet de rekening uiterlijk betaald zijn?
   Mag ik vragen _wanneer de rekening uiterlijk betaald moet zijn_ .
6 Hoe lang blijft de telefoon nog afgesloten?
   Kunt u mij zeggen _hoe lang de telefoon nog afgesloten blijft_ .

10 •

VRAAG EN ANTWOORD

Persoon A stelt de vraag met de formulering: 'Ik vraag me af of _____ .
Persoon B probeert antwoord te geven.

Voorbeeld:

Zou telefoneren duur zijn in Nederland?

A *Ik vraag me af of telefoneren duur is in Nederland. Wat denk jij?*
B *Ik denk het wel* of *Ik zou het niet weten* of *Ja, veel te duur!* etc.

1 Zouden Nederlanders lang telefoneren?
2 Zouden Belgen over geld praten?
3 Zouden Afrikaanse mannen het huishouden doen?
4 Zouden Tanzaniaanse vrouwen buitenshuis werken?
5 Zouden Russische vrouwen nieuwsgierig zijn?
6 Zouden mannen en vrouwen in Nederland vaak ongehuwd samenwonen?

11 ● ●

Persoon A stelt indirecte vragen, persoon B probeert antwoord te geven.
Gebruik de informatie tussen haakjes.

Voorbeelden:

(Studenten meestal in studentenflats)
Weet jij of studenten meestal in studentenflats wonen?
(hoe lang studie medicijnen)
Kun je mij zeggen hoe lang de studie medicijnen duurt?

1   (studentenflats duur in Nederland)
2   (hoeveel studenten in één studentenhuis)
3   (veel privacy in een studentenhuis)
4   (beste filmregisseur van je land)
5   (bekendste acteur van je land)
6   (vrouwen kunnen werken als buschauffeur in je land)
7   (welk televisieprogramma populair in Nederland)
8   (veel verschillende religies in Nederland)

12 ●

Maak de zinnen compleet

wat een + adjectief
1   Wat _een nieuwsgierige_ mensen, vind je ook niet?
     Ja, ze willen alles weten.
2   Wat _een (stomme)_ mensen zijn die nieuwe buren, hè?   _vervelende_
     Nee, ik vind ze best aardig.
3   Wat _een hoog_ telefoonrekening, hè?
     Ja, zeg dat wel, meer dan tweehonderd gulden!
4   Wat _een moeilijk_ examen, vind je ook niet?
     Nee, ik vind het makkelijk.

een ____ of
5   Hoe hoog was die telefoonrekening?
     Ik geloof _een gulden of_ honderd.
6   Hoeveel studenten woonden er in dat studentenhuis?
     Ik denk _een stuk of_ twintig.
7   Ik ben nu al _een dag of_ tien flink verkouden.
     Misschien moet ik eens naar de dokter.

nog wat / er nog een

8   Je hebt toch al een fiets, waarom wil je ~~er nog een~~ kopen?

9   Er is nog veel taart over. Wil je ~~nog wat~~ ?

10   Er zijn nog gebakjes over. Wil je ~~er nog een~~ ?

(handwritten: mevrouw :)
(handwritten: (Wil je er nog een paar))

13 •

Herhaling: *dus, maar, want, omdat, als.*

Maak van de twee losse zinnen één zin. Na welke woorden moet u een bijzin gebruiken?
Probeer eventueel ook nog een verwijswoord te gebruiken.

Voorbeelden:

Ik heb zo lang voor de test gestudeerd. Ik vond de test toch heel moeilijk. (maar)
Ik heb zo lang voor de test gestudeerd, maar ik vond hem toch heel moeilijk.
Ik ga met dat meisje naar de film. Ik vind dat meisje heel aardig. (omdat)
Ik ga met dat meisje naar de film omdat ik haar heel aardig vind.

1   Ik vind Nederland niet prettig. Het is winter. (als)

2   Ik geniet het meest van Nederland . Het is zomer. (als)

3   We gaan vaak naar die kroeg toe. De kroeg is tegenover mijn kantoor. (want)

4   Ik vind café 'De Mark' het gezelligst. Het is een typische studentenkroeg. (omdat)

5   Een straat wordt naar een schrijver genoemd. De schrijver is heel beroemd. (als)

6   De schrijver heeft zoveel romans geschreven. De schrijver is niet bekend in het buitenland. (maar)

7   We hadden veel contact met onze oude buren. Onze buren zijn helaas net verhuisd. We zien onze buren niet zo vaak meer. (maar, dus)

8   We moeten de nieuwe buren maar eens uitnodigen. De nieuwe buren zijn klaar met verhuizen. (als)

9   Die politieke partij heeft veel stemmen gekregen. De partij komt nu in de regering. (dus)

10   De partij komt nu in de regering. Heel veel mensen hebben op die partij gestemd. (omdat)

11   U kunt zich tot 1 juni voor dit toernooi inschrijven. U wilt meedoen aan ons Pinkstertoernooi. (als)

12   Het tennistoernooi vindt plaats op 13 en 14 juni. Bij regen wordt het een week uitgesteld. (maar)

LUISTEREN

14 ●

Stijging aantal huwelijken

In 1999 werden er 89 duizend huwelijken gesloten; het hoogste aantal sinds 1992. Daarnaast hebben ruim drieduizend paren een partnerschap laten registreren bij de gemeente.

Cornelia Schadler, van oorsprong Nederlandse, woont al lang in Liechtenstein. Ze was lang getrouwd met een man uit Liechtenstein, maar ze is inmiddels weer gescheiden. Zij vertelt over haar scheiding, en de reacties daarop van haar ex-man, zijn familie en hun vrienden.

VRAGEN

1 Vond Cornelia het een makkelijke beslissing om te gaan scheiden?
2 Wat vond haar man van de beslissing?
3 Hoe reageerden de familie en vrienden?
4 Hoe denkt men in uw land over echtscheiding?

15 ●●

Fragmenten uit een interview met Michel Tournier, Fransman, schrijver en filosoof. Hij woont alleen in een groot huis, aan de rand van een klein dorp.

OPDRACHTEN

A   VOCABULAIRE / UITDRUKKINGEN

Kunt u zeggen wat de volgende uitspraken van Michel Tournier betekenen?
Gebruik in uw uitleg (een vorm van) de woorden tussen haakjes.

1 Natuurlijk heb ik wel eens last van eenzaamheid. (zich alleen voelen)
2 De glimlach van een kind is als de eeuwige liefde. (voor altijd)
3 De hond is gehecht aan zijn baasje. (een sterke band met)
4 Er kan in het dorp niets gebeuren dat me ontgaat. (niet merken)
5 Ouder wordend ben ik mij van alles gaan ontdoen. (wegdoen)
6 Het huis is de enige constante in mijn leven. (steeds hetzelfde)
7 Ze moet water bij de wijn doen. (een compromis sluiten)
8 Ik heb mijn grote liefde teveel geïdealiseerd. (ideaalbeeld maken)

B   VRAGEN

1 Wat betekent het begrip eenzaamheid voor Michel Tournier?
2 Waarom heeft hij liever een kat dan een hond als huisdier?
3 Waarom is het dorp waar hij woont zo belangrijk voor hem?
4 Waarom was het zo moeilijk voor hem om de ware liefde te vinden?

SPREKEN

16 ●●

In de rubriek 'Meningen' in het dagblad METRO wordt iedere dag een nieuwe vraag voorge-
legd aan enkele Nederlanders. Zij geven daarover dan hun mening.

Lees eerst het volgende stukje tekst.

VRAAG
Is het tijd dat de koninklijke familie meer open wordt naar het volk toe?

MENINGEN

Robin Versteeg, 28 jaar: 'Daar zie ik het nut niet van in. Iedereen heeft recht op
een privéleven. Waarom zou ik precies moeten weten wat zich in de koninklijke
familie afspeelt? Ik vind dat de journalistiek hierin veel te ver gaat.'
Menno van Kleef, 23 jaar: 'Nee. Ik hoef niet te weten wat de schoenmaat van
prins Maurits is, om maar wat te noemen. Het koningshuis moet zich laten zien
op bijzondere dagen, zoals Koninginnedag, maar verder moet het een normaal
privéleven kunnen hebben.'
Tony Casses, 35 jaar: 'Nee, laat die mensen toch met rust. Ze zijn geen publiek
bezit.'

Werk in groepjes van 4
2 mensen voeren de opdracht uit, de andere 2 zijn de begeleiders.

Persoon A is een nieuwsgierige persoon, die zich van alles afvraagt m.b.t. het privéleven van
een beroemdheid. Hij / zij stelt vragen: 'Weet jij of hij een nieuwe liefde heeft?' e.d.
Persoon B reageert en geeft daarbij vooral afwijzende en / of negatieve antwoorden.
A en C bedenken de vragen, B en D mogelijke antwoorden.

Voorbereiding: U krijgt artikeltjes over een beroemd persoon van uw docent. Ieder leest de artikeltjes. Degene die spreekt bereidt zich samen met zijn begeleider voor: bedenk vragen en
antwoorden. Maak gebruik van taalhulp en grammatica (indirecte vragen). Tijdens het
gesprek tussen A en B mogen de begeleiders corrigeren en voorzeggen.

SCHRIJVEN

17 ●

Bekijk de resultaten van een enquête onder bewoners van studentenflats.
Hun werd gevraagd wat zij van hun woonruimte vinden, hoe zij denken over de schoonmaak
van de flats, hoe zij denken over medebewoners, of zij willen verhuizen e.d.

43%   Wil verhuizen
34%   Wil grotere woonruimte
74%   Is ontevreden over de schoonmaakkosten
60%   Vindt het werk van de schoonmakers onvoldoende
54%   Vindt dat de medebewoners meer moeten schoonmaken
30%   Heeft meer behoefte aan privacy
11%   Is ontevreden over de sfeer
90%   Vindt de kleur van de gordijnen en de vloerbedekking lelijk
15%   Vindt de afstand tot de universiteit te groot

Maak de volgende zinnen af:

De Stichting Studentenhuisvesting Enschede heeft een enquête laten houden onder bewoners van studentenflats en -huizen.

1   Maar liefst 43 procent _____ .
2   34 Procent van de ondervraagden _____ .
3   Groot is de onvrede over _____ .
4   In 60 procent van de gevallen _____ .
5   Ruim de helft _____ .
6   Ongeveer eenderde _____ .
7   Slechts weinig studenten _____ .
8   Bijna iedereen _____ .
9   Over de afstand van de flats _____ .

18 ● ●

Schrijf een kort artikeltje voor het nieuwsblad van de universiteit. Gebruik de zinnen die u bij de vorige oefening hebt geschreven. U mag ook zelf informatie bedenken en toevoegen, bijvoorbeeld verklaringen voor de gegevens.
Voorbeeld:

Ongeveer eenderde van de ondervraagden zei meer behoefte te hebben aan privacy. Veel mensen van de flats aan de Universiteitslaan zeiden dit, omdat zij daar de douches en wc's met medebewoners moeten delen.

Probeer ook aan de volgende dingen te denken:

• Probeer variatie aan te brengen. Schrijf bijvoorbeeld niet steeds: de bewoners van studentenflats, maar gebruik synoniemen en verwijswoorden.
• Wissel ook zinstypen af: actief en passief, zinnen met en zonder inversie.
• Gebruik de goede verbindingswoorden.

Een goed artikel heeft een inleiding, een kern en een slot. In de inleiding wordt het onderwerp geïntroduceerd. Aan het einde wordt vaak een conclusie gegeven, of bijvoorbeeld een toekomstverwachting. Op de volgende pagina zijn de inleidende en afsluitende alinea gegeven. Schrijft u het middelste gedeelte.

De Stichting Studentenhuisvesting Enschede heeft een enquête laten houden onder bewoners van studentenflats en -huizen.
Daaruit blijkt dat

....

....

....

De SSH gaat aan de slag met de resultaten van de enquête maar waarschuwt dat zij niet alle ontevredenheid kan wegnemen, bijvoorbeeld over de afstand tot de universiteit. Op andere punten ziet de stichting wel mogelijkheden tot verbetering.

LEZEN

19 ●

Lees de volgende twee teksten en beantwoord de vragen.

A Man en vrouw in de keuken

1 In opdracht van Albert Heijn onderzocht onderzoeksbureau NIPO op de drempel van de 21ste eeuw de stand van zaken omtrent eten en koken in de Nederlandse huishoudens. Aan het onderzoek 'Hoe eet Nederland', dat in juni en juli vorig jaar werd gehouden, werkten 761 mensen mee die min of meer regelmatig de
5 warme maaltijd bereidden. Hiervan was 24% man en 76% vrouw. Een opvallende uitkomst is dat in vergelijking met twee jaar geleden mannen meer zijn gaan koken. In 1997 gaf bijna eenderde van de vrouwen aan dat ook de man weleens achter het fornuis stond. Nu, iets meer dan twee jaar later, is dat aantal gegroeid naar 41%. En dit beeld zal de komende jaren waarschijnlijk sterk doorzetten.

B Samen afwassen blijft populair in Nederland

1 Nederlanders staan blijkbaar graag met elkaar af te wassen. Ondanks een stijging van de verkoop van afwasmachines van 15 procent, loopt Nederland wat betreft het bezit van vaatwasmachines ver achter op andere landen. In slechts dertien procent van de Nederlandse huishoudens wordt de afwas machinaal ge-
5 daan.
In de buurlanden België (23 procent) en Duitsland (36 procent) is de afwasmachine aanmerkelijk populairder. Ook in Franse (28 procent) en Scandinavische (31

procent) keukens staan meer afwasmachines. Amerika spant de kroon:
45 procent van de Amerikaanse gezinnen heeft een afwasmachine.

10 Een verklaring voor de relatief lage verkoop van afwasmachines in Nederland is
moeilijk te vinden. Een verkoper zegt: 'In Nederland vindt iedereen het gewoon
gezellig om met elkaar de afwas te doen. Dat is een familiehappening, een echte
sociale gebeurtenis. In Duitsland en Frankrijk zie je toch nooit iemand staan
afwassen!'

15 Vaatwassers werden in Nederland tot het midden van de jaren tachtig slecht verkocht. De Vehan, de vereniging van leveranciers van huishoudelijk apparaten,
wijt dat vooral aan de negatieve beoordelingen van consumentenorganisaties van
het water- en energieverbruik van de machines. Pas sinds 1985 is de verkoop
beginnen te stijgen van 45.000 naar 115.000 stuks per jaar.

20 Volgens een begin dit jaar uitgevoerd onderzoek van de Nederlandse Consumen-
tenbond blijkt het water- en energieverbruik van afwasmachines ten opzichte van
de handwas tegenwoordig niet veel meer te verschillen. Voor een doorsnee
Nederlandse vaat is in beide gevallen 20 tot 25 liter water nodig en alleen bij gebruik van een geiser is de handafwas in energie (warm water) iets voordeliger.

VRAGEN
Waar of niet waar?

Tekst A

1 Het onderzoek van onderzoeksbureau NIPO vond plaats in 1997. *Niet waar, 1999*
2 Het aantal mannen die in het gezin ook weleens koken is in ruim twee jaar
   tijd met bijna 10 % gegroeid. *Klopt*
3 De verwachting is dat dit aantal de komende jaren nog verder zal groeien. *Klopt*

Tekst B

4 In 15 procent van de Nederlandse huishoudens staat tegenwoordig een
   afwasmachine. *Ne, de verkoop van afwasmachines is om 15 % gestegen — maar slechts 13 van de Nederlandse huishouden hebben er eentje.*
5 Van de genoemde Europese landen is het percentage afwasmachines het
   hoogst in de Scandinavische landen. *Klopt ne Duitsland 36 %*
6 In Nederland heeft het samen afwassen voor veel mensen een sociale functie. *Klopt*
7 In 1985 zijn er ruim twee keer zoveel wasmachines verkocht als het jaar
   daarvoor. *Klopt, bijna tweeëenhalf keer zoveel*
8 Uit onderzoek blijkt dat het water- en energieverbruik van een afwasmachine
   ongeveer hetzelfde is als bij de handwas. *Klopt*

DISCUSSIEVRAGEN

1 • In steeds meer Nederlandse gezinnen worden taken zoals koken en afwassen
   zowel door mannen als vrouwen gedaan. Hoe is dat in het land waar u vandaan
   komt?

2 • Vindt u dat mannen en vrouwen in principe dezelfde dingen kunnen doen?
3 • Zijn er volgens u echte mannen- en echte vrouwenberoepen? Waarom?
4 • Maak een lijst met beroepen en vermeld eventueel ook de vrouwelijke variant.

20 ● ●

Telefoonmanieren

1   Als je in Holland de telefoon aanneemt, behoor je iedere keer je naam te zeggen.
Doe je dat niet, dan zal de andere kant ofwel stilvallen, of willen weten wie jij
bent voordat hij of zij iets zal zeggen. Het schijnt voor 'cloggies' onmogelijk te
zijn enig telefoongesprek te voeren zonder jouw naam te weten.
5   Veel Hollanders lijden aan telefoonfobie. De symptomen daarvan zijn angst en
extreme nervositeit bij het behandelen van zowel inkomende als uitgaande telefoontjes. De Hollanders zelf hebben geen verklaring voor hun telefoonvrees,
maar geven toe dat het niet ongebruikelijk is dat zwakkeren van gestel bij het rin-
kelen van de telefoon een hartaanval krijgen. Een antwoordapparaat maakt het
10   nog erger, niet in het minst door het woord voor het bijbehorende ziektebeeld:
telefoonbeantwoorderapparaatvrees.
Een van de oorzaken van die telefoonvrees is misschien de angstige zekerheid,
diep in het onderbewuste, van wat er gebeurt zodra je een bedrijf of overheidsin-
stelling belt. Wie daar informatie probeert los te krijgen, wordt steevast naar een
15   ander nummer verwezen. Na vier of vijf frustrerende telefoontjes, en het steeds
weer uitleggen wie je bent en wat je wilt, heb je misschien het geluk bij de goede
afdeling te belanden.

OPDRACHTEN

1 Holland
In het buitenland, met name in Engelstalige landen wordt Nederland vaak
'Holland' genoemd.
Wat bedoelt men in Nederland eigenlijk met 'Holland'? Kunt u de naam
Nederland verklaren?

2 Cloggies
'Clogs' is het Engelse woord voor klompen. Cloggies is de spottende benaming
voor Nederlanders.
Kent u nog andere benamingen voor Nederlanders? Zo ja, kunt u ze verklaren?
Zijn er ook zulke spottende benamingen voor mensen uit uw land?

3   Telefoonbeantwoorderapparaatvrees

Dit is geen bestaand Nederlands woord. De auteurs spotten hier met de
mogelijkheid van de Nederlandse taal om nieuwe woorden te maken door woorden samen te voegen tot een nieuw woord (zie ook luisteroefening 15, les 8).
Kent u woorden die zijn samengesteld uit twee of meer woorden? Zoek ernaar in
de teksten van deze les of in andere Nederlandstalige lectuur. Bespreek de betekenis met uw docent en/of medecursisten. Wie vindt het langste woord?

Even mijn file saven!

MIJN NAAM IS BABETTE EN
IK VIND ART MOOIER DAN KUNST
EN IK BEN LIEVER IN LOVE DAN VERLIEFD

Basis

1   TEKST

1a   Introductie

Van 'Van Dale's Groot Woordenboek der Nederlandse Taal' is in 1999 de dertiende, herziene
uitgave verschenen. In een aankondiging daarvan valt te lezen: 'De Nederlandse taal is in het
laatste decennium onder meer verrijkt met veel internetwoorden en namen voor uitheemse ge-
rechten, een afspiegeling van de moderne cultuur. Van de nieuwe woorden komt 10% uit het
Engels, en dat valt best mee.'[1]
Er zijn veel mensen die zich aan het gebruik van Engelse woorden in het Nederlands ergeren,
of zich erover verbazen. Bijvoorbeeld een Fransman die de volgende brief naar de Volkskrant
stuurde.

1b   Lees nu de tekst

Moerstaal

1   Ik ben Fransman en woon al vijf jaar in Nederland om te studeren. Ik dacht: nu
moet ik dus Nederlands leren, maar het leren van het Nederlands werd enigszins
ontmoedigd door welbekende reacties van Nederlanders die per se andere talen

of Frans met mij wilden spreken, ofschoon ik mijn best deed om me in hun taal te
5   uiten. Vervolgens kreeg ik wel eens te horen dat het niet de moeite waard was, of
dat het Nederlands een lelijk taaltje was, of dat het land te klein was. Maar ja,
ondanks dat houd ik nog steeds van het Nederlands én van mijn moedertaal.
Hoe kunnen zoveel mensen in Nederland zo negatief over hun moerstaal[2]
denken? Ik snap het niet. Op de universiteit spreken sommigen Nederlands door-
10 spekt met Engelse termen of uitdrukkingen (thats it, whatever), niet echt imponerend, veeleer irritant en soms belachelijk. Je voelt je bijna stom als je voor een
Nederlands equivalent kiest; stel je voor dat ik mijn bestand op mijn schijfje
opsla in plaats van dat ik 'mijn file op mijn floppy-disk save!'
Soms lijkt het alsof buitenlanders geen Nederlands meer hoeven te leren spreken,
15 lezen en schrijven, het Engels is voldoende. Is er dan geen respect meer voor de
taal van het land? Is dat de multiculturele samenleving? In de Volkskrant van 24
augustus wordt geschreven over globalisering, maar impliceert dit een
'English-only society?' 'Weg met de Nederlandse eigenaardigheden, lang leve de
uniformiteit en het liefst in het Engels,' is dat wat men wil? Bah!
20 Dat de eigen taal niet meer wordt gebruikt wanneer er twee Engelssprekenden
zijn in het bedrijf, noem ik positieve discriminatie. Wat mij betreft, blijf ik het
Nederlands leren, hoe weinig populair het ook lijkt. Je maintiendrai![3]

Tilburg, *Brice Willotte*

1   J.W. de Vries in het tijdschrift 'Neerlandica extra muros', mei 2000.
2   Moerstaal = je moeders taal.
3   'Je maintiendrai' is de Franse spreuk die op het wapen van Nederland staat.
    Het betekent: 'Ik zal handhaven'.

1c VRAGEN
Kies het goede antwoord.

1   **Waarom werd Brice ontmoedigd om Nederlands te leren?**
a   Omdat hij de Nederlandse taal niet echt mooi vindt.
b   Omdat Nederlanders zo graag andere talen met hem willen spreken.
c   Omdat hij het niet de moeite waard vond om Nederlands te leren.

2   **Wat vindt Brice van het gebruik van de Engelse taal in het Nederlands?**
a   Hij vindt het nogal irritant, maar begrijpt wel dat het nodig is voor de
    uniformiteit.
b   Hij vindt het wel makkelijk; als buitenlander heb je alleen nog Engels nodig.
c   Hij vindt het irritant en begrijpt niet dat er zo weinig respect is voor de eigen
    taal.

3   **Wat vindt hij van de situatie dat men Engels gebruikt op kantoor omdat er een paar Engelssprekenden zijn?**

a   Dat vindt hij een slechte zaak.

b   Daar heeft hij geen mening over.

c   Dat vindt hij een positieve ontwikkeling.

EXTRA VRAGEN

4   Hoe zeg je in 'puur' Nederlands: 'Ik save mijn file op mijn floppy-disk?'

5   Herkent u de situatie die hij beschrijft? Gebeurt dit ook in uw moedertaal?

6   Waarom gebruikt Brice de uitspraak: 'Je maintiendrai!' aan het einde van zijn betoog?

U kunt nu oefening 1 maken.

2   **TEKST**

Zal het Nederlands binnenkort verdwijnen?

2a   Introductie

U gaat luisteren naar twee fragmenten uit het programma 'Wat een taal', waarin de geschiedenis van de Nederlandse taal centraal staat.

In het eerste fragment hoort u drie mensen die antwoord geven op de vraag: Blijft het Nederlands bestaan?

In het tweede fragment geeft Joop van der Horst, historisch taalkundige aan de universiteit van Leuven, zijn visie op de toekomst van de Nederlandse taal. In dit fragment reageert hij op de mening van doemdenkers en pessimisten die al jaren roepen dat het Nederlands verloedert en, als we niet oppassen, uiteindelijk zal verdwijnen.

2b   Vocabulaire

Zoek, voordat u gaat luisteren naar de tekst, de volgende woorden op in een woordenboek.

FRAGMENT 1	FRAGMENT 2
verdwijnen	verloederen (verloedering)
angliseren	integendeel
wortels	pleiten voor
eenwording	vernederlandst
binnensluipen	inteelt
	inbreng (in: frisse inbreng)
	aartspessimist

[handwritten notes:] België 5.000.000 / NL 17.000.000 / Zuid Africa 80.000.000 ? / Suriname

2c

Voordat u gaat luisteren: bespreek eerst met een medecursist de vragen 1 - 6.
Welke vragen kunt u al beantwoorden zonder te luisteren?

1 Kent u voorbeelden van woorden uit andere talen in het Nederlands?
2 Hoe noemt men woorden die uit een andere taal zijn overgenomen? *[handwritten: leenwoorden]*
3 Uit welke taal halen wij de meeste niet-Nederlandse woorden? *[handwritten: uit het Engels]*
4 Hoeveel mensen in de wereld spreken er Nederlands?
5 Kunt u een paar landen noemen waar Nederlands wordt gesproken?
6 Kunt u een paar landen noemen waar je Nederlands kunt leren?

Luister nu naar de fragmenten en beantwoord nogmaals de vragen 1 - 6.
Luister dan nog een keer en beantwoord de vragen hieronder.

FRAGMENT 1

Drie mensen geven antwoord op de vraag: Blijft het Nederlands bestaan?
Vul het schema in.

	Jazeker / waarschijnlijk / nee	dat blijkt uit de woorden
Spreker 1	nee	*ik denk het niet; ik denk niet dat het verdwijnt*
Spreker 2	nee	*meer aandacht voor de NL taal; vasthouden wat je hebt*
Spreker 3	nee	*wel blijven bestaan, daar ben ik van overtuigd*

FRAGMENT 2

Welke mening heeft Joop van der Horst over de volgende zaken?

- Het idee dat de Nederlandse taal verloedert.
- Het feit dat er veel woorden uit andere talen in het Nederlands komen.
- De angst van pessimisten dat het Nederlands over 100 jaar verdwenen is.

U kunt de tekst nog eens nalezen. (Appendix 1)

3 TAALHULP

Volgens Brice Willotte (tekst 1) kan het de Nederlanders niet schelen dat hun taal 'verengelst'.

Onverschilligheid uitdrukken

Dat kan me niet schelen.	Zullen we vanavond aardappelen eten of macaroni? *Dat kan me niet schelen.*
Dat zal me een zorg zijn.	Wordt het Nederlands verdrongen door het Engels? *Dat zal me een zorg zijn!*

Gebeurheit

Berusting uitdrukken

| Daar is niets aan te doen. | Nederlanders vinden hun taaltje niet belangrijk. *Daar is niets aan te doen.* |
| Dat is nu eenmaal zo. | Engels is een belangrijkere taal dan Nederlands. *Dat is nu eenmaal zo.* |

Teleurstellingen uitdrukken

| Jammer genoeg ———. | *Jammer genoeg* spreken mijn kinderen mijn moedertaal niet. |
| Helaas ———. | Ik wil graag een nieuwe auto kopen. *Helaas* heb ik er geen geld voor. |

Brice Willotte (tekst 1) brengt logische relaties aan tussen de zinnen en alinea's van zijn brief. Hieronder volgen een paar mogelijkheden:

Rosalz
Absoluut

Conclusies trekken

| Dus ———. | Ik woon in Nederland, *dus* ik moet Nederlands leren. |
| Dan ook | Er hebben veel mensen op de advertentie gereageerd. We hebben het *dan ook* erg druk gehad. |

Opsommen

| En | Ik vind het irritant *en* soms belachelijk. |
| Bovendien | *Bovendien* vind ik het jammer dat Nederlanders zo negatief over hun moerstaal denken. Het is een spannend boek. *Bovendien* is het erg leerzaam. |

Een tegenstelling uitdrukken

Maar	Ik wilde Nederlands leren, *maar* ik werd al vanaf het begin ontmoedigd.
Hoewel	*Hoewel* ik graag Nederlands wil spreken, krijg ik de kans niet om dat te doen.
Ofschoon	Nederlanders wilden Frans met mij spreken, *ofschoon* ik mijn best deed om me in hun taal te uiten.
Ondanks	*Ondanks* dat houd ik nog steeds van het Nederlands en van mijn moedertaal.
Toch	Men ontmoedigt mij om Nederlands te leren. *Toch* houd ik van het Nederlands.

Uitdrukkingen

Als reactie op woorden die aan duidelijkheid niets te wensen overlaten, kun je zeggen:
Dat is duidelijke taal, dat is klare taal. Of: *daar is geen woord Frans bij.*
Als iemand niet reageert terwijl dat wel verwacht wordt of gewenst is, kun je zeggen:
Hij zwijgt in alle talen.
Als je al lange tijd niets van iemand gehoord hebt, kun je zeggen:
Ik heb taal noch teken van hem gehoord.

U kunt nu oefening 7 en 8 maken.

4   GRAMMATICA

4a   Verbindingswoorden

Inleiding

Conjuncties en sommige adverbia noemen wij verbindingswoorden.

VRAGEN
- Kijk naar het woord: *verbindingswoord*. Uit welke twee delen bestaat het?
- Kunt u de betekenis raden?

Conjuncties Type 1

1   Jan kijkt naar een film op de televisie *en* Maria leest een boek.
2   De televisie is kapot, *dus* wij kunnen vanavond niet naar die film kijken.
3   Ik kan wel even bij je langs komen, *maar* ik kan niet zo lang blijven.
4   Ik kan niet zo lang blijven *want* ik moet nog voor vijf uur in de bibliotheek zijn.
5   Zullen we naar de bioscoop gaan *of* zullen we naar een musical gaan?

VRAGEN
- Kijk naar de structuur van de zin vóór de conjunctie en achter de conjunctie.
- Welke structuur ziet u vóór de conjunctie: een hoofdzin of een bijzin?
- Welke structuur ziet u achter de conjunctie: een hoofdzin of een bijzin?

Let op:

Een zin begint nooit met *want*.

Een zin kan wel beginnen met *en, of, maar* en *dus*.

Conjuncties Type 2

6 Je mag hier geen Nederlands praten *ondanks dat* er vooral Nederlands-
   sprekende mensen werken.
7 Je voelt je bijna stom *indien* je voor een Nederlands equivalent kiest.
8 Stel je voor *dat* ik mijn bestand op mijn schijfje opsla.
9 Ze spreken Frans met mij *ofschoon* ik mijn best doe Nederlands te spreken.

VRAGEN

* Kijk naar de structuur van de zin vóór de conjunctie en achter de conjunctie.
* Welke structuur ziet u vóór de conjunctie: een hoofdzin of een bijzin?
* Welke structuur ziet u achter de conjunctie: een hoofdzin of een bijzin?

Conjuncties van dit type die u al kent: *omdat, dat, als, toen, hoewel, nadat, voordat*

10 Wij spreken vandaag Engels *omdat* wij een Engelse auteur te gast hebben.
11 Ik kreeg te horen *dat* het Nederlands een lelijk taaltje was.
12 Nederlanders willen per se een andere taal spreken *als* ze horen dat je
    buitenlander bent.
13 Ik sprak nog geen Nederlands *toen* ik daar kwam werken.
14 Ik spreek op mijn werk alleen maar Nederlands *hoewel* ik dat niet
    gemakkelijk vind.
15 Ik heb het boek pas gelezen *nadat* ik de film had gezien.
16 Ik had nog nooit een andere taal geleerd *voordat* ik Nederlands ging leren.

Verbindende adverbia

17 Zij moet overwerken. *Daarom* kan zij niet met ons mee naar de film.
18 De trein had vertraging. *Daardoor* kwam ik te laat op mijn werk.
19 Eerst moet ik naar de bibliotheek, *daarna* gaan we naar de film.

VRAAG

* Welke structuur ziet u achter het adverbium? Kies het goede antwoord:
a   een normale hoofdzin
b   een hoofdzin met inversie
c   een bijzin

'Toen': twee mogelijkheden

20 Ik sprak nog geen Nederlands *toen* ik daar kwam werken.
21 De spelling is in 1996 gewijzigd. Toen was ik nog niet in Nederland.

VRAAG

* Wat is het verschil in structuur tussen zin 20 en 21?

CHECK

Vul het juiste verbindingswoord in.

Kies uit: *als/zodra, daarna, daarom, dat, hoewel, maar, nadat, want.*

Eerst gaan we naar de film. _____ gaan wij misschien nog even iets drinken.

Pieter heeft vandaag les. _____ kan hij niet mee naar de film.

Ik moet iets eten _____ ik heb ontzettende honger!

Ik moet iets eten _____ ik heb eigenlijk nog geen honger!

_____ wij klaar zijn met eten, gaan wij naar de film.

Ik ga wel mee naar die James Bond film _____ ik niet echt van actiefilms houd.

_____ zij het boek gelezen had, bracht zij het terug naar de bibliotheek.

Ik geloof _____ het een heel mooi boek is.

U kunt nu oefening 9, 10, 11 en 12 maken.

4b Diminutief

Inleiding

Lees eerst de volgende tekst.

> **Verkleinwoordjes**
>
> Dames die geheel onbevangen over kleding praten hebben het over een enig rokje dat zij hebben gekocht met bijpassende schoentjes en een fleurig bloesje met rode bloemetjes en een opstaand kraagje. Blijkbaar heeft het te maken met iets liefs, leuks maar vooral aandoenlijks, iets wat gekoesterd moet worden.

VRAAG

• Welke diminutieven (verkleinwoorden) vindt u in deze tekst?

Functies

1 Klein

Het diminutief wordt gebruikt voor iets wat daadwerkelijk klein is:

Wij wonen in een klein landje.

Mijn vader heeft een eigen bedrijfje.

2 Positief, schattig, sympathiek

Het diminutief wordt ook gebruikt om uit te drukken dat je iets positief vindt:

Vandaag scheen er een lekker zonnetje.

Ik heb vandaag in de stad zo'n leuk rokje gekocht.

Wat een lekker weertje, hé? (De zon schijnt.)

3   Negatief

Het dimunitief wordt ook gebruikt om uit te drukken dat je iets negatief vindt:

Het Nederlands is maar een raar taaltje.

Lekker weertje vandaag! (Het regent pijpestelen.)

4   Andere betekenis

Soms betekent het verkleinwoord iets anders dan het basiswoord:

De viool = een muziekinstrument.

Het viooltje = een bloem.

Als je de weg niet weet, moet je op een kaart kijken. (landkaart / plattegrond)

Als je naar de bioscoop gaat, moet je bij de kassa eerst een kaartje kopen.

5   Alleen diminutief

Van sommige woorden bestaat alleen de diminutiefvorm:

Het meisje

Het toetje

Het dubbeltje

Het kwartje

Poffertjes

Vormen

Kijk naar de volgende voorbeelden:

basiswoord singularis	diminutief singularis	diminutief pluralis
het boek	het boek*je*	de boek*jes*
het raam	het raam*pje*	de raam*pjes*
de film	het film*pje*	de film*pjes*
de tafel	het tafel*tje*	de tafel*tjes*
de woning	het wonin*kje*	de wonin*kjes*
de bal	het bal*letje*	de bal*letjes*

VUL IN

• Een diminutief in *singularis* is altijd een *de*-woord / *het* woord.

• Een diminutief in *pluralis* eindigt op _____ en is altijd een *de*-woord / *het* woord.

• Schrijf op uit welke delen ieder verkleinwoord bestaat.

Bijvoorbeeld:

rokje bestaat uit *rok + je*

N.B. Zoals u ziet zijn er verschillende suffixen. De regels zijn nogal complex.

U kunt nu oefening 14 maken.

Oefeningen

VOCABULAIRE

1 ●

Wat betekenen de *cursieve* woorden in de volgende zinnen uit tekst 1?
Kies de goede omschrijving. Probeer de oefening eerst zonder woordenboek.
Controleer eventueel later uw antwoorden met het woordenboek.

1 Het leren van Nederlands werd al vanaf het begin *ontmoedigd*.
a gestimuleerd
b tegengewerkt

2 *ofschoon* ik mijn best deed om me in hun taal te uiten.
a omdat
b hoewel

3 dat het niet *de moeite waard* was.
a zinvol
b moeilijk

4 een met Engelse termen en uitdrukkingen *doorspekt* Nederlands.
a aangepast
b volgestopt

5 niet echt *imponerend*.
a indrukwekkend
b opgelegd

6 Is dat de multiculturele *samenleving*?
a vergadering
b maatschappij

7 Lang leve de *uniformiteit*.
a allemaal dezelfde gedragsregels volgen.
b allemaal hetzelfde uniform dragen.

8 hoe *impopulair* het ook lijkt.
a weinig geliefd
b niet voor de gewone man

2 ● ●

Vul het goede woord in. Gebruik eventueel een woordenboek.

Kies uit: *bundel, gepubliceerd, horror, moedertaal, roman, schrijver, signeren, smaak, sprookjesboek, uitgeverij, verhaaltje, verfilming, verkrijgbaar, vertaling.*

1 De in Nederland wonende Iraanse *schrijver* Kader Abdolah wordt steeds bekender; hij schrijft niet in zijn *moedertaal* maar in het Nederlands. Zijn eerste boek, *De Adelaars*, werd in 1994 *gepubliceerd.*

2 Voordat mijn kleine zoontje gaat slapen, lees ik altijd een *verhaaltje* voor uit het *sprookjesboek* dat naast zijn bed op het nachtkastje ligt.

3 Als u de nieuwste gedichten *bundel* van Remco Campert* wilt kopen, kom dan morgen tussen 10 en 12 uur naar onze boekhandel. De dichter zal dan zelf aanwezig zijn om zijn nieuwe boek te *signeren* .

4 Vorige maand is er een Nederlandse *vertaling* uitgekomen van het laatste boek van de Stephen King, de populaire Amerikaanse schrijver van spannende *horror* verhalen. Gisteren was er op tv een *verfilming* van een van zijn vorige boeken te zien.

5 *Van Dale* is in Nederland een bekende *uitgeverij* van goede woordenboeken, niet alleen *verkrijgbaar* in boekvorm, maar ook op cd-rom.

6 Ik ben begonnen in de nieuwe *roman* van Harry Mulisch**. Ik heb een paar hoofdstukken gelezen, maar ik vind er nog niet veel aan. Niet echt mijn smaak!

*   Remco Campert: bekende Nederlandse dichter, schrijver en columnist.

**   Harry Mulisch: zeer bekende Nederlandse schrijver.

PROSODIE

3 ●

Luister naar de docent of de cd.

Schrijf de woorden en zinnen die u hoort op. Luister daarna nog een keer.

Schrijf achter ieder woord het ritmeschema.

4 ●

U hoort een aantal reacties op een vraag over de nieuwe roman van Harry Mulisch, een bekende Nederlandse schrijver.

Welke waardering hoort u in elke reactie?

Kies uit:

   a   positief   b   neutraal   c   negatief

Wat vindt u van de nieuwe roman van Harry Mulisch?

1	a	b	c
2	a	b	c
3	a	b	c
4	a	b	c
5	a	b	c
6	a	b	c
7	a	b	c
8	a	b	c
9	a	b	c
10	a	b	c

5 ●

Luister en herhaal de reacties op de vraag. Let op de zinsmelodie.

Wat vind je van de boeken van Roald Dahl?

- Prachtig. Ik heb ze allemaal gelezen.
- Het gaat wel. Je moet ervan houden.
- Erg goed geschreven!
- Zijn kinderboeken zijn wel aardig.
- Heel boeiend. Dahl is een geboren verteller.
- Roald Dahl? Wie is dat?

Wat voor soort boeken lees je graag?

- Ik ben dol op detectives.
- Ik lees graag reisverhalen.
- Ik houd wel van avonturenromans.
- Boeken over filosofie vind ik heel boeiend.
- Ik heb eigenlijk helemaal geen tijd voor lezen.
- Romans, gedichten; ik lees van alles!

Boekenmarkt stabiel

In 1998 gingen er 33,5 miljoen boeken over de toonbank voor een totaalbedrag van 874 miljoen gulden. De gemiddelde aankoopprijs per boek was f. 26,10

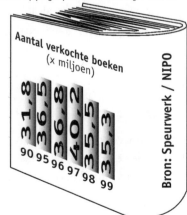

Aantal verkochte boeken (x miljoen)

31,8   36,5   36,8   40,2   35,5   35,3

90   95   96   97   98   99

Bron: Speurwerk / NIPO

6 •

Liedje

Margootje

Wim Sonneveld

Ik zat aan 't ontbijt een beschuitje te soppen
Toen zag ik opeens een klein autootje stoppen
Het was een Peugeootje, zo groot... nee, iets groter
Het stond naast mijn theekopje vlakbij de boter
En ja hoor, daar ging het portiertje al open
Er kwam een klein vrouwtje naar buiten gekropen
Heel blond, in bikini, een beeldig figuurtje
Ze stond op mijn bord en ze vroeg om een vuurtje
Ze zei: 'Ik heet Margootje,' en ik zei: 'Hallo!'
Ze zei: 'Nou, daar ben ik dan!', en ik zei: 'Oh!'
Ik vroeg haar uit wat voor een plaatsje ze kwam
Ze zei: 'Nou, wat dacht je, uit Madurodam'

Margootje, Margootje, ze klom op m'n broodje
Ze trok aan m'n haar en ze zat op mijn mouw
Mijn kleine vriendinnetje, zo'n neusje, zo'n kinnetje
Ze riep in m'n oor: 'Wim, ik hou zo van jou!'
Margootje, Margootje, in d'r kleine Peugeootje
Margootje, Margootje, uit Madurodam

Ze was wel erg lief maar ze werd te aanhalig
Ze wou mee in bad en dat vond ik schandalig
Toen heb ik haar weggebracht in haar Peugeootje
Naar Madurodam, en ik zei: 'Dag, Margootje'
Ik zette haar neer bij het AVRO-gebouwtje
Ik zei: 'Nou naar huis, en wees een zoet vrouwtje'
Maar 's avonds deed ik de broodtrommel open
Daar zat ze weer achter de koek weggekropen
Oh, had ik haar toen maar de deur uitgezet
Ze wou mee in bad en ze wou mee in bed
Ze werd erg ondeugend en ik schreeuwde kwaad:
'Jij, Kristine Keeler in pocketformaat!'

Margootje, Margootje, in een klein petticoatje
Ze zwom in m'n bad en ze zat op de Vim
Ze kroop in een laatje, met zo'n klein behaatje
Ze kroop in m'n jaszak en fluisterde: 'W..im'
Margootje, Margootje, jij, klein idiootje
Margootje, Margootje, uit Madurodam

Ik zei dat ik zoiets beslist niet meer wilde
Ze beet in m'n teen en ze krijste en gilde
En toen is ze weggegaan, boos en beledigd
En daarmede was de affaire 'erledigd'
En het laatste nieuws dat ik van haar vernam
Ze zit nu in het begijnhof van Madurodam
Ze draagt een zedig wit kapje, zo'n kleintje
Ze is nu een kuis en een deugdzaam begijntje*
Maar soms kijk ik nog wel eens achter een vaas
Ik kijk in het trommeltje met speculaas
Ik kijk of ze soms in het zeepbakje is
Omdat ik haar toch wel een klein beetje mis

Margootje, Margootje, ik riep je, ik floot je
Ik kijk onder 't kussen en ik kijk in m'n hoed
Ik kijk in de laatjes, in hoekjes en gaatjes
Nou ben je verdwenen, voor altijd, voorgoed
Margootje, Margootje, begijntje, Bardootje
Margootje, Margootje, uit Madurodam

* begijntje: ongetrouwde vrouw die met andere vrouwen een soort kloosterleven leidt, maar toch niet echt non is.

TAALHULP

7 ●

Kijk naar de volgende reacties.

- Ja, helaas.
- Daar is niets aan te doen.
- Nee, dat is jammer genoeg niet gelukt.
- Dat zal me een zorg zijn!

- Ja, gelukkig wel.
- Dat kan me niet schelen.
- Dat is nu eenmaal zo.

Welke reactie(s) kunt u geven op de volgende uitspraken?

1   Wat kost het toch veel energie om een taal te leren! *Ja, helaas. Daar is niets aan te doen.* *Dat is nu eenmaal zo.*
2   Ben je nu alweer gezakt voor het examen? *Ja, helaas.*
3   Als je niet harder studeert haal je het examen nooit! *Dat kan me niet schelen. Dat zal me een zorg zijn.*
4   Vertel eens, heb je je examen gehaald? *Nee, dat is jammer genoeg niet gelukt.* *Ja, gelukkig wel.*

Maak de tekst van B compleet met een reactie uit bovenstaande lijst.

5   A   Op het Nederlandse Nationale songfestival worden tegenwoordig alle
        liedjes in het Engels gezongen! Wat vind jij daarvan?
    B   Ach, *dat kan me niet schelen* Dat festival interesseert me helemaal niet.
6   A   Je woont in Amerika, je bent getrouwd met een Amerikaan(se). Spreken je
        kinderen eigenlijk wel Nederlands?
    B   Nee, nauwelijks. Ze horen natuurlijk veel meer Engels. *Dat is nu eenmaal zo.*
7   A   Ik vind het altijd jammer als er een film wordt gemaakt van een boek.
        Zo'n film is toch altijd heel anders. Vind je ook niet?
    B   Ach, *dat kan me niet schelen*, als het maar een mooie film is.
8   A   Ik heb gehoord dat jullie eindelijk een nieuw huis hebben gevonden.
    B   *Ja, gelukkig wel.* Ik had de hoop bijna opgegeven.

8   ● ●

Geef een logische reactie op de volgende vragen en uitingen. Gebruik het woord tussen haakjes.
Voorbeeld:
Hoe komt het dat je je examen niet gehaald hebt?
Noem twee oorzaken. (en)
Het was erg moeilijk *en* ik was erg nerveus.

1   Ik heb besloten om niet langer in deze stad te blijven wonen.
    Som enkele redenen op. (bovendien)
2   Ik ben al aan een jaar aan het solliciteren en vaak voor een sollicitatiegesprek
    uitgenodigd.
    Reageer met een tegenstelling. (ondanks dat)
3   De meeste studenten zijn voor de toets geslaagd.
    Trek een conclusie. (dan ook)
4   Ik wil graag eens een Nederlandse roman lezen, _____ .
    Ga verder met een tegenstelling. (hoewel).

GRAMMATICA

9 ●

Kies het goede woord.

1 Ik lees bijna nooit een boek.
   Ik hou niet zo van lezen. *Bovendien / en / of* heb ik er geen tijd voor.
2 Als buitenlander wil ik graag mijn Nederlands oefenen.
   Helaas / dus krijg ik daarvoor weinig gelegenheid, *want / omdat* Nederlanders
   liever Engels met me spreken.
3 Ik ben al drie keer gezakt voor mijn rijexamen.
   Hoewel / bovendien / ondanks dat blijf ik het proberen.
4 Er is enorm veel promotie gemaakt voor de concerten van deze popgroep.
   De concerten waren *hoewel / dan ook / ondanks dat* allemaal uitverkocht.
5 Mijn docent stelt veel te hoge eisen, vind ik.
   Maar / hoewel / omdat mijn resultaten verbeterd zijn, is hij nog steeds
   niet tevreden.

10 ●

Verbindingswoorden
Vul de juiste conjunctie in.

FRAGMENT 1
Kies uit: *dus / en / hoewel / nadat / omdat / toen*.

1 _Toen_ ik pas in Nederland was, sprak ik nog geen woord Nederlands.
2 Ik wilde de taal snel leren, _dus_ heb ik me meteen voor een intensieve
   cursus Nederlands ingeschreven.
3 _Nadat_ ik een paar maanden les had gehad, kon ik de taal vrij goed verstaan
   _en_ ook redelijk spreken.
4 _Omdat_ ik aan een Nederlandse universiteit wilde studeren, moest ik
   staatsexamen Nederlands doen.
5 Dat examen heb ik gedaan. _Hoewel_ ik het erg moeilijk vond, heb ik het
   gelukkig toch gehaald.

FRAGMENT 2
Kies uit: *als / maar / of / omdat / voordat*.

6 _Voordat_ het Europese (Eurovisie) songfestival in mei plaatsvindt, is er in
   februari eerst een Nederlands songfestival.
7 Men noemt dat dan wel het nationale songfestival, _maar_ er worden bijna
   geen liedjes in de Nederlandse taal gezongen.

8 De Nederlandse artiesten zingen in een provinciaal dialect ___of___ in het Engels.

9 Het is toch eigenlijk te gek dat je op zo'n festival niet meer zingt in je moerstaal. ___Als___ ik de organisator was van dat nationale songfestival, zou ik in ieder geval het gebruik van het Engels verbieden!

11 ●●

Verbindingswoorden

Maak de volgende zinnen af. Let daarbij goed op de woordvolgorde.

1 Ik doe de laatste tijd niet veel aan sport want _ik heb momenteel nog veel werk._

2 Je kunt beter niet gaan zwemmen als _je ziek / verkoud bent._

3 Hoewel _ik hoofdpijn heb_, ga ik vandaag toch naar de les.

4 Vandaag moet ik naar de bibliotheek omdat _ik enkele boeken terug moet brengen._

5 Toen zij _wel de was was_, ging ze eten koken.

6 Wij houden erg van klassieke muziek, daarom _hebben wij een concert-abbonament._

7 Ik heb morgen examen, dus _moet ik nog iets ervoor oefenen._

8 Eerst moet u het formulier invullen, daarna _kunt u voor verder informatie de kantoor in komen._

9 Ik hoop dat ik klaar ben met mijn huiswerk voordat _het bezoek aan komt._

10 Nadat _hij in Spanje op vacantie geweest is_, wilde hij ook Spaans leren.

12 ●●

Lees eerst de tekst: Dagelijks zo'n 670 000 slapers boven een boek.

1 Wie moeilijk in slaap kan komen kan het beste in bed een boek lezen.

2 Uit een recent onderzoek blijkt dat één op de twaalf mensen lezend in slaap sukkelt.

3 Volgens de onderzoekers zijn er dagelijks 670 000 mensen die in slaap vallen tijdens het lezen.

4 Zelfs tussen acht en negen uur 's avonds zijn er al minstens 60 000 mensen die op de bank lezend slapen.

5 Mannen dutten wat sneller in dan vrouwen tijdens het lezen.

6 En het zijn bepaald niet alleen de oudsten die wegsukkelen, want de hoogste score, ruim 10%, valt in de leeftijdscategorie van 25 tot 34 jaar.
Bij de 65-plussers zakte slechts 9% slapend onderuit.

7 Wetenschappelijke boeken bleken het meest slaapverwekkend te zijn.

8 De tekst daarvan werd door 9% van de lezers enige tijd niet meer opgenomen. Voor andere literatuur varieerde het slaappercentage van 6,6 tot 8,6%.

9 Van alle boeken die in Nederland worden gelezen, worden strips het beste

gewaardeerd. Kinderboeken en misdaadromans kwamen op de tweede en de derde plaats in de waardering.

10 Romans staan op de vijfde plaats, na Science Fiction.

Hieronder staat de tekst nogmaals, maar met andere woorden. De tekst is niet volledig. Maak de tekst na het gegeven verbindingswoord af.

1 Je moet kennelijk een boek lezen als _____ .

2 Onderzoekers zijn tot de conclusie gekomen dat _____ .

3 Uit het onderzoek blijkt namelijk dat _____ .

4 Tussen acht en negen uur 's avonds zien 60 000 mensen niet wat er in hun boek staat omdat _____ .

5 Het schijnt dat _____ .

6 Ruim 10% in de leeftijdscategorie van 25 tot 34 jaar valt in slaap, terwijl _____ .

7 Wetenschappelijke literatuur schijnt het minst interessant te zijn want _____ .

8 Ongeveer 9% van de lezers daarvan ziet enige tijd niet wat er in hun boek staat, terwijl _____ .

9 Kinderboeken en misdaadromans zijn erg populair in Nederland, maar _____ .

10 Romans staan op de vijfde plaats en Science fiction _____ .

---

13 ●●

Zet de verba in de aangegeven tijd in de zin. De zinnen zijn een fragment uit het verhaal 'Van krantenjongen tot miljonair' van de Nederlandse schrijver Kees van Kooten. Het verhaal speelt in Nederland in de vijftiger jaren (tussen 1950 en 1960), en is spottend van toon.

(pr) = presens   (i) = imperfectum
(pf) = perfectum   (pp) = plusquamperfectum

Voorbeelden:

1 worden (i)
Op de dag dat wij dertien jaar oud _____ ,
Op de dag dat wij dertien jaar oud werden,

2   krijgen (i)

_____ wij een reep bittere chocolade, een nieuwe onderbroek en een krantenwijk.

kregen wij een reep bittere chocolade, een nieuwe onderbroek en een krantenwijk.

3   kosten (i)

Een thuisbezorgd avondblad _koste_ destijds negenenvijftig cent per week.

4   geven (i)

Vier à vijf van mijn 178 abonnees _gaven_ mij 's zaterdags zestig cent,

5   zeggen (i)

en dan _zeiden_ ze: 'laat maar zitten, krantenjongen'.

6   zijn (i)

Van een salaris _was_ nog geen sprake:

7   vormen (i)

Die schamele tipjes van hier en daar een cent, tezamen met de <u>nieuwjaars-</u>fooien, _vormden_ je hele salaris.

8   mogen (i)

Een enkele geluksvogel _mocht_ voor het lopen van zijn krantenwijk de fiets van zijn moeder lenen,

9   doen (i)

maar het merendeel van ons _deed_ zijn werk te voet.

10   doen (i)

Maar je _deed_ het voor de eer.

11   lopen (i)

Dwars door mijn krantenwijk _liep_ een spoorlijn,

12   weghalen (pf)

en hier _heb_ ik nog eens een jongetje net op tijd voor een trein _weggehaald_

13   zijn (i)

Zijn schatrijke vader _was_ mij zo dankbaar

14   vragen (i)

dat hij me _vroeg_

15   zullen (i)

wat ik _zou_ willen hebben.

16   vragen (i)

Ik _vroeg_ als beloning het boek *Alleen op de wereld* van Hector Malot.

17   lezen (i)

Daarin _las_ ik

18   kunnen (i)

dat het altijd nog erger _kon_.

19   opdoen (pp)

Als ik in mijn krantenwijk geen mensenkennis en relaties _had opgedaan_,

20   leren afzien (pp)
     als ik niet _had leren afzien_

21   lezen (pp)
     en niet tijdens mijn werk elke dag de krant van A tot Z _had gelezen_,

22   worden (pp)
     dan _was_ ik nooit miljonair _geworden_

23   gelden (pr)
     Dit _geldt_ voor alle geslaagde mannen van mijn generatie:

24   zijn (pr)
     Er _is_ tegenwoordig geen grote zakenjongen bij,

25   beginnen (pf)
     die niet als kleine krantenjongen _is_ _begonnen_

14 ● ●

a   Lees de volgende tekst.

b   Onderstreep de verkleinwoorden. Geef aan of het om echte kleine dingen gaat, om iets
    wat positief, sympathiek of lief is, of om iets wat negatief bedoeld is.

Een dagje aan zee

1   De dag was begonnen met een korte hevige onweersbui. Maar nu was de zon weer
     terug. Wel stonden er overal op straat plassen. Ook bij de tramhalte van lijn acht,
     de Strandexpres. Daar stond een meisje te wachten. Blauwe spijkerbroek, een wit
     T-shirtje en een rugzakje. Er passeerde een politiewagen. Hij reed zonder vaart te
5   minderen door de plas. Het water spatte hoog op zodat de schoenen en de broeks-
     pijpen van het meisje kletsnat werden.
     Even later kwam dezelfde politiewagen weer richting tramhalte. Hij stopte.
     Een agent zei: 'Sorry dat ik zo hard door die plassen reed. Ben je erg nat geworden?'
     'Valt wel mee,' zei het meisje. 'En ik ga toch naar het strand, dus ...'
10
     Het was druk in de Strandexpres. Veel passagiers moesten staan.
     'Wilt u zoveel mogelijk naar achteren doorlopen?' vroeg de chauffeur.
     'Waar moeten we eruit?' vroeg een jongetje aan zijn vader.
     'Bij het eindpunt.'
15   'Waar is het eindpunt?'
     'Dat zul je wel zien. Heb je je emmertje en je schepje?'
     Het jongetje wees naar zijn plastic tas.
     Iemand riep: 'Chauffeur, kan er iets open. Het is hier om te stikken.'
     'Doe je blouse maar open,' zei de chauffeur.
20   De tram werd ingehaald door een auto. De chauffeur van de auto, een miezerig
     mannetje met een blond snorretje, zag op het trottoir een knappe vrouw lopen met

prachtig zwart haar. Ze liep op witte slippers. Onder haar arm had ze een tas en
een rieten matje.

Hij draaide het raampje van zijn auto naar beneden, stak zijn hoofd door het
25   raam en riep: 'Dag, schatje.'

De vrouw reageerde niet. De chauffeur bleef naar haar kijken, riep nogmaals
'dag, schatje' en reed toen, pats, tegen een verkeersbord aan.

In de tram werd geapplaudiseerd.

30   Op het strand zocht de vrouw een plekje waar ze rustig kon gaan liggen. Toen ze
iets gevonden had, streek ze met haar hand het zand glad en legde haar matje op
de schoongemaakte plek. Ze haalde uit haar tas een badhanddoek en een flesje
zonnebrandolie. Haar opgevouwen kleren deed ze in de tas. Ze droeg een mooi
donkerblauw badpak met witte bolletjes. Ze smeerde haar gezicht en haar armen
35   in, spreidde de badhanddoek uit over het matje, keek even in een zakspiegeltje,
deed wat aan haar haar en ging toen op de badhanddoek liggen.

LUISTEREN

15 ●

'In Nederland plakken ze alles aan elkaar'

U gaat luisteren naar een interview met de Nederlandse journalist en schrijver Frans Kotterer.
Hij vertelt iets over het taalgebruik in zijn eerste roman die kort geleden verschenen is. Verder
vertelt hij waar hij zich aan ergert in het taalgebruik van journalisten, ambtenaren en politici.

A   VRAGEN

1   Wat is volgens Frans Kotterer het verschil tussen de Nederlandse en de
Amerikaanse schrijfstijl?

2   Wat vindt hij van de gewoonte in de Nederlandse taal om woorden
aan elkaar te plakken?

3   Welke kritiek heeft hij op de taal van (jonge) journalisten?

4   Welke kritiek heeft hij op de taal van ambtenaren en politici?

5   Welke 'kwaliteit' had ex-premier Lubbers, volgens Frans Kotterer?

B   VOCABULAIRE / IDIOOM
Kunt u uitleggen wat Frans Kotterer bedoelt met de volgende uitspraken?

1   Het taalgebruik is sterk op het Engels geënt.   *gebaseerd op*

2 Dat scheelde toch ongeveer 5000 woorden. *minder*

3 Ik denk dat de kans een beetje verkeken is. *voorbij*

4 Ze plakken in Nederland alles aan elkaar.

5 Dat doet af aan de leesbaarheid. *ten koste*

6 Je moet uiterste helderheid nastreven. *duidelijk als mogelijk , doel*

7 Het taalgebruik is erg verhullend.

8 Een gebrekkige beheersing van spelling en grammatica.

16 ●●

U gaat luisteren naar een discussie over de stelling: 'Internet zal het gedrukte boek verdringen en het boek zal helemaal verdwijnen.' U hoort een reactie van de heer Velthoven, hoogleraar nieuwe media, en mevrouw Terhaar, voorzitster van de Utrechtse Vereniging van Boek-verkopers.

OPDRACHT

Luister naar de discussie en maak aante-keningen. Beantwoord met behulp van uw aantekeningen de volgende vragen.

1 De heer Velthoven is het eens met de stelling. Met welke argumenten en voorbeelden ondersteunt hij zijn mening?

2 Mevrouw Terhaar is het niet eens met de stelling. Met welke argumenten en voorbeelden ondersteunt zij haar mening?

3 Wat is uw eigen mening over de stelling?

SPREKEN

17 ●

Lees de volgende uitspraken:

1 *Robin Hood* was in de jaren zeventig een Surinaamse voetbalvereniging. We had-den in die jaren wel wat problemen. De scheidsrechters zeiden vaak tegen mijn aanvoerder dat er op het sportveld niet van dat 'taki-taki' gesproken mocht wor-den. Ik moet zeggen dat onze jongens zich er vrij goed aan hielden. Maar taal is
5 zo dynamisch, dat, als je je in het heetst van de strijd wilt uitdrukken, dan doe je dat toch in je eigen taal.

Na zeven maanden in Engeland droomde ik in het Engels. Toen dacht ik: nu ben ik bijna een echte Engelse. Maar toen ik wat later mijn elleboog stootte tegen de zijkant van een deur, vloekte ik toch hartgrondig in het Nederlands!

10

Al spreek je een nieuwe taal nog zo goed, rekenen doe je altijd in je eigen taal.

Hoe is dat voor u? In welke taal denkt, droomt, vloekt of rekent u?
Bespreek dit met uw medecursisten.

SCHRIJVEN EN SPREKEN

18 ● / ● ●

Enkele gedichten geschreven door buitenlanders in Nederland.

De geit (*fragment*)	**Nederland**	**Sinterklaas**
Toen ik werd geboren Was het feest De geit die werd geslacht Bleek zwanger Hier noem je dat Twee vliegen in één klap *Mustafa Stitou*	Nederland Veel fietsen Hebben twee wielen Ik houd van fietsen Leuk *Katja*	Sinterklaas en zwarte Piet De één is blank, de ander niet. Aan kinderen met rode, witte, zwarte huid, Delen zij hun kadootjes uit. *Patrizia*

VRAGEN

1   Kunt u zelf een gedicht schrijven of vertalen?
2   Wilt u uw gedicht voordragen voor uw medecursisten?
3   Kunt u iets vertellen over een schrijver of dichter wiens werk u graag leest?

SCHRIJVEN

19 ● ●

Maak het volgende verhaal af:

1   Er was eens, lang geleden, zo lang geleden, zo verschrikkelijk lang geleden, een koninkrijk. Geen groot rijk, maar een klein rijk. Zo klein, dat je bijna zou verge-ten dat er ooit, lang geleden zo'n klein rijkje was - zo klein was dat rijk. In dat piepkleine rijkje regeerde een grote koning. Een groot man was het, en hij had

5 bijna overal verstand van. Uiteraard had deze koning veel verstand van
regeringsaangelegenheden. En van financiën. De financiën waren eigenlijk zelfs
z'n specialiteit. De koning had meer verstand van zaken dan alle inwoners van
het rijk - dat we voor het gemak maar even 'Klein' zullen noemen - bij elkaar.
Maar het rijkje had dan ook bar weinig inwoners, want het was zoals al gezegd
10 een bijzonder klein en onbeduidend rijkje.
Welaan, we hebben dus een koning, we hebben veel verstand, en wij hebben een
klein, piepklein koninkrijkje. Je zou bijna zeggen: 'En toen werden ze rustig,' en:
'Ze leefden nog lang en gelukkig.' Maar zo gemakkelijk ging dat niet. Hoewel de
koning van Klein veel verstand had van van alles en nog wat, waren er - natuur-
15 lijk! - twee zaken die de goede man niet op kon lossen. En deze zaken waren - u
raadt het al - ....

LEZEN

20 ●

Één liedje in het Nederlands!
Nationaal Songfestival, februari 2000

1 Wat nu? De Nederpop floreert als nooit tevoren, elke platenmaatschappij zoekt
koortsachtig naar de nieuwe Borsato* en zingen in je moerstaal is eindelijk populair. Maar tijdens het Nationaal Songfestival is daar dit jaar he-le-maal niks van
te merken. Want van de acht liedjes is er een, één! in het Nederlands. Hoe krijgen
5 ze het voor elkaar. Dwars tegen de stroom in gaat het, dat Songfestival. Tot twee
jaar geleden waren de liedjes van het Nationaal Songfestival in principe in het
Nederlands, maar vorig jaar ging de deur open voor anderstalig. Net op een moment dat het niet meer hoefde. Dat betekent dat Nederland dit jaar waarschijnlijk door een Engelstalig nummer wordt vertegenwoordigd op het Eurovisie
10 Songfestival in mei. Liedjes met titels als 'One step behind,' 'One step closer,' of
'No goodbyes' hoort u vanavond op het Nationaal Songfestival. Need we say
more?
Daartegenover staat dat er voor het eerst in de geschiedenis van het Nederlandse
songfestival een Fries liedje is ingezonden, getiteld 'Hjir is it begjin,' tekst en mu-
15 ziek van Gina de Wit. En in dat opzicht sluit het songfestival weer wél aan bij de
actualiteit: dialectpop zit ook in de lift. Bekende bands als het Friese *De Kast*, het
Drentse *Skik* en het Limburgse *Rowwen Hèze* zijn misschien niet voor iedereen
verstaanbaar, maar hun teksten worden in het hele land meegezongen. Goede
kans dat het liedje van Gina de Wit vanavond dus hoge ogen gooit, zeker in Fries-
20 land.

Gina de Wit is overigens geen Friezin van geboorte, en ook geen nieuwkomer in
het songfestival-wereldje. Ze is 38 jaar en timmert al heel lang aan de weg. Ze
deed backing vocals bij diverse artiesten en heeft al drie keer eerder meegedaan
aan het nationaal songfestival: in 1989, 1990 en 1996, steeds met Nederlandstali-
25 ge liedjes geschreven door anderen. Nu komt ze voor het eerst met een eigen compositie, in de Friese taal, en ze staat er helemaal achter. We zullen zien of ze de
Engelstalige concurrentie de baas blijft!

*   Marco Borsato, vanaf begin jaren negentig een zeer populaire Nederlandse zanger, die ook
    in de Nederlandse taal zingt.

A   VRAGEN bij de tekst
Waar of niet waar?

1   Zingen in het Nederlands was een paar jaar geleden populairder dan nu.
2   Zingen in een dialect is de laatste tijd steeds populairder geworden.
3   Hoewel niet iedereen de teksten in dialect kan verstaan, zingt men toch graag
    mee.
4   Gina de Wit is in Friesland geboren en zingt een liedje in het Fries.
5   Gina heeft nog niet eerder een eigen compositie gezongen op een Songfestival.
6   De schrijver vindt het stom dat er steeds meer Engels wordt gezongen op het
    Nationaal songfestival.

B   Wat betekenen de volgende zinnen in de tekst? Kies de juiste omschrijving.

1   **De Nederpop floreert als nooit tevoren.**
 a   De Nederlandstalige popmuziek is nog nooit zo populair geweest.
 b   De Nederlandstalige popmuziek is nooit populair geweest.

2   **Het Songfestival gaat dwars tegen de stroom in.**
 a   Het Songfestival volgt de ontwikkelingen in de Nederlandse muziekwereld
     niet zo precies.
 b   Het Songfestival volgt de ontwikkelingen in de Nederlandse muziekwereld
     helemaal niet.

3   **Vorig jaar ging de deur open voor anderstalig.**
 a   Vorig jaar mochten voor het eerst anderstalige artiesten het land in.
 b   Vorig jaar mochten er voor het eerst liedjes in een andere taal gezongen
     worden.

4 **Dialectpop is in opmars.**
a Dialectpop wordt steeds populairder.
b Dialectpop is enorm populair.

5 **Gina de Wit timmert al heel lang aan de weg.**
a Gina de Wit is vaak lang onderweg voor haar werk.
b Gina de Wit is al lang bezig met haar carrière.

21 ● ●

'Ter nagedachtenis van …'
door Kader Abdolah

1   Om over haar te schrijven hoef ik niet te wachten tot de dag waarop zij geboren is.
Of tot haar sterfdag. Ze kan op zo'n middag overleden zijn, zo'n herfstdag waarop
de wind de donkere wolken opstapelt en er soms wat druppels vallen of een regen-
bui. Ik hoef niet te wachten. Ik bepaal het zelf. Vandaag is haar geboortedag. Of de
5   dag waarop ik naar haar huis ging. De dag dat ik de hoorn van de telefoon pakte en
haar belde: 'Mevrouw, ik heb in uw land asiel gezocht.'
'Wat zei u?'
'Ik bedoel, ik woon nu negen maanden in uw land,' zei ik met moeite in het Nederlands.
10   'Wat wilt u van mij?'
'Groeten mevrouw. Ik wilde U groeten. Ik heb uw boek gelezen. En uw foto heb ik
in de krant gezien. Weet U, eigenlijk wil ik u ontmoeten als dat mag.'
'Ontmoeten? Waarom? Waarvoor?'
'Ik, ik weet het nog niet. Maar ik denk, ik geloof dat ik ergens moet beginnen.
15   Iemand ontmoeten. Ik ben ook schrijver. Uw boek, ik heb uw boek van het begin
tot het eind, woord voor woord, gelezen. En …'
En er viel even een stilte.
'Hebt u uw agenda bij u?' zei ze.
Nee, ik had nog geen agenda. Ik kende nog niemand in Nederland om een afspraak
20   mee te maken. Met haar maakte ik mijn eerste afspraak, zonder reden, zonder voor-
waarden. Waarom wilde ik haar ontmoeten? Wat wilde ik van haar? Ik wist ik het
niet, maar ik zocht naar een houvast om niet te vallen in de eerste moeilijke maanden van mijn ballingschap. Als een asielzoeker die het land niet kende en de
gewoontes nog lang niet wist, stapte ik met een bos bloemen in de tram. Na een
25   paar keer instappen en opnieuw overstappen langs onbekende grachten, stapte ik
uiteindelijk bij een pleintje uit. Met haar adres in de hand ging ik vragend van het
ene typisch Amsterdamse straatje naar het andere tot ik haar woning vond. Met
grote onwetendheid over haar stopte ik voor de zeven treden van haar deur. Nu ik

naar die dag terugkijk, schaam ik me. Ik had slechts één werk van haar oeuvre ge-
30 lezen: *Jip en Janneke*. Ik had het in zes maanden met drie woordenboeken uitge-
lezen. Haar proza. Haar humor. Haar stijl. Haar scherpe manier van kijken en
mijn dorst naar de Nederlandse literatuur dwongen me naar haar te zoeken. Ik
belde niet, maar klopte op haar deur. Zij, de oude vrouw, waarvan ik de
woorden kende, de schrijfster die de Hans Christian Andersenprijs in haar slaap-
35 kamer had, opende de deur voor mij.
'Dag mevrouw! Ik ben Kader Abdolah.'
'Wie?'
'Niemand, eigenlijk een schrijver op de vlucht.'
'Kom binnen, jongen.'
40 Ik overhandigde haar de herfstbloemen. Zij bracht haar gezicht naar voren.
Haar grijze hoofd stond scheef voor me. Met aarzeling zette ik een kus op haar
oude koninklijke wang.
'Kom binnen, jongen.'
Ik ging naar binnen.

BUITEN HET BOEKJE

22

Een internetpagina over Nederlandse taal en schrijvers:

www.omroep.nl/nps/radio/wat.een.taal/

Ga toch werken!

1 TEKST

1a Introductie

Yumi Wijers - Hasegawa is 33 jaar en komt uit Japan. Zij is getrouwd met een Nederlander
Sinds 1996 woont zij in Nederland. In het onderstaande fragment uit een interview met haar
worden leven en vooral werken in Japan vergeleken met leven en werken in Nederland.

1b Lees nu de tekst

1   'Voor veel Japanners is Europa een modern sprookjesland. Het is er modern,
vooruitstrevend, het heeft een eigen 'lifestyle': de fantasie wordt erdoor
geprikkeld. Dat komt ook doordat het leven in Japan geheel in het teken van
werk staat. Het is dan al snel een aantrekkelijk idee om naar Europa te gaan als je
5   er de kans voor krijgt. Vooral voor jonge, goed opgeleide vrouwen, die zich in
Japan altijd beleefd en bescheiden moeten gedragen. Hoewel ze even goed opge-
leid zijn als mannen, worden ze vaak slechter betaald dan hun mannelijke collega's. Veel Japanse vrouwen accepteren dat nog, maar er zijn ook steeds meer
vrouwen die het niet meer accepteren.

10 Ik kwam medio 1996 naar Europa met mijn Nederlandse man, die ik had
ontmoet op mijn werk bij Nippon Airlines. In het begin wist ik nog niet dat er een
Europese Unie was. Dat besefte ik pas toen het verdrag van Schengen van kracht
werd. Je merkt niet dat je een ander land binnenrijdt. Elke keer als we naar België
gaan, zoek ik nog altijd naar de grens, maar grenzen bestaan in de EU niet meer.
15 Ik vind dat zo raar. Waar kan ik dan aan zien dat ik een ander land binnenrijd?
Wat me opvalt in Europa is dat het werk hier competitiever is. Er is een meer
agressieve werksfeer, je moet echt vechten voor je positie. In Japan wordt wel
hard gewerkt, maar je bent er zeker van dat je je baan houdt en je pensioen krijgt.
In Japan werk je vooral hard om geen gezichtsverlies te lijden. Jij werkt voor ie-
20 dereen, en iedereen werkt voor jou, dat is de mentaliteit.
Die afhankelijkheid zie je ook bij Japanse toeristen als ze in groepen door Europa
reizen. Je ziet nog niet veel Japanners die alleen reizen. De meesten van hen hebben daar nog geen ervaring mee. Als ik zo'n hele groep zie, allemaal achter elkaar
aan lopend, dan schaam ik me daarvoor. Eigenlijk zie je pas de laatste jaren wat
25 meer individueel reizende Japanners. Dat doe ik zelf ook in Europa. Ik voel me in
alle landen op mijn gemak, en zeker in Nederland. Waar ligt dat aan? Nou,
bijvoorbeeld op straat word je niet meteen als buitenlander gezien. Sommige
mensen vragen me hier zelfs de weg.'

1c   Oefening bij de tekst

1   Waarom willen goed opgeleide Japanse vrouwen graag naar Europa?
2   Hoe ervaart Yumi het dat je binnen Europa vrij kunt rondreizen?
3   Wat is een verschil tussen de werksfeer in Europa en in Japan?
4   Wat is volgens Yumi een verklaring voor dat verschil?
5   Wat vindt ze van de manier waarop veel Japanners door Europa reizen?

U kunt nu oefening 1 en 2 maken.

2   TEKST

2a   Introductie
U gaat luisteren naar een bewerking van een fragment uit 'De Elfstedentocht' van Mohammed
Nasr, een Marokkaanse immigrant in Nederland. In dat boekje vertelt hij erover hoe hij langzaam maar zeker 'Nederlandser' wordt. In dit fragment vertelt hij over zijn ervaringen toen
zijn verwarming kapot ging.

2b   Vocabulaire
Zoek, voordat u gaat luisteren naar de tekst, de volgende woorden op in een woordenboek.

de radiator	overbezet	de stroom
de ijsbloemen	nuchter	de ketel
de thermostaat	kleumen	blazen
door en door	het gereedschap	het stof
de loodgieter	de storing	een bakje koffie

2c Luister een keer naar de tekst.
Luister nog een keer en beantwoord de vragen.

Kies het goede antwoord.

1 **Hoe kwam het dat het zo koud was in de kamer toen Mohammed wakker werd?**
a   Omdat de thermostaat te laag stond.
b   Doordat de radiatoren helemaal koud waren.

2 **Waarom kan Loodgietersbedrijf Van Rosmalen hem niet helpen?**
a   Omdat het personeel het op dit moment te druk heeft.
b   Omdat het bedrijf dit soort werk niet doet.

3 **Mohammed gaat uiteindelijk langs bij M'hmet, de Turkse man die bij hem in de flat woont, om hulp te vragen. Wanneer komt M'hmet hem helpen?**
a   Een paar minuten later.
b   Een paar uur later.

4 **Wat is volgens Mohammed de oorzaak van het probleem met de verwarming?**
a   Het niveau van het water is te laag.
b   De verwarmingsketel werkt niet goed.
c   Er is iets mis met de thermostaat.

5 **Wat is de oorzaak volgens M'hmet?**
a   Het niveau van het water is te laag.
b   De verwarmingsketel werkt niet goed.
c   Er is iets mis met de thermostaat.

U kunt de tekst nog eens nalezen. (Appendix 1)

3   TAALHULP

Overleggen op het werk

Instructies geven

Eerst _____ , dan, _____ , daarna _____ .
Eerst moet je de brieven versturen, en daarna moet je meneer Janssen opbellen.
Eerst doe je een kopieerkaart in het apparaat, dan leg je het papier met de beeld-
zijde naar beneden op deze glazen plaat, en daarna druk je op deze knop.

Taken verdelen

Als jij nou _____ , dan zorg ik voor _____ .
Als jij nou de brieven kopieert, dan zorg ik voor de enveloppen.

POSITIEF REAGEREN	NEGATIEF REAGEREN
Oké, doe ik.	Kun jij dat misschien doen? Ik heb er geen tijd voor.
Dat zal ik doen.	Sorry, dat is mijn taak niet.

Als je iets niet begrijpt

Sorry, wát moet ik doen?
Wil jij de rekeningen even archiveren?
Sorry, wát moet ik doen?

Om hulp vragen

Ik weet niet hoe dat moet. Help jij me even?
Kun je mij uitleggen hoe dat moet?
Kun jij mij uitleggen hoe _____ werkt?
Kun jij mij uitleggen hoe deze computer werkt?
Kun jij het voordoen?

Een monteur / loodgieter / klusjesman bellen voor een afspraak

Het probleem uitleggen

Mijn _____ doet het niet (meer).
Mijn verwarming doet het niet (meer).
De _____ is verstopt.
De afvoer van de douche is verstopt.
We hebben regelmatig storing (*b.v. op de tv-kabel / de telefoonlijn*).
We hebben lekkage (*aan het dak / in de badkamer*).

Een afspraak maken voor een reparatie

Kunt u een keer langskomen?
Kunt u een monteur langs sturen?

Overleg over de kosten

Hoeveel kost dat / hoeveel gaat dat kosten?
Kunt u een offerte maken voor de reparatie?

Idioom

Iemand wegwijs maken = Laten zien waar je iets kan vinden of hoe je iets moet doen.
Ik heb het er zwaar mee = Ik vind het erg moeilijk.
Iets aan de man brengen = Proberen iets te verkopen.

Uitdrukkingen

Als je een complex probleem wilt oplossen zonder de oorzaak aan te pakken,
kun je zeggen:
Dat is dweilen met de kraan open.
Als na lang zoeken de oorzaak van een probleem wordt gevonden, kun je zeggen:
Nu hebben we het lek boven water.
Als je wilt vragen wat voor werk iemand doet, kun je vragen:
Wat doet hij voor de kost?
Als iemand een goede baan heeft waar hij zeker genoeg geld kan verdienen en waar
hij goede carrièreperspectieven heeft, zegt men:
Zijn kostje is daar gekocht of *Hij zit daar op rozen.*

U kunt nu oefening 7 en 8 maken.

4   GRAMMATICA

4a   Manieren van instructie geven

imperatief (zonder subject) aan het begin van elke zin

Gooi eerst een munt in de automaat. Maak dan uw keuze.

hoofdzin met inversie (met subject)

Eerst gooit u een munt in de automaat. Dan maakt u uw keuze. (of: Dan moet u _____ maken.)

infinitief (zonder subject) aan het eind van elke zin

Eerst een munt in de automaat gooien.
Dan uw keuze maken.

U kunt nu oefening 9 maken.

4b De plaats van 'er', en de prepositie

Herhaling (grammatica les 2 en les 3)

1 Kijk je vaak naar het nieuws op tv?	Ja, ik kijk *er* bijna elke avond *naar*.
2 Wil je een dropje?	Nee, ik houd *er* niet *van*.
3 Help jij me even met mijn computer?	Nee sorry, ik heb *er* geen verstand *van*.

VRAGEN
- Achter welk zinsdeel staat *er* in zin 1 t/m 3?   Achter *het werkwoord*
- Waar staat de prepositie?   *aan het eind*

Uitbreiding

4 Kijk je vaak naar het nieuws op tv?	Ja ik probeer *er* elke avond *naar* te kijken.
5 Vond je de grap van de chef leuk?	Nee, ik kon *er* niet *om* lachen.
6 In Japan hoor je veel over Europa.	Je fantasie wordt *erdoor* geprikkeld.
7 In Japan hoor je veel over Europa.	Je fantasie wordt *er* op een prettige manier *door* geprikkeld.

- In de rechterkolom eindigen de zinnen 4 en 5 allebei met een *infinitief*, de zinnen zin 6 en 7 eindigen met een *participium perfect*
- Waar staat in dat geval de prepositie? *tussen hulpwerkwoord en de participium perfect*

8 Ik kijk *er* morgen even *naar*.	Morgen kijk ik *er* even *naar*.
9 Hij praat *er* nooit met iemand *over*.	Nooit praat hij *er* met iemand *over*.
10 Ik snap *er* nog steeds niks *van*.	Nog steeds snap ik *er* niks *van*.

VRAGEN
- Achter welk zinsdeel staat *er* in de zinnen in de rechterkolom? Achter *voornaamwoorden*
- Wat voor type zinnen zijn dit? *Zinnen met een veranderde woordvolgorde   Pronomen*

adverbiale teilbestimmung, Verb, Personalpronomen, Artikel, Preposition

> 11   Ben jij naar alle vergaderingen geweest?
> 11a Ja, mijn baas heeft <u>ons</u> *ertoe* gedwongen.
> 11b Ja, en ik heb <u>me</u> *er* zo *aan* geërgerd!
>
> 12   Al die Japanners in één grote groep, ik schaam <u>me</u> *daar* vaak *voor*.

VRAGEN

- Onderstreep in de zinnen 11a, 11b en 12 het woord vóór *er* / *daar*.
- Achter welke soort woorden staat *er* / *daar* in deze zinnen? *persoonlijk voornaamwoord*

CHECK

Vul *er* of *daar* in op de goede plaats.

> Ga je mee naar de werkbespreking? Nee, _ ik _ heb _ geen _ tijd _ voor.
> Wanneer heb jij je sollicitatiegesprek? Morgen _ moet _ ik _ naartoe.
> Ik _ maak _ me _ geen _ zorgen _ over.

U kunt nu oefening 10 maken.

4c   Waar + prepositie in de vraagzin

> Inleiding

De volgende zinnen komen uit tekst 1:

> Ik zoek naar de grens, maar de grenzen bestaan niet meer in de EU. Ik vind dat
> heel raar. Waar kan ik dan aan zien dat ik een ander land binnenrijd?
> Ik voel me in alle landen op mijn gemak. En zeker in Nederland. Waar ligt dat
> aan?

Kijk naar de volgende zinnen.

1a Waar kijk je naar?	1b Wat zie je?
Naar het nieuws.	Een demonstratie
2a Waar luister je naar?	2b Wat hoor je?
Naar een concert.	Een stem.
3a Waar ben je zeker van in Japan?	3b Wat krijgt iedere Japanner zeker?
Van je pensioen.	Zijn pensioen.
4a Waar praten jullie over?	4b Wat bespreken jullie?
Over de taakverdeling op het werk.	De taakverdeling op het werk.

Vul het volgende schema verder in:

a	Verba met prepositie	b	Verba zonder prepositie
1a	Kijken naar	1b	zien
2a	_luire_ naar	2b	_hoten_
3a	zeker _fijn_ _van_	3b	_krijgen_
4a	_praten_ _over_	4b	_bespreken_

- De a-vragen beginnen steeds met _waar_. Er wordt een verbum met/~~zonder~~ prepositie gebruikt.
- De b-vragen beginnen steeds met _wat_. Er wordt een verbum met/~~zonder~~ prepositie gebruikt.

5a	Waar kijk je vaak naar op tv?	5b	Naar wie kijk je?
	Naar het nieuws. _was ?_		Naar Marco Borsato. _wen ?_
6a	Waar praten jullie over?	6b	Over wie praten jullie?
	Over de taakverdeling op het werk.		Over de nieuwe directeur.

VRAAG

- Wat is bij 5 en 6 het verschil tussen de **a**-vragen en de **b**-vragen? Waarom is dat, denkt u?

CHECK

Vul in: _wat_ of _waar_

Sorry, ___wat___ zeg je? Ik versta je niet.
___waar___ praten jullie over? Over het weer.
___waar___ luister je vaak naar? Naar jazzmuziek.
___wat___ hoor ik nou? Heb je een nieuwe baan?
___wat___ doe je? Ik ben kok in een restaurant.
___waar___ kan ik u mee helpen? Ik weet niet hoe dit apparaat werkt.

U kunt nu oefening 11 en 12 maken.

4d   Negatie

Inleiding

U kunt een zin negatief maken met de woorden _niet_ of _geen_
(Zie hulpboek bij Help 1, hoofdstuk 18)

Hebben we vandaag vergadering?   Nee, we hebben vandaag _geen_ vergadering.
Wanneer is de vergadering?   Ik weet het _niet_.

De negatie kan worden aangevuld met andere woorden, zoals blijkt uit de volgende zinnen uit tekst 1:

Veel Japanse vrouwen accepteren dat nog, maar er zijn ook steeds meer vrouwen die het *niet meer* accepteren.

Reizen er al veel Japanse toeristen individueel door Europa?

Nee, je ziet *nog niet* veel Japanners alleen reizen. De meeste van hen hebben daar *nog geen* ervaring mee .

Uitbreiding

Kijk naar de volgende combinaties van vraag en antwoord.

1 Werkt je vader *nog*?	Werkt je zoon *al*?
(Hij is al oud)	(Hij is nog jong)
Nee, *niet meer*.	Nee, *nog niet*.
Nee, hij werkt *niet meer*.	Nee, hij werkt *nog niet*.
2 Woon je *nog* in Amsterdam?	Woon je *al* in Amsterdam?
(Persoon is naar een andere stad verhuisd)	(Persoon is van plan naar A. te verhuizen)
Nee, *niet meer*.	Nee, *nog niet*.
Nee, ik woon *niet meer* in Amsterdam.	Nee, ik woon *nog niet* in Amsterdam.
3 Rook je *nog*?	Rook jij *al*?
(Persoon is gestopt)	(Persoon is zeer jong)
Nee, *niet meer*.	Nee, *nog niet*.
Nee, ik rook *niet meer*.	Nee, ik rook *nog niet*.
4 Wilt u *nog* koffie?	Wilt u *al* koffie?
(Persoon heeft al koffie op)	(Persoon wil later pas koffie)
Nee, ik wil *geen* koffie *meer*.	Nee, ik wil *nog geen* koffie.
5 Heb je *nog* een zwart-wit tv?	Heb jij *al* een DVD-speler?
Nee, ik heb *geen* zwart-wit tv *meer*.	Nee, ik heb *nog geen* DVD-speler.

VRAGEN

- Kijk naar de vragen en antwoorden in de linkerkolom.
- *Nog* wordt negatief gemaakt door twee combinaties, namelijk: _niet meer_ of _geen meer_.
- Kijk naar de vragen en antwoorden in de rechterkolom.
- *Al* wordt negatief gemaakt door twee combinaties, namelijk: _nog niet_ of _nog geen_.

CHECK

Geef een negatief antwoord op de volgende vragen:

Woont u in Amsterdam?   Nee, _ik woon niet in Amsterdam_ .

Woont u nog in Amsterdam?   Nee, _ik woon daar niet meer_ .

Woont u al in Amsterdam?   Nee, _ik woon nog niet in Amsterdam_

Heb je tijd om de brief te lezen? Nee, _ik heb geen tijd_ .

Heb je al tijd gehad om de brief te lezen? Nee, _ik heb nog geen tijd gehad_

Heb je nog tijd om de brief te lezen? Nee, _ik heb geen tijd meer_ .

U kunt nu oefening 13 en 14 maken.

Oefeningen

VOCABULAIRE

1 •

In tekst 1 staan synoniemen van de cursieve woorden in onderstaande zinnen.
Kunt u ze vinden?

1 Sommige mensen reizen graag in groepen, anderen vinden het prettiger
alleen te reizen. _individueel reizen_

2 Toen ik naar Europa kwam, *begreep* ik pas wat de Europese samenwerking
echt inhoudt. _besefte_

3 Hoewel onze grootouders al bejaard zijn, hebben ze toch heel *progressieve*
ideeën. _vooruitstrevende_

4 Pasen valt dit jaar *in het midden van* april. _medio_

5 Veel bedrijven zijn hard op zoek naar personeel; er is vooral een tekort aan
goed *geschoold* technisch personeel. _opgeleid_

6 Worden werklozen in Nederland eigenlijk wel genoeg *gestimuleerd* een
betaalde baan te zoeken? _(motiveerd) geprikkeld_

7 Ik vind het heel *vreemd* dat er zoveel verschillende dialecten zijn in
Nederland. _raar_

2 ••

Kunt u uitleggen wat de volgende zinnen uit tekst 1 betekenen?

1 Dat komt doordat het leven in Japan geheel *in het teken van* werk staat.

2 Toen het verdrag van Schengen *van kracht werd.*

3 Wat me *opvalt* in Europa is dat het werk hier *competitiever* is.

4 In Japan werk je vooral hard om geen *gezichtsverlies te lijden.*

5 Ik voel me in alle landen *op mijn gemak.*

3

Zoek het bijpassende woord (een adjectief of substantief). Kijk goed naar de voorbeelden.
Gebruik eventueel een woordenboek.

Voorbeelden:

Ik heb geen verstand van *techniek*; ik ben absoluut niet *technisch*.

Mijn nieuwe *collega's* zijn erg aardig en behulpzaam; ze zijn heel *collegiaal*.

1 De *economie* in West-Europa blijft groeien; het gaat *economisch* goed in veel
  Europese landen.
2 Dit valt niet onder mijn *verantwoordelijkheid*. Ik ben daar niet _verantwoordelijk_ voor.
3 Ik word helemaal gek van dat *vergaderen*. Soms heb ik wel drie _vergaderingen_ op
  een dag.
4 Volgend jaar gaat mijn vader met _pensioen_. Als hij *gepensioneerd* is, heeft hij
  eindelijk meer tijd voor zijn tuin.
5 Dit computerbedrijf biedt zijn producten aan tegen zeer *concurrerende*
  prijzen. De _concurrentie_ in die branche is namelijk enorm groot.
6 Als u bij ons wilt werken, hebt u veel *ervaring* nodig. Wij kunnen alleen zeer
  ervaren mensen gebruiken.
7 We hebben onze verwarming laten *repareren*. De _reparatie_ was helaas erg duur.
8 Voor deze baan worden hoge eisen gesteld aan je _opleiding_. Alleen hoog
  opgeleiden komen ervoor in aanmerking.

PROSODIE

4

Luister naar de docent of de cd.
Schrijf de woorden en zinnen die u hoort op. Luister daarna nog een keer. Schrijf achter ieder
woord het ritmeschema.

5

Luister naar de dialogen. Let goed op de intonatie.
Werk in tweetallen. Luister nog een keer en zeg de zinnen om de beurt na.

A   En, hoe bevalt je nieuwe baan?
B   Leuk! Heel afwisselend.
A   En hoe is de sfeer op het werk?
B   Prima, veel beter dan bij mijn vorige baan.
A   En heb je leuke collega's?
B   Ja, ze zijn erg aardig en behulpzaam.

A Hoe is het om in de ICT-branche te werken?

B Nou, dat valt niet mee. Je moet echt keihard werken.

A Hoe was dat dan in je vorige baan?

B Nou, daar moest ik ook hard werken, maar toch anders!

A Hoe bedoel je dat?

B Tja, hoe moet ik dat zeggen? Het was wat relaxter.

A Heeft iemand nog wat voor de rondvraag?

B Ja, ik wil nog iets vragen over de taakverdeling binnen ons team.

A Nou, dat hebben we al zo vaak besproken.

B Ja, maar, het is me nog steeds niet helemaal duidelijk.
   Wie is er nou precies verantwoordelijk voor wat?

A Heb je de notulen van de vorige vergadering gelezen?

B Eh… nee.

A Nou, lees die dan maar eens goed door. Daar staat alles in!

6 ●● 💿

Liedje

Koos werkeloos

Tekst en muziek: Klein Orkest

Mijn naam is Koos en ik ben werkeloos
De mensen zeggen: 'Ga toch werken, Koos!'
Nou, ik wil er best wel tegenaan
Maar dan wel een leuke baan
Want anders hoeft het niet voor Koos

Laat Koos maar vissen aan de waterkant
Mij niet gezien achter de lopende band
En Koos gaat ook geen vakken vullen
Zeker om de zak te vullen van de fabrikant

Refrein

Werkeloos, laat mij voorlopig lekker Werkeloos
Al dat gezeur van: 'Ga toch Werken, Koos'
Koos Werkeloos! (2x)

Mijn zwager Jan die spreekt er schande van
Die zegt vaak: 'Koos, gebruik je handen, man'
Maar hij werkt met zijn ellebogen
Heeft zijn schapen op het droge
Nou, verplant maar, Jan!

Die politieke Haagse maffia
Die blijft maar korten op de minima
Nou, laat ze zelf maar betalen
Want bij Koos valt niks te halen
Sorry, dat ik besta

Refrein

Kijk, hè, je hoort vaak zeggen: 'Waar moet dat heen'
Straks doen computers al het werk alleen
Maar mensen, het gaat toch prima zo, gratis vrije tijd cadeau
En dat is voor Koos geen probleem, hoor

Refrein

TAALHULP

7   ●

Wie moet u bellen voor welk probleem?
Wat zegt u om het probleem duidelijk te maken?
Kies uit: *aannemer, garagebedrijf, loodgieter, gemeentelijk energiebedrijf, telecom-bedrijf, verwarmingsmonteur, wasmachinereparateur, winkel van audio / videoapparatuur.*

Problemen met de accu.
Radiator blijft koud.
Programma voor centrifugeren werkt niet goed.
Gas is afgesloten.
Lekkage in de badkamer.

Uw auto moet gekeurd worden.
Thermostaat niet goed afgesteld.
CD blijft vaak 'hangen'.
Bij de verbouwing van uw huis zijn fouten gemaakt.
Video-opname maken van tv lukt niet meer.
Uitlaat moet vervangen worden.
U hebt thuis een extra telefoonaansluiting nodig.

8 ●

Werk in tweetallen

A formuleert vragen met de gegeven woorden. Maak gebruik van de zinnen in 'Taalhulp'.
B leest het antwoord.

1A Klant bellen, afspraak afzeggen?
1B Oké, doe ik.

2A Adreslijst intypen, etiketten maken?
2B Sorry, maar daar heb er geen tijd voor. Kun jij dat misschien doen?

3A Magazijn opruimen?
3B Sorry, maar dat is mijn taak niet.

4A Alarm uitschakelen?
4B Ik weet niet hoe dat moet.

5A Laten zien, alarm uitschakelen?
5B Kijk, door op deze knop te drukken, schakel je het alarmsysteem uit.

9 ● ●

Werk in tweetallen

A stelt een vraag over de werking van een apparaat.
B geeft instructie. Gebruik de gegeven woorden.
U mag eventueel zelf nog extra instructies toevoegen.

Wasmachine

de kleding sorteren, de kleding in de trommel doen, het waspoeder toevoegen,
een programma kiezen, de machine aanzetten, na afloop de trommel openen,
de was eruit halen, de kleding ophangen.

Computer

de computer aanzetten, het wachtwoord intikken, inloggen, het gewenste programma aanklikken, met het programma werken, na afloop het programma afsluiten, de computer afsluiten, de computer gaat automatisch uit.

Kopieerapparaat

het origineel op de glasplaat leggen, de bak met het juiste papierformaat kiezen, eventueel papier bijvullen, codes instellen (aantal, enkel- of dubbelzijdig, nieten etc.), op de startknop drukken, na afloop de kopieën uitnemen, het origineel verwijderen. Bij storing: de instructies op het apparaat volgen. Indien nodig, de leverancier bellen.

GRAMMATICA

10 ●

Zet 'er' en de gegeven prepositie op de goede plaats in zin B.

Voorbeeld:

A   Lees jij altijd eerst de gebruiksaanwijzing van een nieuw apparaat?

B   Nee, ik probeer altijd meteen te werken. (er + mee)

Nee, ik probeer er altijd meteen mee te werken.

1A   Is mijn videorecorder nog te repareren?

1B   Ik moet hem eerst openmaken. Eerder kan ik niks zeggen. (er + over)

    Eerder kan ik er niks over zeggen

2A   Ik denk dat de reparatie ongeveer ƒ 100,- gaat kosten. Maar misschien wordt het meer.

2B   Mag ik uitgaan dat u mij in dat geval nog even belt? (er + van)

    Mag ik er van uitgaan dat u mij in dat geval nog even belt.

3A   Als u mijn auto gerepareerd hebt, kijkt u dan ook nog even of de banden nog goed zijn?

3B   Ja hoor, ik zal denken. (er + aan)

    Ja hoor, ik zal er aan denken

4A   Waarom breng je je fiets naar de fietsenmaker. Je kunt toch zelf wel een band plakken?

4B   Natuurlijk kan ik dat, maar ik heb geen zin. (er + in)

    Natuurlijk kan ik dat, maar ik heb er geen zin in.

5A   Ik heb een probleem met mijn computer. Kun jij me helpen?

5B   Sorry, ik heb geen verstand. (er + van)

    Sorry, ik heb er geen verstand van.

6A   Ik was gisteren niet op de vergadering.

6B   Kun jij me iets vertellen? (er + over)

    Kun jij me er iets over vertellen

11 ●

Beschrijving van een foto

Haal een foto uit een krant of tijdschrift, waarop twee of meer mensen staan.

(Eventueel kan uw docent u een foto geven.)

Beschrijf de foto aan de hand van de volgende vragen (beantwoord alleen de vragen die op uw foto van toepassing zijn).

Vul aan het begin van de vraag in: *wie, wat, waar, waarom, hoe, welk(e)*.

1	Hoeveel	veel personen ziet u?	_____
2	Waar	bevinden de personen zich?	_____
3	Wie	zijn die personen?	_____
4	Waar	kijken ze naar?	_____
5	Wat	doen ze?	_____
6	Waar	praten ze over?	_____
7	welke	emotie(s) laten ze zien?	_____
8	Wat	ziet u op de achtergrond?	_____
9	welke	details vindt u interessant?	_____
10	Waar	hebt u de foto uit gehaald?	_____
11	Waarom	hebt u deze foto gekozen?	_____

12 ●

Werk in tweetallen

A vraagt, B antwoordt.

Voorbeeld:

Denken aan.

A *Waar denk je aan?*

B *Aan mijn werk*

1 denken aan   5 bezwaar hebben tegen
2 zin hebben in   6 wennen aan
3 houden van   7 genieten van
4 verstand hebben van

13 ●

Geef op twee manieren een ontkennend antwoord.

Met een kort antwoord (zoals in dagelijkse spreektaal).

Met een volledige zin.

Voorbeelden:

Woont u hier al lang?   Nee, nog niet zo lang. / Nee, ik woon hier nog niet zo lang.

Zit je nog op school?   Nee, niet meer. / Nee, ik zit niet meer op school.

1   Zijn jullie al in Maastricht geweest?
2   Heb je al een wasmachine gekocht?
3   Kan ik nog een computer bestellen voor de firma?
4   Ben je gisteren nog naar de vergadering gegaan?
5   Kunnen we ons nog inschrijven voor de cursus 'Kleine klusjes in huis'?
6   Is de post er al?
7   Kan ik nog wat geld van je lenen?
8   Is jullie kantoor nog steeds op de Witte Molenweg?
9   Is jullie kantoor al naar het centrum van de stad verhuisd?

14 ● ●

Vul op elk streepje een woord in. Kies uit: *al, nog, niet, geen, meer*

E   Esther
J   Johan

Gesprek tussen Esther en Johan over de kapotte verwarming

E   Johan, de verwarming doet het _nog_ 1 steeds _niet_ 2. Heb je de monteur
    _al_ 3 gebeld?
J   Ja, dat heb ik _al_ 4 een paar keer geprobeerd, maar ik heb hem _nog_ 5
    niet kunnen bereiken.
E   Man, dat ding is _al_ 6 twee weken kapot. Ik ben _niet_ 7 van plan om
    nog 8 langer in de kou te blijven zitten.
J   Tja, wat kan ik eraan doen als die monteur de telefoon _niet_ 8 opneemt?
    Misschien heeft hij wel een ander nummer en is hij op het oude nummer
    niet 9 _meer_ bereikbaar.
E   Onzin. Je hebt het gewoon _niet_ 10 genoeg geprobeerd. Als je elke dag een
    paar keer had gebeld, had je die man _al_ 11 lang aan de telefoon gehad.
J   Luister, Esther, ik heb _geen_ 11 zin _meer_ 12 om naar dat eindeloze gezeur
    van jou te luisteren. Ik heb trouwens zelf helemaal _geen_ 13 last van de kou.
    Het is _nog_ 14 steeds lekker weer voor de tijd van het jaar.
E   Zo is het genoeg! Ik bel hem zelf wel, anders is er volgende maand _nog_ 15
    niks gebeurd.
een week later
J   Esther, het wordt nu wel erg koud hier. Heb je de verwarmingsmonteur
    _al_ 16 gebeld?
E   Nee, _nog_ 17 _niet_ , maar dat zou jij toch doen?

LUISTEREN

15 ●

Introductie

U hoort een fragment van een interview met René Frenken, die woont en werkt in Honduras. René werkte eerst in het ontwikkelingswerk, maar is daar na een paar jaar mee gestopt. Hij is in zijn dorp een winkel begonnen, een soort combinatie van supermarkt en cadeauwinkel. Hij vertelt erover.

Lees de opdracht en luister naar de tekst.
Maak de zinnen compleet. Zo krijgt u een korte samenvatting van het fragment.

1 De interviewer vraagt zich af hoe René _____ .
2 René antwoordt dat het personeel zelf _____ .
3 Het is de taak van René om _____ .
4 Binnen het bedrijf heeft het personeel _____ .
5 Hun inkomen is _____ maar _____ .
6 Zo gauw het bedrijf goed draait _____ .

16 ●●

U gaat luisteren naar Henri Devos, een Vlaming, over werken in Australië.

Hij gebruikt enkele typisch Vlaamse woorden / idioom. Vergelijk:

Vlaams	Nederlands
bekomen	krijgen
naar hier	hier naartoe
vanbij mijn eerste job	bij mijn eerste baan
confidentiële gesprekken	vertrouwelijke gesprekken
objectieven	doelen
een langere slaap	uitslapen
nadien	later

Hij praat ook even over een Vlaamse krant: *De Standaard*.
Lees, voordat u gaat luisteren, de vragen bij de tekst.

1   Wat doen veel jongeren tot 27 jaar in Australië en hoe lang blijven ze dan?
2   Welk probleem hebben personen ouder dan 27 jaar, als ze in Australië willen werken?
3   Welke verwachting had Henri voor zijn komst naar Australië van het leven en werken daar?
4   De realiteit bleek heel anders te zijn. Hoe was die realiteit?
5   Wat is het verschil in werkruimte, vergeleken met zijn vorige banen?
6   Wat is het verschil in managementstijl in Australië, vergeleken met België?
7   Wat doet Henri meestal in het weekend?
8   Wat vindt Henri van de Australische kranten en televisie?
9   Hoe blijft hij op de hoogte van het nieuws uit België en het wereldnieuws?
10 Waarom huurt hij tegenwoordig zo vaak video's, terwijl hij dat vroeger nooit deed?

SPREKEN

17 ●

Werk in tweetallen

U krijgt informatie van uw docent. U gaat gesprekken voeren over de volgende onderwerpen:
- De reparatie van de wasmachine.
- Het aansluiten van elektriciteit op uw nieuwe adres.

18 ●●

Werk in tweetallen of groepjes

Hieronder ziet u een aantal uitspraken van diverse buitenlanders die in Nederland wonen en werken, over hun ervaringen en indrukken op de Nederlandse werkvloer.

Bart Bosma uit de VS
'In Nederland is koffiedrinken echt een ritueel. Het lijkt wel of koffie centraal staat binnen het bedrijf.'

Kris Lariviere uit België
'Men luncht hier heel gehaast en de porties zijn erg klein. Het is een maaltijd van niks. Mensen nemen nauwelijks de tijd om goed te lunchen.'

Moustafa Benhaddou uit Marokko
'De mensen hier werken allemaal zo hard. Het zijn echt slaven van de arbeid.'

Abhinay Diwale uit India
'Ik heb minimaal een uur lunchpauze en mag maar acht uur per dag werken.
In Nederland heb je voortdurend vrij.'

Rosana Moreno uit Spanje
'In Nederland wordt over de kleinste details vergaderd en alles wordt lang van
tevoren geregeld en vastgelegd. Dat vind ik erg vermoeiend.'

Gert Moens uit België
'In Nederland worden veel beslissingen genomen, maar ze worden vaak binnen
korte tijd weer veranderd.'

Christian Müller uit Duitsland
'Mensen zijn hier heel open en eerlijk. Ze zeggen alles wat in hen opkomt.'

OPDRACHT A
Voor degenen die in Nederland wonen en werken (of studeren).
Herkent u uw eigen ervaringen in bovenstaande uitspraken of hebt u heel andere ervaringen op
uw werk (of bij uw studie) in Nederland? Bespreek uw ervaringen met medecursisten.
OPDRACHT B
Voor degenen die in een ander land dan Nederland wonen en werken (of studeren).
Hoe gaat het in het land waar u nu woont met betrekking tot:
• Samen koffie drinken op het werk?
• Lunchpauzes?
• Aantal uren werk per dag?
• Vergaderingen en afspraken?
• Het nemen van beslissingen?
• Collegiaal gedrag?
• De verhouding tussen chef en ondergeschikte?
• Wordt er onderscheid gemaakt tussen formeel en informeel taalgebruik?

Bespreek uw ervaringen met medecursisten.

SCHRIJVEN

19 ●
Als onderdeel van een sollicitatiebrief beschrijft men meestal in een CV (curriculum vitae) of in
een korte biografie welke opleiding(en) en werkervaring men heeft. Ook vrijwilligerswerk en
vrijetijdsbesteding kunnen van belang zijn voor de functie waarnaar u solliciteert.
Lees de volgende teksten. Schrijf vervolgens zo'n soort biografie over uzelf.

1   Mijn naam is Erwin de Kam, ik ben 26 jaar en momenteel werkzaam als software designer.
Na mijn studie bedrijfskundige informatica heb ik eerst bij een grote bank en daarna bij een internetprovider gewerkt. Momenteel werk ik bij een software-be-
5   drijf. Voor onze klanten bedenk en ontwerp ik samen met mijn collega's onder andere software-systemen. Naast cursussen in mijn eigen vakgebied volg ik ook opleidingen die mij meer voorbereiden op een managersfunctie.
In mijn vrije tijd ben ik lid van een tennisvereniging. Voor de club heb ik een computerprogramma ontworpen waarmee, bijvoorbeeld bij grote tournooien,
10   wedstrijdschema's kunnen worden gemaakt.

1   Mijn naam is Mary-Ann Meeuwsen, 33 jaar, danspedagoge van beroep.
Na de middelbare school ben ik eerst naar de Eindhovense toneelacademie gegaan, maar na een jaar wist ik dat ik daar niet op mijn plaats was. Daarna ben ik naar de dansacademie gegaan. Toen ik klaar was met mijn opleiding tot dans-
5   pedagoge, ging ik aerobiclessen geven bij sportvereniging Prins Hendrik in mijn woonplaats Vught. Ik heb binnen de vereniging het kinderdansen opgezet, mijn specialiteit, voor kinderen tussen zes en twaalf jaar. Het loopt nu al zes jaar heel goed. Daarnaast doe ik al acht jaar de regie en choreografie van kindermusicals.

20 ● ●

Welke zinnen kunt u gebruiken aan het begin van een sollicitatiebrief? Welke aan het einde?
Maak de zinnen af.

1   Naar aanleiding van uw advertentie —————— .
2   In afwachting van uw antwoord —————— .
3   Ik hoop u hiermee voldoende te hebben geïnformeerd —————— .
4   In de Volkskrant van 15 maart las ik —————— .
5   Hopelijk is deze brief aanleiding voor u —————— .
6   Vandaag bezocht ik uw internetpagina. Daarop —————— .

LEZEN

21 ● ●

Vrijwilligerswerk

A
Weet u wat vrijwilligerswerk is? Hebt u dat wel eens gedaan? Zo ja: wat en waarom? Is de ervaring van dat werk nuttig voor uw beroep?

B
1   Lees eerst onderstaande tekst goed door, gebruik nog geen woordenboek.
2   U mag maximaal tien woorden opzoeken die voor u absoluut noodzakelijk zijn voor een goed begrip van de tekst. Lees de tekst nog eens door en onderstreep de woorden die u op wilt zoeken.
3   Vergelijk uw tien woorden met die van uw medecursisten. Hebben zij andere woorden onderstreept? Kunt u elkaar helpen met het raden of afleiden van de betekenis van woorden? Welke woorden blijven over die niemand kent? Zijn ze absoluut noodzakelijk voor een goed begrip van de tekst?

C
Lees de tekst nogmaals en beantwoord de volgende vragen.
1   Sommige bedrijven verplichten hun werknemers om vrijwilligerswerk te doen, zo blijkt uit de tekst. Wat vindt u van dat idee?
2   Er worden verschillende redenen voor genoemd. Welke? Wat vindt u van die redenen?

Vrijwilligers

1   Vrijwilligers, dat zijn toch langdurig werklozen die met omaatjes op stap gaan of asielhonden uitlaten? Theo van Loon, van de Nederlandse Organisatie van Vrijwilligers zucht diep. 'Die vooroordelen krijgen we maar niet weg,' zegt hij. 'Terwijl bijna vier miljoen Nederlanders vrijwilligerswerk doen, zo'n 30% van de
5   volwassen bevolking. Stel dat die vier miljoen dat morgen niet meer doen. Dan is er geen sprake meer van amateursport, een Elfstedentocht en van politieke partijen. De vakbonden liggen stil, organisaties als Amnesty International functioneren niet meer, noem maar op. Zonder vrijwilligerswerk zou onze democratische samenleving stagneren. Om dat te laten zien heeft de Verenigde Naties het jaar
10   2001 uitgeroepen tot 'Jaar van de vrijwilliger.'
    Inmiddels is er hernieuwde belangstelling voor vrijwilligerswerk uit onverwachte hoek, namelijk het bedrijfsleven.
    Rob Defares, directeur van IMC (International Marketmaker Combination) verplicht zijn werknemers drie dagen per jaar van hun vrije tijd te wijden aan eigen

15   IMC-projecten: de *Special Olympics*, een sportevenement voor verstandelijk ge-
handicapten, en de IMC-Weekendschool, waar kinderen uit achterstandsbuurten
in het weekend bijgespijkerd worden in hun algemene ontwikkeling. 'Mijn werknemers moeten hun talenten geven aan die projecten. En in hun vrije tijd, anders
is het geen opoffering.'

20   Niet elke marketmaker is hier even enthousiast over, geeft de directeur toe.
'Maar niemand probeert zich eraan te onttrekken. Het gaat er om dat het volko-
men normaal is minderbedeelden te helpen.'
Medewerkers van de accountants- en adviesorganisatie KPMG vervullen bestuurs-
functies bij stichtingen en charitatieve organisaties. Junior-medewerkers doen zo

25   ervaring op die ze in hun betaalde baan kunnen gebruiken. Maar ook senior-me-
dewerkers doen vrijwilligerswerk. Zoals directeur Martin Lewis. Hij is actief in
een onderwijsproject dat de leerachterstand bij allochtone jongeren wegwerkt.
'Als Engelsman voel ik me daarmee verbonden,' zegt hij.
De Rabobank doet ook mee met de trend. 'Het thema past bij de identiteit van de

30   bank,' zegt een woordvoerder. Hij erkent dat het niet geheel zonder eigenbelang
is. 'Het is een goede reclame voor de bank.'
De trend is overgewaaid uit de Verenigde Staten. Daar is het al tientallen jaren
doodgewoon om door de baas naar een vrijwilligersklus gestuurd te worden in
het vrije weekend. De Amerikaanse regering biedt immers veel minder sociale

35   voorzieningen dan verzorgingsstaat Nederland. 'Maar ook hier treedt de
overheid steeds meer terug,' zegt Van Loon. 'Wij hebben allen zelf een sociale rol
te vervullen.'

les 10 En nu is het afgelopen!

1 TEKST

1a Inleiding

Astrid (39) is doktersassistente en Jan (41) is meester-goudsmid met een eigen atelier. Zij hebben een zoontje van 6 jaar, Tim. Astrid en Jan wonen en werken in Duitsland. Zij vertellen over hun beslissing een gezin te stichten.

1b Lees nu de tekst

1   Jan: 'Ik heb me er lang tegen verzet vader te worden. Ik wilde eerst mijn studie en opleiding afmaken en tijd voor mezelf en mijn hobby's hebben. Bovendien was het voor mij en Astrid vanaf het begin van onze relatie duidelijk, dat wij beiden ons beroep wilden blijven uitoefenen. Tim is dus met negen maanden naar de
5   crèche gegaan. Daar waren voor hem van het begin af aan genoeg andere kinderen om mee te spelen.'
Astrid: 'Een tijdlang heb ik nog wel een tweede kind gewild, maar ja, dat moet je

dan wel allebei willen. De combinatie van kind, beroep en het huishouden kost zoveel energie, dan zou er voor Jan en mij bij twee kinderen uiteindelijk niets meer
10 overblijven.
Ik vind dat gezinnen in Duitsland het zwaarder hebben dan echtparen of alleen-
staanden: Ga 's avonds maar eens met een kind naar een restaurant, dan merk je
dat gezinnen vanaf 8 uur in het openbare leven niets meer te zoeken hebben. Of uit-
stapjes: iedereen die schoolkinderen heeft, moet in dezelfde periode weg. En de
15 aanbieders van reizen en dierentuinen en pretparken doen dan overal 100% bovenop, terwijl alles overvol is. Maar zo gaat het nu eenmaal. In Duitsland zijn kinderen
pure luxe. Maar bovendien het allermooiste wat je kan overkomen!'

1c VRAGEN

1 Hebt u kinderen?
2 Werkt u ook? Zo ja, wie zorgt er dan voor het kind / de kinderen?
3 Wat vindt u van crèches / kinderdagopvang?
4 Gaat men in uw land 's avonds nog uit met kinderen?
5 Wat vindt u van de uitspraak dat kinderen pure luxe zijn?

2 TEKST

2a Introductie

Twee immigranten discussiëren over hun ervaringen in Nederland. Zij spreken daarbij vooral
over de opvoeding van hun kinderen in het nieuwe land. Is Nederland een leuk land voor
kinderen om in te wonen? Is het een veilige plaats om er je kinderen op te voeden?
Viborg Hjaltested komt uit IJsland. In 1996 begon ze haar eigen bedrijf in Nederland.
Ze vertelt dat ze wel moest wennen aan de Nederlanders. Maar nu ziet ze Nederland al als
haar thuis.
Kwame Antwi-Adjel is afkomstig uit Ghana en is in 1986 naar Nederland gekomen. Hij is
directeur van een reisbureau in Amsterdam. Hij vertelt welke indruk hij heeft van de
Nederlandse maatschappij. Hij is niet zo positief.

2b Vocabulaire

Zoek, voordat u gaat luisteren, de volgende woorden en uitdrukkingen op in een woordenboek.

doorgronden = _begrijpen_ _motiven_   zelfstandig
onverschillig _gleidigultig_   zich (n)iets aantrekken van
dat kun je niet maken   terechtwijzen
afwegingen maken   iemand wijzen op iets
twijfel   zich staande houden _nidel nukulriegen lassen_
de hond uitlaten   er met vreemde ogen tegenaan kijken _naar_
opgroeien   zoen, zoenerig _"kusselig"_

2c Luister een keer naar de tekst.
Luister nog een keer en beantwoord de vragen.

1   Wat vindt Viborg van Amsterdam?
2   Wat vindt Kwame van Amsterdam?
3   Wat hebben kinderen vooral nodig volgens Viborg?
4   Wat heeft haar vooral verbaasd aan Nederlandse kinderen?
5   Wat vindt Kwame opvallend aan Nederlandse kinderen?
6   Waarover maakt hij zich zorgen met betrekking tot zijn eigen kinderen?

U kunt de tekst nog eens nalezen. (Appendix 1)

3   TAALHULP

Assertief gedrag, direct taalgebruik

Irritatie uiten over storend gedrag

Hou daarmee op!
Zo is het genoeg!
En nu is het afgelopen!
Ik heb er genoeg van!
Ga ergens anders spelen. Ik heb genoeg van die herrie!

Dreigen

Waag het niet!
(Imperatief) … of / anders
Waag het niet, anders krijg je een tik.
Ga weg of ik bel de politie!

Waarschuwen

Schiet op!
Pas op!
Kijk uit!
Dat is heel gevaarlijk!

Terechtwijzen

Dat moet je niet doen.

Irritatie uiten tegen een opdringerig persoon

Bemoei je met je eigen zaken!
Heb ik iets van je aan?
Blijf van me af!

Krachttermen

Verdomme!
Potverdorie!
Shit!
Rot op! Flikker op!
Dat is belachelijk!

Autoriteit of opdrachten van anderen niet accepteren

Geen denken aan!
Vergeet het maar!
Dat bepaal ik zelf wel!

Idioom

Kappen! = de 'harde' versie van 'stoppen!'
Voorbeeld:
Ik heb er geen zin meer in, ik kap ermee!

Strot = de 'harde' versie van 'keel'
Voorbeeld:
Dat gezeur van jou komt me de strot uit.

Uitdrukkingen

Als je niet accepteert dat een ander bepaalt wat je wel en niet mag doen, kun je zeggen:
Ik laat me door jou de wet niet voorschrijven!
Als je de confrontatie zoekt met iemand die jou iets heeft aangedaan, kun je zeggen:
Ik heb met jou nog een appeltje te schillen!

4   GRAMMATICA

In deze les wordt geen nieuwe grammatica aangeboden. In de grammaticaoefeningen worden veel onderwerpen uit alle vorige lessen herhaald.

Oefeningen

VOCABULAIRE

1 ●

Vocabulaire uit tekst 2

Kunt u uitleggen wat de cursieve woorden betekenen?

Maak er vervolgens zelf zinnen mee.

1 Als je vijf dagen als toerist ergens bent, kun je de mensen niet *doorgronden*.
2 De mensen gingen met hun kinderen naar het park alsof ze hun hond *uitlieten*.
3 Zo kan je een kind toch niet laten *opgroeien*.
4 Ik zal er wel nooit aan wennen dat de mensen hier zo *zoenerig* zijn.
5 Wat mij ook verbaast is dat Nederlandse kinderen zo *onzelfstandig* zijn.
6 Dat betekent niet dat moeders *zich niets* van hun kinderen *aantrekken*.
7 *Schiet op*, anders kom je te laat!
8 Het zijn verschillen die je ziet omdat je er *met vreemde ogen tegenaan kijkt*.
9 Vooral in Amsterdam zijn de mensen *onverschillig*.
10 *Dat kun je* in Ghana absoluut *niet maken*.
11 Van mij mogen de buren mijn kinderen best *terechtwijzen*.
12 *Je wijst ze erop* dat ze zich aan de regels moeten houden.
13 Als volwassene weet ik hoe ik me in deze samenleving *staande moet houden*.
14 *Je maakt afwegingen*.
15 Veel van mijn vrienden hebben dezelfde *twijfels*.

2a ●

In de linkerkolom ziet u uitdrukkingen uit de paragrafen 'Taalhulp' van les 7, 8, 9 en 10.

In de rechterkolom ziet u omschrijvingen van uitdrukkingen uit *Van Dale: Basiswoordenboek Nederlands*. Wat hoort bij elkaar?

1 Lief en leed delen. c	a Woorden waarover geen twijfel kan bestaan.
2 Te goeder trouw zijn. j	b Hij kan daar genoeg geld verdienen.
3 Het hart op de tong hebben. d	c De fijne en de verdrietige dingen delen.
4 Duidelijke taal. a	d Direct alles zeggen wat je denkt.
5 In alle talen zwijgen. e	e Helemaal niets zeggen.
6 Taal noch teken laten horen. i	f Het erg goed hebben.
7 Iets doen voor de kost. h	g Hem zeggen wat hij wel en niet mag doen.
8 Zijn kostje is daar gekocht. b	h Werken om te kunnen leven.
9 Op rozen zitten. f	i Helemaal niets van je laten horen.
10 Iemand de wet voorschrijven. g	j Eerlijk en oprecht zijn.

2b ● ●

Werk in tweetallen

U beschrijft een situatie, waarin één van de uitdrukkingen van oefening 2a gebruikt zou kunnen worden. Lees de beschrijving voor. Uw partner moet het verhaal afmaken met de juiste uitdrukking.

Voorbeeld:

A   Ik vraag me af hoe het met mijn vriendin in Haarlem is. Ik heb haar gefaxt, e-mails gestuurd, boodschappen op haar antwoordapparaat ingesproken, maar _____ .

B   _____ zij laat taal nog teken van zich horen.

TAALHULP

3 ●

Werk in tweetallen

Maak vragen met **zou** of **zouden**. Bedenk ook een beleefd (vriendelijk) en / of een onbeleefd (on-vriendelijk) antwoord.

Voorbeeld:

In de trein: Sigaret uitdoen?

A   Zou u uw sigaret uit willen doen?

B   Oh, sorry. Ja hoor, natuurlijk. (beleefd)

of: Hoezo, heb je er last van? (onbeleefd)

1	Op straat:	Blikje in de prullenbak gooien?
2	In de bus:	Tas van de stoel halen?
3	In de bioscoop:	Op een andere stoel gaan zitten?
4	Voor uw huis:	Ergens anders gaan spelen?
5	Bij de uitgang van de tram:	Aan de kant gaan?
6	In een rij:	Achteraan sluiten?
7	Bij een telefooncel:	Een beetje opschieten met telefoneren?
8	In de les:	Woordenboek lenen? (Begin deze zin met: 'Zou ik ....?')

PROSODIE

4 ●

Boosheid / irritatie uitdrukken

Luister naar de volgende fragmenten. Let goed op de intonatie.

Luister nog een keer en zeg na. Probeer de emotie te imiteren.

(twee collega's op kantoor)

   A   Ben je klaar met dat rapport? Ik wil het vandaag nog hebben!

   B   Vandaag nog? Dat is belachelijk, dat lukt nooit!

   A   Het had allang klaar moeten zijn! Opschieten dus!

   B   Sinds wanneer kun jij mij commanderen? Je bent mijn chef niet!

   A   Verdomme, je weet dat ik het vandaag nodig heb!

   B   Ach, man, flikker op!

(twee buren in de tuin)

   A   Zo, buurman. Nog steeds werkeloos?

   B   Inderdaad, ja, nog steeds. De banen liggen niet voor het oprapen!

   A   Nou, volgens mij is er werk genoeg! Je kan zo aan het werk.

   B   Bemoei je met je eigen zaken!

   A   Je zit de hele dag thuis! Ga toch eens een baan zoeken!

   B   Dat bepaal ik zelf wel! Goedemiddag!

(twee studenten in bibliotheek; een student met mobiele telefoon)

   A   Eh, sorry, maar kun je dat ding misschien uitzetten?

   B   Heb je er last van?

   A   Ik probeer te studeren. Zo kan ik me echt niet concentreren!

   B   Nou, ik gebruik mijn mobieltje waar en wanneer ik wil!

   A   Ik vraag het nog één keer. Zet dat mobieltje uit of ik…

   B   Ach, rot op!

(mevrouw kijkt naar buiten; voetballende jongens op straat)

   Hé, jongens, ga eens ergens anders voetballen!

   Zijn jullie doof? Ga ergens anders spelen!

   Hou daar onmiddellijk mee op!

   Nou is het afgelopen!

   Potverdorie!

5 ●●

Liedje

Ik ben toch zeker Sinterklaas niet

Muziek: Henk Temming
Tekst: Henk Temming en Henk Westbroek

Ik wou een broertje
En een mooie rooie fiets
En een grote zachte teddybeer
Maar meestal kreeg ik niets
Ik wou een ijsje
En een doosje in een doos
Hoewel ik snel tevreden was
Werd mijn vader altijd boos

Refrein

En hij werd rood
En hij werd rooier
En spatte bijna uit elkaar
Ik ben toch zeker Sinterklaas niet
Ik heb geen geldboom in mijn tuin
Ik ben Sinterklaas niet
Ik heb een negatief fortuin
Pas als de bankbiljetten groeien op mijn rug
Ben jij de eerste die het hoort
Kom dan nog maar eens terug

Ik ben Sinterklaas niet
Ik ben toch zeker Sinterklaas niet
Pas als de bankbiljetten groeien op mijn rug
Ben jij de eerste die het hoort
Kom dan nog maar eens terug

Ik wou een walkman
En een etentje bij Trix
En een beetje frisse lucht
Maar meestal kreeg ik niks
Ik wou een kamer
Met het uitzicht op de straat
Hoewel ik kleine wensen had
Werd mijn vader altijd kwaad

Refrein

Mijn vader is geen miljonair
En zelfs geen directeur
Hij is niet eens bekend
Bij de belastinginspecteur
Hij trouwde met mijn moeder
Dus niet met een rijke vrouw
Hij heeft niet eens een eigen huis
Laat staan een flatgebouw
Oh was mijn vader maar gewoon
Minister-president
Dan werd er bij ons thuis niet meer
Gekeken op een cent

Ik ben toch zeker Sinterklaas niet …

GRAMMATICA

6

Zet de goede vorm van het werkwoord en het **reflexief pronomen** op de juiste plaats.
Voorbeeld:

Ik heb in de datum (zich vergissen).
Ik heb *me* in de datum *vergist*.

Robin heeft problemen op school

1 De docenten van de school van Robin vinden dat hij niet (zich inspannen).
2 De leraar Frans zei: 'Ik dood aan die jongen (zich ergeren).
3 Het stoort me dat hij nergens voor (zich interesseren).'
4 De leraar Nederlands zei: 'Je kunt wel over die jongen (zich opwinden).

5   en het is waar dat hij niet aan de regels van de school (zich houden),
maar volgens mij is er iets aan de hand met Robin.

6   Ik krijg de indruk dat zijn ouders niet met hem (zich bemoeien).'

7   'Juist,' zei de schooldekaan: 'Hebben jullie wel in zijn situatie
(zich verdiepen)?

8   Hebben jullie weleens waarom die jongen zo is geworden (zich afvragen)?

9   Die jongen moet volgens mij heel eenzaam (zich voelen).

10   Zijn moeder helemaal niets meer van hem (zich aantrekken).

11   Zijn vader heeft financiële problemen en heeft diep in de schulden
(zich steken).

12   Ik er dan ook niet over (zich verbazen) dat die jongen op school zo
(zich gedragen).'

7   •

Gebruik het **relatief pronomen** *die* of *dat*.

Voorbeeld:

Ik heb een hond … bijna nooit blaft.
Ik heb een hond *die* bijna nooit blaft.

1   Het Nederlands is een taal _die_ een beetje op het Duits lijkt.
2   Veel computerspelletjes maken een geluid _dat_ ik erg irritant vind.
3   Ik had vannacht een droom _die_ ik niet snel zal vergeten.
4   De kinderen spelen met een spel _dat_ ze van Sinterklaas hebben gekregen.
5   Ik heb een trui aan _die_ door mijn oma gebreid is.
6   Koninginnedag is een feest _dat_ vooral op straat gevierd wordt.
7   Ze zingen een lied _dat_ wij vroeger op school ook zongen.
8   Ik heb een hekel aan mensen _die_ altijd te laat komen.

8   ••

Goed spelen

Deze oefening is gebaseerd op de tekst van een artikel waarin de schrijver zijn mening geeft over modern speelgoed. Hij vindt veel modern speelgoed niet goed voor de ontwikkeling van het kind. Ze leren er te weinig van. Als voorbeeld noemt hij de zgn. wipkip (zie illustratie).

Maak van de zinnen tussen haakjes **relatieve bijzinnen**.
Gebruik het juiste relatieve pronomen.
Voorbeeld:

Kindjes (ze groeien met de wipkip op) worden daar niet wijzer van.
Kindjes *die met de wipkip opgroeien,* worden daar niet wijzer van.

1 De wipkip (kinderen kunnen zich er geen pijn aan doen), is niet goed voor hun ontwikkeling. *waarop zich kinderen geen pijn aan doen*

2 Er is onderzoek gedaan naar de educatieve waarde van speelgoed. Dit onderzoek (het ministerie van Onderwijs had er opdracht voor gegeven), leverde opmerkelijke resultaten op. *waar voor het ministerie van Onderwijs had opdracht voor gegeven*

3 Kinderen (ze hoeven tijdens het spelen niks speciaals te doen), leren minder en weten daardoor minder. *die tijdens het spelen niks speciaals hoeven te doen*

4 De juf en de meester (ze doen hun best om de kindjes te leren lezen en rekenen), moeten tegenwoordig veel meer uitleggen voordat de kinderen het begrijpen. *die hun best doen om de kindjes te leren lezen en rekenen*

5 Als kinderen mogen spelen met 'ouderwets' speelgoed, bv. een touw en katrollen (ze kunnen zichzelf en elkaar ermee ophijsen), dan krijgen ze technisch inzicht en hoeft de juf en meester ze niets meer te vertellen. *waarmee te zichzelf en elkaar ermee kunnen ophijsen*

6 Maar ouders (voor hen komt goed speelgoed gewoon uit de speelgoedwinkel), vinden dat soort spelletjes gevaarlijk. *voor wie het speelgoed gewoon uit de speelgoedwinkel komt*

7 De auteur van het artikel vindt echter dat het moderne speelgoed (je kunt het in speelgoedwinkels kopen), kinderen niet stimuleert om zelf dingen te onderzoeken. *dat je in speelgoedwinkels kunt kopen*

8 Met voorbeelden zoals de wipkip geeft Wouter Klootwijk (hij heeft dit artikel geschreven), een ironische kijk op hedendaags speelgoed. *die dit artikel geschreven heeft*

9 ● *katrol = Flaschenzug*

Vul in: *er* of *waar* plus *prepositie*.

Voorbeelden:

Ik moet hard werken, maar ik heb _er_ eigenlijk geen zin _in_ .

Ik moet hard werken maar ik heb *er* eigenlijk geen zin *in*.

Een pen is een ding _waar_ je _mee_ kunt schrijven.

Een pen is een ding *waar* je *mee* kunt schrijven.

1 Mijn kinderen kijken iedere dag naar Sesamstraat en ik weet dat veel andere kinderen over de hele wereld _er_ ook _na_ kijken.

2 De meeste kinderen zijn dol op patat met kip en appelmoes, maar mijn kinderen houden _er_ helemaal niet _van_ .

3 Mijn broertje wil nooit naar de tandarts. Hij maakt _er_ zich altijd zo nerveus _over_.

4 Het was jammer dat je niet mee naar 'De Efteling' kon. Wij hebben _er_ erg _van_ genoten.

5 Heb je een stukje papier voor me _waar_ ik mijn e-mail adres _op_ kan schrijven?

6 De tafel _waar_ wij meestal _aan_ eten is nogal laag, maar voor de kinderen is dat juist prettig.

7 Mijn vriendje heeft een horloge _waar_ je ook in het donker _op_ kunt zien hoe laat het is.

8 Marleentje, kijk, daar ligt zeep _waar_ je je handjes _mee_ kunt wassen.

10 ●

Vul een vorm in van: *staan, zetten, liggen, leggen, zitten, doen.*

Bezoek van opa en oma

1 Mathijs: Opa, waarom _staat_ je auto niet voor de deur?

2 Opa: Ik heb hem op de parkeerplaats _gezet_ .

3 Moeder: Mathijs, de kopjes _staan_ al klaar, maar ik moet nog lepeltjes hebben. Wil jij ze even halen? Ze _liggen_ in de la.

4 Mathijs: Oma, wil je nog wat thee?
Oma: Graag, als er tenminste nog wat in de pot _zit_ .

5 Oma: _Zit_ er al suiker in?

6 Mathijs: Nee, nog niet. Ik heb er geen suiker in _gedaan_.

7 Mathijs: Mam, heb je even een doekje? Ik heb geknoeid. Er _ligt_ melk op tafel.

8 Oma: Mathijs, waar is je broer Theo?
Mathijs: Die _zit_ nog op school.

9 Mathijs: Mam, oma wil me voorlezen. Waar heb je mijn boek _gedaan / gelegd_?

10 Moeder: Ik heb het in de boekenkast _gezet / gelegd_

11 Moeder: Maar er is nu geen tijd meer om te lezen. Het eten _staat_ al op tafel.

11 ●

Maak de zinnen **passief**.

In Engeland durven ouders hun kinderen niet buiten te laten spelen, uit angst voor ontvoering en geweld. Gaat het in Nederland ook die kant op?
Voorbeelden:
Een journalist van de Volkskrant interviewt ouders hierover.
Ouders worden hierover geïnterviewd (door een journalist van de Volkskrant).
Zij ondervraagt ook mensen die veel met kinderen werken.
Ook mensen die veel met kinderen werken, worden ondervraagd.

De directeur van een basisschool antwoordt:

1 Volgens mij overdrijven de media de ernst van de situatie.

2 Op die manier maken ze de ouders veel te bang.

3 Hier op school begeleiden we de kinderen heel zorgvuldig.

4 Ouders brengen de kinderen altijd naar school.

5 Wij houden de kinderen altijd in de gaten als ze buiten spelen.
6 Wij geven een kind nooit aan een onbekende mee.
7 Bij ons in het dorp letten buurtbewoners ook op andermans kinderen.
8 Ouders leren een kind geen snoepjes aan te nemen van een vreemde.

12 ●●

Vandaag zijn opa en oma op bezoek. Ze blijven ook eten. Mathijs wil zijn moeder helpen en hij is heel snel klaar met alles!

Geef de antwoorden van Mathijs op de vragen van zijn moeder. Gebruik *die* of *dat* en het **perfectum van het passief**.

Voorbeeld:

Wil jij de broodjes klaarmaken?
Die zijn al klaargemaakt.

1 Wil jij een cake bakken? *Die is al gebakken.*
2 Wil jij de groente snijden? *Die is al gesneden.*
3 Wil jij het toetje maken? *Dat is al gemaakt.*
4 Wil jij de tafel dekken? *Die is al gedekt.*
5 Wil jij het brood roosteren? *Dat is al geroosterd.*
6 Wil jij de glazen klaarzetten? *Die zijn al klaargezet.*
7 Wil jij de fles water openmaken? *Die is al opengemaakt.*
8 Wil jij het zoutvaatje bijvullen? *Dat is al bijgevuld.*

13 ●

Zet de **werkwoordsvorm** op de goede plaats en gebruik de aangegeven **tijd**.

Voorbeeld:

gaan (perf) Wij vroeg naar huis.
Wij *zijn* vroeg naar huis *gegaan*.

pres = presens, imp = imperfectum, perf = perfectum, plusq = plusquamperfectum

Tasjesdief

1	doen (perf)	Twee meisjes bij de politie aangifte van diefstal
	gaan (plusq)	nadat een hond er met hun tas vandoor.
2	zitten (imp)	De jongedames in een restaurant een hapje te eten
	binnenstappen (imp)	toen er een grote, zwarte hond.
3	oppakken (imp)	De hond op zijn gemak hun tas
	staan (imp)	die naast de tafel.
4	moeten (imp)	De meisjes er eerst om lachen
	denken (imp), zijn (imp)	omdat ze dat het een grap.

5 terugkomen (imp)   Toen de hond echter niet meer
   veranderen (imp)   ze van gedachten .

6 zeggen (imp)   De politie
   meemaken (plusq)   dat ze nog nooit eerder zoiets .

7 veronderstellen (pres)   Een rechercheur
   trainen (perf passief)   dat de hond als tasjesdief.

14 ●

Vul een van de volgende **conjuncties** in: *wanneer, als, dat, hoewel, maar, of, omdat, toen.*

1 ~~Toen~~ *Als* Corry vroeger van huis ging, deed ze nooit haar voordeur en haar balkondeuren op slot, *hoewel* iedereen haar voor inbraak had gewaarschuwd.

2 Ze dacht er niet aan *dat* er ook bij haar weleens ingebroken kon worden.

3 Ze betwijfelde *of* er bij haar iets te halen was voor een inbreker.

Toen 4 ~~Als~~ ze echter dinsdagavond thuiskwam, vond ze alle deuren open en ze zag *dat* iemand veel rommel in haar huis had gemaakt.

5 Ze liep meteen naar de buren, *omdat* ze bang was *dat* er nog iemand in haar huis was, *maar* dat was natuurlijk niet het geval.

6 Corry constateerde *dat* ze alleen geld meegenomen hadden.

7 Na deze inbraak doet ze wel steeds de deur op slot, zelfs *als* ze alleen maar even naar de buren gaat om een praatje te maken.

15 ●●

Woordvolgorde

In de volgende tekst klopt de structuur van de zinnen niet.
Kunt u de zinsdelen in de goede volgorde plaatsen?
(Bij de meeste zinnen zijn er twee manieren)

1 is - in ons huis - er - vannacht - ingebroken.

2 naar binnen - is - via de balkondeur - de inbreker - gekomen.

3 zijn - een doosje sieraden - en - de videorecorder - gestolen.

4 de politie - hebben - direct - gebeld - we - vanochtend vroeg.

5 stond - een politieman - er - voor de deur - een half uur later.

6 van de diefstal - aangifte gedaan - hebben - bij de politieman - we.

7 hij - daarna - heel goed - onderzocht - heeft - onze woonkamer.

8 hij - een rapport - van de situatie - tenslotte - opgemaakt - heeft.

9 opnemen - met onze verzekering - moeten - we - zo snel mogelijk - contact.

10 de schade - we hopen dat - snel - vergoed - door de verzekering - wordt.

LUISTEREN

16

Lucas Zelnicek is in Praag, in Tsjechië, geboren. Toen hij 4 jaar was, is zijn moeder hertrouwd met een Nederlandse man en vertrok het gezin naar Nederland. Nu hij volwassen is, is hij weer teruggegaan naar zijn vaderland en woont hij weer in Praag. Samen met de interviewer bezoekt hij een paar plekken uit zijn jeugd en vertelt erover.

1 Welke twee plekken uit zijn jeugd bezoekt Lucas samen met de interviewer?
2 Wat vertelt hij over die plekken? Beantwoord daarbij de volgende vragen: Hoe oud was hij toen hij er kwam, hoe vaak kwam hij er, wat deed hij er en met wie?
3 Wat zegt de conciërge van zijn oude school over de schoolkinderen van nu?
4 Is hij van plan om voor altijd in Praag te blijven wonen?
5 Welke gedachte had Lucas vanaf zijn 18e jaar?

SPREKEN

17

1 U belt uw verzekeringskantoor om informatie te vragen over uw autoverzekering. U vraagt naar de heer Pieters, uw contactpersoon. U wordt drie keer doorverbonden, en u krijgt steeds iemand anders aan de lijn, dus u moet uw vraag ook steeds weer herhalen. De vierde keer hoort u: 'Met Jongma, kan ik u helpen?' Wat zegt u?

2 U belt de informatielijn van PTT-telecom om wat te vragen over de kosten van een telefoonaansluiting. Eerst hoort u een bandje met achtergrondmuziek en de tekst: 'Alle lijnen zijn op dit moment in gesprek. Even geduld alstublieft.' Na vijf minuten krijgt u eindelijk iemand 'live' aan de lijn. Deze persoon zegt: 'U bent bijna aan de beurt, hoor, maar kunt u nog even wachten?' Wat zegt u?

3   U belt het nummer van een kennis, maar u krijgt iemand aan de lijn die u hele-
     maal niet kent. U verontschuldigt zich en verbreekt de verbinding. U probeert
     nog een keer uw kennis te bellen, maar opnieuw krijgt u die vreemde persoon aan
     de lijn. Wat zegt u?

4   U wilt net gaan eten, als de telefoon gaat. U neemt op en u hoort het volgende:
     'Dag, meneer/ mevrouw, u spreekt met De Boer van bureau Interview. Wij doen
     een onderzoek naar het dagelijkse koopgedrag van de gemiddelde consument.
     Mag ik u een paar vragen stellen? Het kost u maar een kwartiertje.' Wat zegt u?

5   De telefoon gaat en u neemt op. U krijgt een monteur van uw garage aan de lijn.
     Hij zegt dat uw auto, die u voor reparatie naar de garage had gebracht, klaar is.
     U vraagt naar de kosten van de reparatie. De kosten zijn hoger dan was afgespro-
     ken, omdat men nog iets extra's heeft vervangen. Daarover is niet met u overlegd.
     Wat zegt u?

18 ● ●

Bekijk samen met een medecursist onderstaande illustratie. Beschrijf wat u ziet. Noem daarbij
zoveel mogelijk details. Wat wil de illustrator zeggen met deze tekening, denkt u?

SCHRIJVEN

19 ●

Beschrijf een jeugdherinnering. U kunt bijvoorbeeld denken aan:

* Een spel dat u altijd speelde. Met wie speelde u? Waar speelde u?
  Gaf het bijvoorbeeld problemen met de buren als u dat spel speelde?
* Een wens die u had. Wat was uw wens? Waarom wilde u dat graag?
  Werd uw wens vervuld? Waarom wel / niet?
* Uw liefste speelgoed. Wat was het? Hoe kwam u eraan (cadeau gekregen, zelf gemaakt)?
  Waarom was het zo'n fijn speelgoed? Hebt u er iets mee geleerd waar u nog steeds profijt van hebt?

20 ● ●

Agressie op straat

Het 'zinloze geweld' in de uitgaanscentra krijgt veel aandacht, terwijl agressie in de woonwijken en in het verkeer veel vaker voorkomen.

Waar komt 'zinloos geweld'* op straat voor?

School 2,6 % — Openbaar vervoer 1,7 %
Winkelcentra 5,5 % — Anders 4,5 %
5,5 %
Uitgaanscentra 19,2 % — Woonwijk 34,5 %
19,2 % — 34,5 %
24,4 %
Verkeer 24,4 %

* Zinloos geweld is geweld tussen mensen die elkaar niet kennen.

U leest regelmatig berichtjes in de krant over agressie en geweld. Over bushokjes die vernield worden, mensen die in elkaar geslagen worden, enzovoort. Nu heeft u gemerkt dat er ook in uw buurt allerlei dingen gebeuren. Gisteravond heeft u dat zelf ondervonden doordat de telefooncel kapot was terwijl u moest bellen. Men had gewoon het hele apparaat kapot gemaakt! Iemand had wel gezien wie dat had gedaan, maar durfde niet eens de politie te bellen.

Schrijf een ingezonden brief naar een krant waarin u duidelijk maakt dat u het verschrikkelijk vindt wat er allemaal gebeurt. Beschrijf een paar dingen die u heeft opgemerkt en roep mensen op in het vervolg iets te gaan doen.

U kunt gebruik maken van de volgende punten.

* telefooncellen zijn kapot
* fietsen worden gestolen
* straatverlichting is kapot
* mensen voelen zich onveilig op straat
* mensen moeten elkaar helpen

LEZEN / SPREKEN

21 ●

Kinderspel

1 Sinds enige tijd heb ik een bijbaantje als postbode, toevallig in de buurt waar ik
vrijwel mijn hele jeugd heb doorgebracht. In de mij zo bekende straten en steegjes
lijkt weinig veranderd. De huisjes zijn nog steeds van net na de oorlog*, het
plantsoentje, de straatjes met de ouderwetse klinkers, en de oude brandweer-
5 toren steekt nog altijd hoog boven alles uit.
Alles lijkt dus bij het oude gebleven - tot me opvalt dat ik geen kinderen op straat
zie. Geen partijtjes voetbal, geen tekeningen met krijt op de stoeptegels, geen
door de jeugd georganiseerde Olympische Spelen met zelfgemaakte medailles,
geen kinderen die met iets te grote boodschappentassen richting winkelcentrum
10 zeulen, geen boomhutten, geen hinkelende meisjes (zou iemand dat spel nog kennen?), geen skelters, geen pubers met hun eerste brommer of liefje, geen knikker-
putjes, geen bellen waaraan getrokken wordt, geen jengelende peuters nadat ze
gevallen zijn, geen stiekem rokende jongens, geen roddelende meisjes, geen zelf-
gefabriceerde racefietsen, (met omgedraaid stuur), geen glijpartijen op een stuk
15 karton van de dijk af - helemaal niets van dat alles.
Hoe zou dat komen? Is hier sprake van een plaatselijke vorm van vergrijzing, zien
we hier het doorslaande succes van voorbehoedmiddelen, of zou er in dit stukje
van Nederland niet worden ingeënt tegen kinderziekten? Volgens mij niets van
dit alles. De jeugd heeft haar interessen verlegd. Playstation, pc, en video worden
20 veel aantrekkelijker gevonden dan voetballen op straat.
Een beetje melancholiek loop ik langs nummer 11, waar we tien jaar hebben gewoond. Uiterlijk is er niets veranderd, maar toch lijkt het of het huis een beetje
doodgegaan is, sinds het vertrek van mijn broertjes, zusje en mijzelf. Ik begin me
zowaar een oude lul te voelen, na zoveel gezeur over vroeger. Maar het vreemde
25 is: ik ben pas 26.

    *   net na de oorlog = ± 1950 (na de Tweede Wereldoorlog)

OPDRACHTEN

1   De schrijver is een beetje melancholiek. Waarom?

2   Op de volgende pagina staat een lijst van de in de tekst genoemde kinderspel-
letjes. Overleg met medecursisten, kijk eventueel in een woordenboek: Welke
spelletjes kent u? Kunt u de betekenissen raden of zich voorstellen hoe het spel
gaat?

- Straatvoetballen
- Tekenen op de stoeptegels
- Boomhutten bouwen
- Hinkelen
- Rijden met een skelter
- Knikkeren
- Belletje trekken
- Ergens vanaf glijden op een stuk karton
- Kinder- Olympische Spelen

3   Welke spelletjes deed u vroeger op straat?

22   ● ●

Ook aandacht voor de jeugd als die géén problemen veroorzaakt

1   Ook westerse kinderen met kamers vol speelgoed en alle computerspelletjes van
de wereld hebben soms reden tot klagen. Naar frisse lucht bijvoorbeeld kunnen
ze fluiten. 'Overlast van vervuilde lucht wordt doorgaans gemeten op gezichts-
hoogte van een gemiddelde volwassen man. Je zou eens moeten meten op buggy-
5   hoogte. Kinderen krijgen uitlaatgassen van auto's direct in hun gezicht terwijl
hun lichaam veel minder kan verwerken.'
Dat zegt Ankie Vandekerckhove, sinds twee jaar 'kinderrechtencommissaris' in
Vlaanderen. Zij ziet toe op naleving van het Internationaal Verdrag inzake de
rechten van het kind.
10   Vandekerckhove is eraan gewend dat er sceptisch over de kinderrechten wordt
gesproken. Veel ouders staan er zelfs vijandig tegenover. Westerse kinderen zouden het veel te goed hebben en zouden een toontje lager mogen zingen. Iedereen
houdt van zijn eigen kind, maar over kinderen als groep wordt negatief gedacht.
Ze zijn te druk, te lawaaiig. In een restaurant word je met kinderen weggekeken.
15   Jongeren lijken per definitie voor overlast te zorgen.
Maar Vandekerckhove wil ook aandacht voor de jeugd die geen problemen lijkt
te hebben en die geen problemen veroorzaakt. Behalve geen schone lucht hebben
kinderen ook niet genoeg ruimte om te spelen, en de jeugd heeft geen ruimte om
rond te hangen.
20   Nog vaak wordt kinderen niet om hun mening gevraagd bij regelingen rond de
echtscheiding van hun ouders, ook al hebben ze daar recht op. En verder zou het
slaan van kinderen bij de wet verboden moeten worden.
Sommige ouders zullen vinden dat de overheid zich dan teveel met hun privézaken bemoeit.

25   Maar Vandenkerckhove wijst in dit verband op Zweden, waar slaan al langer
verboden is. 'Ouders die willen meppen hebben gewoon pech', aldus Vanden-
kerkhove, 'want het Internationaal Verdrag is een bindende norm en telt zelfs
zwaarder dan nationale wetgeving.'

OPDRACHTEN

a   Zoek op:
Daar kun je naar fluiten   (in: Naar frisse lucht kunnen ze fluiten)
Een toontje lager zingen   (in: Westerse kinderen zouden een toontje lager mogen zingen)
Je wordt weggekeken   (in: in een restaurant wordt je met kinderen weggekeken)

b   Met welke uitspraken is Ankie Vandekerckhove het eens, en met welke niet?
1   Westerse kinderen hebben het veel te goed; ze hebben geen reden tot klagen.
2   Westerse kinderen hebben niet genoeg frisse lucht en gebrek aan speelruimte.
3   Kinderen en jongeren in groepen zorgen per definitie voor overlast.
4   Het slaan van kinderen moet bij de wet verboden worden.
5   De overheid moet zich niet zoveel met privézaken bemoeien.

c   Geef nu zelf uw mening over bovenstaande uitspraken.
Discussieer erover met uw medecursisten.

BUITEN HET BOEKJE

23
Wilt u nog meer weten over Nederland, Nederlands, de Nederlanders? U vindt van alles en
nog wat op het volgende adres:

www.ned.univie.ac.at/non/landeskunde/nl/index.htm

Veel plezier!

Appendix 1

TEKST 1 - 2

Interview met Ruud Matthee in de Verenigde Staten.

Interviewer

Tijdens je studietijd heb je zeker wel kennis gemaakt met het uitgaansleven in de Verenigde Staten. Je woonde toen in LA, heb je daar dan ruige kroegen bezocht?

Ruud

Nou nee. Cafés zoals die in Nederland zoveel voorkomen zijn er niet veel in de Verenigde Staten. Het is er meestal ook niet zo gezellig als in de gemiddelde Nederlandse kroeg, met name het interieur is ongezellig. In een Amerikaans café of bar staat steevast de televisie aan, en die is altijd afgestemd op een sportzender.

Amerikanen zijn ook niet zulke kroegtijgers, en het Nederlandse 'stappen' in het weekend is nauwelijks bekend. Het geven van rondjes ten slotte is volstrekt onbekend, iedereen betaalt voor zichzelf.

Interviewer

Dus geen cafés?

Ruud

Nou ja, er zijn uitzonderingen . Er zijn plaatsen waar van oudsher veel Ieren en Britten wonen, zoals New York of Boston, of universiteitssteden, waar cafés veelal rond de campus geconcentreerd zijn. Maar zelfs daar zijn er verschillen.

Interviewer

Je vraagt je af wat de Amerikanen dan in hun vrije tijd doen. Gaan ze helemaal niet uit?

Ruud

Jawel, maar uitgaan in de Verenigde Staten verschilt nogal van de manier waarop Nederlanders dat doen. In de eerste plaats betekent dat voor de gemiddelde Amerikaan uit eten gaan, wat veel gedaan wordt. Amerikanen gaan dan vooral naar zogenaamde fast food restaurants om daar alleen of met de hele familie voor weinig geld en snel een maaltijd van voorspelbare kwaliteit te eten, vaak dingen zoals hamburgers en zo.

Interviewer

Nou, je klinkt niet erg enthousiast, treurigheid troef, als ik je zo hoor!

Ruud

Nou, echt uit eten gaan kan natuurlijk ook. In een Amerikaans restaurant ga je, anders dan in Nederland, na binnenkomst nooit zelf aan een tafel zitten. Bij de ingang word je geacht te wachten tot de receptionist je naar een tafel begeleidt. Afrekenen is ook wennen. Aan de rekening wordt altijd belasting toegevoegd - zo'n 6 procent; de hoogte varieert per staat - en daar bovenop verwacht men nog bedieningsgeld, een fooi, net als in Nederland, maar veel hoger: pakweg 15 procent. Al met al is de rekening altijd een stuk hoger dan je op het eerste gezicht zou verwachten.

Interviewer

En verder?

Ruud

Nou ja, zo treurig is het nu ook weer niet, anders was ik hier natuurlijk allang weg. Mensen zijn heel erg gastvrij, en uitgaan is dan ook vaak bij elkaar thuis komen. In Nederland kom je ook bij elkaar thuis, maar dat wordt niet als uitgaan gezien. En verder is Amerika natuurlijk het land van de films en grote shows, daar kunnen ze in Nederland nog wat van leren. Ze worden trouwens ook vaak voor Nederland overgenomen en vertaald, zoals Cats en zo.

TEKST 2 - 2

Interview met Hans van Krechten in Wellington, Nieuw Zeeland.

Interviewer

Hans van Krechten, ik blijf nog even bij het weer. Het is nu half augustus, het is bij ons nog lekker warm, jij mailt ons dat in Nieuw Zeeland de winter bijna afgelopen is. Hoe is die winter trouwens bij jullie?

Hans

Nou, ik vind dat het de laatste tijd aardig koud is geweest, maar de meteorologen zeggen dat de lente eraan komt, dat het zeewater relatief warm is en dat de hele koude periodes nu wel voorbij zijn. En dat is met name jammer voor de skiplaatsen, zowel op het Noorder- als op het Zuidereiland. De skiplaatsen op het Noordereiland hebben toch al een moeilijke periode achter de rug, want in de afgelopen drie, vier jaar is het weer vaak te warm geweest en bovendien zijn twee skiseizoenen uitgevallen door vulkaanuitbarstingen en ook op het Zuidereiland lijkt het erop dat het skiseizoen erg kort zal zijn, dus eh ...

Interviewer

Maar gewoon in de steden of aan het water, jij zit toch aan het water, hè, of vergis ik me? Hoe is daar de winter?

Hans

Nou, ik woon in Wellington en, eh, de winter is op zich een stuk warmer dan in Nederland. Maar Wellington wordt ook wel 'the windy city', dus, de winderige stad in Nieuw Zeeland genoemd, want het kan hier echt ongelofelijk hard waaien. Als de wind uit het zuiden komt dan is er eigenlijk niks tussen Wellington en de zuidpool, en, ja, dan kan het bijzonder guur zijn. Nou, ik moet zeggen, ik ben een aantal keren verkouden geweest deze winter en ik ben dan ook zeer ingenomen met het bericht dat de lente eraan komt.

Interviewer

Hé, ik zat me af te vragen, de winter wordt bij ons toch een beetje onderbroken door die huiselijke gezelligheid van de maand december met Sinterklaas en Kerstmis en al dat soort dingen. Dat hebben jullie niet. Duurt die winter daardoor bij jullie niet veel langer?

Hans

Ja, zo voelt het soms wel aan. Ik moet zeggen dat ik in de Nieuw-Zeelandse winter ook vaak voor een paar weken naar Nederland kom om daar een paar weken zomer mee te pikken, maar dit jaar gebeurde dat niet en dan is de winter ook behoorlijk lang. Er zijn niet van die hoogtepunten zoals Sinterklaas en Kerst, maar er wordt hier wel een alternatief Kerstfeest gevierd, zo rond de kortste dag. Men is dan ook blij dat het ergste erop zit wat betreft het gebrek aan daglicht en dat de dagen weer langer worden. Er zijn dus een hoop van die alternatieve Kerstfeesten en diners en activiteiten zoals het zwemmen midden in de winter, wat natuurlijk ontzettend koud is maar waar mensen toch wel plezier aan beleven.

Interviewer

Ja, ja. Nou, ik kan het me niet echt voorstellen, maar in Nederland heb je ook van die gekken die op 1 januari een duik in de Noordzee nemen! Hans, bedankt voor je toelichting.

TEKST 3 - 2

Interview met Jacintha Hin in Tokyo, Japan.

Interviewer

Ik ga naar Jacintha Hin in Tokyo, in Japan. Wat beheerst bij jullie het nieuws, Jacintha? Of is er niet een speciaal ding?

Jacintha

Ja, het is een beetje komkommertijd hier in het nieuws, er is niet iets speciaals. Maar wat het nieuws vandaag beheerst, is dat er vier Japanners zijn gegijzeld, in eh, ik zal het hier niet noemen, ergens heel ver weg. Ja, daar wordt momenteel veel over gesproken in het nieuws. En ik weet niet hoe dat gaat aflopen. In datzelfde gebied is een aantal maanden geleden een Japanner vermoord, dus men is nu ook erg ongerust over het lot van die gegijzelden.

Interviewer

Ja, ja. En de afgelopen tijd?

Jacintha

Ja, eh, wat het nieuws de afgelopen weken erg beheerst heeft hier is een lokale tragedie. Er is een hele grote groep kampeerders om het leven gekomen. Dat was een week of twee geleden, toen waren er dicht bij Tokyo vreselijke regenbuien, precies in de week dat de meeste Japanners op vakantie zijn. En er is een volledige groep, met een aantal families met kinderen, door een rivier die overstroomd is, weggespoeld. Dit soort dingen komt weinig voor in Japan, dus dat is vrij schokkend.

Dat heeft de Japanners de afgelopen weken in de ban gehouden, ook omdat er elke dag een nieuw lijk wordt gevonden.

Interviewer

Ja ja, je zegt dat zoiets bijna nooit gebeurt in Japan. Komt dat omdat dat soort extreme weersomstandigheden zich nooit voordoen?

Jacintha

Nou, extreme weersomstandigheden wel, maar wat ik opmerkelijk vind, is dat de Japanners geen mensen zijn die het avontuur zoeken. Je doet, als je op vakantie gaat, zo veilig mogelijk. Het gebeurt dus bijna nooit dat een hele groep ergens gaat staan waar het niet veilig is. Dat is opvallend. Het is hun eigen schuld, en dat maakt het nog veel tragischer.

Interviewer

En over de aardbevingen in Turkije, bij ons staan de kranten er dagenlang vol van. Is dat bij jullie ook zo?

Jacintha

Ja dat is hier ook zo, absoluut. Omdat hier in Tokyo iedereen zich realiseert: dat kan hier bij ons ook gebeuren, elk moment.

TEKST 4 - 2

Interview met Mirjam Elderhorst in Kampala, Oeganda.

Interviewer

Mirjam Elderhorst woont en werkt in Kampala, de hoofdstad van Oeganda, als medewerker van een ontwikkelingsorganisatie. Hun kantoor is gevestigd in het gebouw van de Belgische ambassade, een verschrikkelijk modern gebouw in het centrum van Kampala, of ja, verschrikkelijk, dat klinkt misschien een beetje negatief. Laten we zeggen, een monumentaal gebouw, een monumentaal modern gebouw in het centrum van Kampala.

Mirjam

Ja, in dit gebouw is onder andere de Belgische ambassade gevestigd en ook een afdeling ontwikkelingssamenwerking en daar ben ik dus werkzaam.

Interviewer

En een lift zowaar! De eerste lift die ik hier zie.

Mirjam

Ja, het is wel afwachten of de stroom niet uitvalt, maar ik neem aan dat ze daarvoor wel iets hebben, een of andere noodvoorziening.

De minister van Buitenlandse Zaken van de Verenigde Staten, Mevrouw Allbright, was hier een paar maanden geleden op bezoek, en gelukkig had ze net de lift verlaten toen de lift blokkeerde vanwege een probleem met de elektriciteit. Niks bijzonders eigenlijk, maar de volgende dag stond het wel in de krant.

Interviewer

Ah, een bureau, een computer ook hier, en achter je bureau hangt een affiche, die je ook op straat kunt kopen heb ik begrepen hé, die affiches met alle ministers erop, de minister-president natuurlijk helemaal bovenaan, links en rechts de ministers, maar er is toch ontzettend veel veranderd de afgelopen week, dus het klopt allemaal niet meer.

Mirjam

Nee, inderdaad, de samenstelling van het kabinet is totaal veranderd. Vorige week heeft de minister-president van de ene op de andere dag, althans, die indruk kregen we via de kranten, heeft hij dus tien ministers en een aantal staatssecretarissen vervangen.

Interviewer

Dan mis je ineens al je contacten, want je hebt ze allemaal wel eens gezien, die mensen die nu ontslagen zijn.

Mirjam

Ja, die kwam ik regelmatig tegen op vergaderingen en recepties.

Interviewer

Dus je krijgt nu met allemaal andere ministers te maken. Dat gaat dus allemaal veranderen. Waarom moesten ze eigenlijk weg?

Mirjam

Nou, het afgelopen jaar zijn er nogal wat problemen geweest met ministers en staatssecretarissen. Het parlement kan sinds kort een motie van wantrouwen uitbrengen jegens een minister of staatssecretaris.

Interviewer

Heel democratisch.

Mirjam

Zeker, heel democratisch, alleen, zo'n minister kreeg dan wel een motie van wantrouwen tegenover zich, maar vervolgens gebeurde er helemaal niks. Hij kon gewoon blijven zitten.

Interviewer

Het lijkt wel Nederland bijna!

Mirjam

Maar de roep van het volk is sterk. Je kan wel die ministers aanklagen maar de burgers willen dan ook dat er maatregelen genomen worden. Dus ik denk dat de premier daarom heeft besloten: 'Nu neem ik ook echt maatregelen, die mensen gaan er gewoon uit.' En we zien wel of ze nog terugkeren op andere posten binnen de regering. Ik denk eigenlijk niet dat ze terugkomen in het kabinet, maar je ziet ze wel vaak terugkomen in het parlement.

TEKST 5 - 2

Interview met Jaap Stam in Manchester, Engeland.

Interviewer

Jaap, het lijkt wel een jongensdroom die uitgekomen is. In Nederland kwam je al op jonge leeftijd bij topclub PSV. En dan op je 25e al gecontracteerd door Manchester United.

Jaap

Ja inderdaad, het is allemaal erg snel gegaan. Als jochie kijk je enorm op tegen die profs, zeker als ze in het buitenland voetballen. Ik vond het al een hele eer dat ik op 18-jarige leeftijd profvoetballer kon worden. Je kunt je dan natuurlijk niet voorstellen dat je een aantal jaren later bij een Engelse topclub speelt.

Interviewer

Ja, je bent nu 27 jaar, en je hebt eigenlijk alles al meegemaakt, je hebt zo'n beetje alles bereikt wat een voetballer kan bereiken. Nederlands kampioen met PSV, in Engeland twee landstitels en de Champions league met Manchester United. In het Nederlands elftal heb je een basisplaats als centrumverdediger. Wat voor gevoel geeft je dat?

Jaap

Ja, dat is fantastisch natuurlijk. Maar een kampioenschap went gelukkig nooit. Het blijft geweldig, of je nou voor het eerst kampioen wordt of voor de zoveelste keer. Tja, en je zegt nu wel dat ik alles heb bereikt wat een voetballer kan bereiken, maar met het Nederlands elftal heb ik nog geen grote prijs gewonnen. Iedereen dacht dat wij tijdens het EK, het Europees Kampioenschap in juni 2000, dat wij in eigen land wel even Europees kampioen zouden worden. Nou, zoals iedereen heeft kunnen zien, dat is helaas niet gelukt.

Interviewer

Nee, inderdaad. Iets anders dan. Hoe bevalt het leven je hier in Engeland?

Jaap

Heel goed. Het leven is hier prima en de mensen zijn allemaal erg aardig. Het is wel wat moeilijk om anoniem te blijven. Kijk, in Nederland kon ik nog over straat lopen zonder door iedereen aangesproken te worden, maar hier in Manchester lukt dat niet. Handtekeningen uitdelen, met iedereen op de foto, een praatje hier, een praatje daar. Tja, dat is best leuk als je ervoor in de stemming bent, maar je wordt er ook wel erg moe van.

Interviewer

En het werk zelf, het voetballen?

Jaap

Nou, dat is vrij zwaar, moet ik zeggen. De prestatiedruk is enorm, zeker voor een voetballer die voor zoveel geld is gekocht. En als je hier slecht presteert, nou, dan word je afgemaakt in de kranten. Gelukkig heb ik dat nog niet vaak meegemaakt. En het publiek, dat is hier fantastisch. Het stadion is meestal uitverkocht, en de fans leven veel intenser mee met hun club dan de Nederlandse supporters. Jammer dat die Engelse supporter zo'n slechte reputatie heeft door het wangedrag van zo'n kleine groep hooligans in het buitenland. Maar de meeste supporters hier in Engeland gedragen zich prima en steunen de club door dik en dun.

Interviewer

Over geld gesproken. Je verdient nu een riant salaris, neem ik aan. Ben je daardoor een ander mens geworden?

Jaap

Tja, dat kun je beter aan anderen vragen, aan de mensen in mijn omgeving.

Interviewer

Daar heb je zelf toch ook wel een idee over?

Jaap

Nou ja, ik kan me natuurlijk veel meer veroorloven dan vroeger, en ik ben beroemd geworden, maar of ik nou echt veranderd ben? Nee, nee, dat denk ik niet. Eigenlijk ben ik nog steeds die gewone jongen uit Kampen. Kijk, mijn moeder zei altijd tegen me: 'Maak geen show van je leven, Jaap.' Nou, dat vind ik ook . Aan dat principe probeer ik vast te houden.

Interviewer

Dat is een nobel streven. Jaap, bedankt voor dit gesprek en succes met je verdere carrière.

Jaap

Bedankt.

TEKST 6 - 2

Interview met Eva Breukink in Willemstad, op Curaçao.

Interviewer

Toen je hier kwam, hè, je kwam niet in de grote stad, in Willemstad, maar in een klein dorpje terecht, Hoe woonden jullie daar?

Eva

Ja, wij woonden daar in Boca Sint Michiel, dat is eigenlijk een van de weinige echte dorpjes nog, een oud vissersdorpje, en daar woonden we dus midden tussen de Antillianen, mensen die elkaar allemaal kenden. Ja zie je, je leeft met en door elkaar, dus mensen zien gewoon wat je doet, want je leeft buiten. Naast ons woonde een oude man, die noemden ze de 'burgemeester' van Boca, dus die wist meteen alle inside-stories aan ons te vertellen. Nou en die zat ook regelmatig bij ons, en dan moesten we weer een fles whisky tevoorschijn halen, dat was altijd heel gezellig. En, eh, ook heel veel feestjes, een hele leuke tijd heb ik daar gehad.

Interviewer

Nu woon je in Willemstad, in de hoofdstad van Curaçao, hoe woon je daar?

Eva

Ja, Willemstad heeft eigenlijk twee delen, Punda en Otrabanda, en ik woon in Otrabanda. Nou, Otrabanda, een deel van Otrabanda is eigenlijk nogal vervallen, daar zijn vooral oude huizen die leeg staan. Maar ik woon gelukkig nog net in zo'n straatje waar de huizen nog in redelijke staat zijn, en waar de mensen elkaar nog kennen, mensen die daar al jaren, generaties lang wonen. Vlakbij een grote kerk, dus, eh, ja, een heel gezellig buurtje eigenlijk.

Interviewer

Je bent hier gekomen vanwege je studie en later ben je gaan werken. Je spreekt de taal, heb je hier nou veel contact met Antillianen, of blijf je toch hangen in kringetjes van

Nederlandse mensen die hier soms voor even of soms voor langere tijd komen?

Eva

Nou, de eerste paar jaar, toen ik dus als student hier kwam, toen hadden we vooral veel contact met andere studenten en dat waren over het algemeen wel allemaal Nederlanders, ja. Nou, dat is een tijdje zo gebleven, maar op een gegeven moment merk je dat die mensen steeds weer weggaan. Die zijn hier allemaal tijdelijk, en dan ga je vanzelf eigenlijk contact zoeken met mensen die hier wonen en leven.

Interviewer

Want anders loop je continu afscheid te nemen.

Eva

Ja, dan loop je steeds afscheid te nemen. Dan moet je steeds weer proberen vrienden te maken, ja, en misschien als je wat ouder wordt, dan gaat dat ook niet meer zo soepeltjes. Dus nu heb ik eigenlijk meer Antilliaanse vrienden hier dan Nederlandse.

Interviewer

Heb je soms heimwee naar Nederland?

Eva

Nou, soms wel. Weet je, vooral in deze tijd. In Nederland is het nu heel lang licht 's avonds, en kun je, als het mooi weer is, buiten op een terrasje zitten. Dat mis ik wel, want hier is het om zeven uur donker, en overdag is het gewoon te warm. Je hebt hier toch niet die gezelligheid die een stad in Nederland heeft, vind ik. Je hebt hier wel leuke plekjes om te zitten, maar die mensenmassa's die voorbijlopen als je op een Nederlands terrasje zit, dat mis ik soms wel, ja.

TEKST 7 - 2

Petra van der Horst vertelt over haar relatie met een Afrikaanse man.

Petra

Mensen reageren verbaasd als ze horen dat je een buitenlandse partner hebt. En in de vragen die ze stellen klinkt bijna altijd bezorgdheid door: 'Gaat het wel goed?' Of: 'Helpt hij wel mee in het huishouden?' De meeste mensen gaan er blijkbaar vanuit dat een relatie met een buitenlandse man problematisch is.

Mijn mening is dat iemands karakter veel belangrijker is dan zijn cultuur. Iemands karakter bepaalt immers ook hoe hij met zijn cultuur omgaat. Is iemand bijvoorbeeld nogal star en houdt hij strikt vast aan de patronen van zijn eigen cultuur, of staat hij juist open voor nieuwe dingen? In een bi-culturele relatie sta je als het goed is open voor elkaars cultuur. Ik heb een relatie met een Afrikaanse man en ik heb zelf veel mooie dingen in de cultuur van mijn partner ontdekt. Tegelijkertijd word je je bewust van de mooie en minder mooie aspecten van je eigen cultuur. De kunst is om de mooie dingen uit beide culturen met elkaar te combineren.

De twijfels en de bezorgdheid die veel mensen bij een relatie als de onze hebben, komen vooral voort uit onwetendheid. Nederlanders weten nog steeds zo weinig van buitenlanders, ook al zijn ze vaak genoeg elkaars buren. Er wordt simpelweg niet bij nagedacht dat een relatie met een buitenlandse man ook een verrijking in je leven kan zijn.

TEKST 7 - 3
Interview met Albert Goutbeek in Tanzania.

Interviewer
Albert, jij bent 'dependent', zoals dat in 'goed' Nederlands genoemd wordt. Je vriendin werkt in Tanzania, en jij bent als niet-werkende partner met haar meegegaan. Eigenlijk ben je een beetje een uitzondering, omdat het meestal de vrouw is die meegaat als 'dependent' van haar man. Wordt daar nou raar tegenaan gekeken dat jij een man bent en 'dependent'?

Albert
Uh, nee. Ik heb dat idee zelf niet. Ik had in het begin eigenlijk ook verwacht van de Tanzanianen, van de Afrikaanse Tanzanianen, dat die dat misschien raar zouden vinden. Dan heb je, als je uit Nederland komt, zo'n gek idee van, nou, ze zullen daar in dat opzicht nog wel wat traditioneler zijn dan hier bij ons, maar in feite is dat helemaal niet zo. Inmiddels weet ik ook dat Nederland het wat emancipatie betreft ongeveer het slechtste doet van heel Europa. Ik heb het idee, en dat is ook mijn ervaring hier, dat juist Nederlanders eerder naar mij toe komen om te vragen wat ik nou doe, en er vanuit gaan dat mijn vrouw mijn 'dependent' is in plaats van andersom. Tja, als ik er zo over nadenk, Afrikanen stellen mij die vraag eigenlijk zelden. Die vinden het blijkbaar heel normaal dat Jacqueline op kantoor werkt en dat ik een beetje thuis zit en af en toe wat andere dingen doe.

TEKST 8 - 2
FRAGMENT 1
Reacties van enkele Nederlanders op de vraag: 'Zal het Nederlands verdwijnen?'

• Of het Nederlands echt zal verdwijnen, ik denk het niet, nee. Ze zijn er misschien bang voor, al die woorden die ze angliseren of zo, maar goed, ik denk niet dat het echt verdwijnt.

• Ik verwacht juist dat er meer aandacht gaat komen voor de Nederlandse taal in verband met de identiteit van de mensen, hé. Terug naar je eigen wortels en vasthouden wat je hebt.

• Met de eenwording van Europa zullen er steeds meer Engelse, maar ook Franse en Duitse woorden in de Nederlandse taal binnensluipen. Maar als zodanig zal de Nederlandse taal voor het Nederlandse taalgebied wel blijven bestaan. Daar ben ik van overtuigd.

FRAGMENT 2

Interview met Joop van der Horst, historisch taalkundige aan de universiteit van Leuven.

Interviewer

Er zijn pessimisten, die vind je vooral op de opiniepagina's van dagbladen en de ingezonden-brieven-rubrieken, die vinden dat het Nederlands verloedert. Wat vind jij daarvan?

Joop

Ja, ik vind dat helemaal niet. Integendeel, ik denk dat het uitstekend gaat met de Nederlandse taal. Als men over de verloedering van onze taal spreekt, nu dan gaat het soms over dit soort uitspraakverschillen waar we het net over hadden, maar het gaat ook heel vaak over leenwoorden. Er komen te veel leenwoorden …

Interviewer

Engelse woorden …

Joop

… meestal Engelse woorden op dit moment in onze taal. In de eerste plaats: dat valt heel erg mee. We hebben dat soort dingen wel eens uitgezocht. Van iedere honderd nieuwe woorden die er in een nieuw woordenboek weer bij staan, zijn er maar twee of drie die uit het Engels komen en heel de rest is eigenlijk puur Nederlands, zo Nederlands als het maar kan zijn. Bovendien heeft onze taal in het verleden natuurlijk altijd leenwoorden uit andere talen overgenomen: een massa uit het Latijn, een nog veel grotere massa uit het Frans.

In de jaren dertig was men erg bezorgd voor Duitse leenwoorden. Op dit moment zijn het een beetje de Engelse leenwoorden. In de toekomst worden het misschien wel weer eens Duitse leenwoorden. De taal waar men vaak het meest bang voor is, het Engels, bestaat zelf voor de helft uit Franse leenwoorden en dat heeft het Engels geen kwaad gedaan.

Ik ben eigenlijk van mening dat het alleen maar voor de gezondheid van een taal pleit als er veel woorden ontleend worden. Bovendien, je moet ook niet vergeten dat die leenwoorden binnen de kortste keren helemaal vernederlandst worden: in de uitspraak, in de spelling, in de vervoeging, in de verbuiging, enzovoorts, enzovoorts.

Interviewer

In de computertaal bijvoorbeeld het woord 'deleten'. Dan gebruik je 'gedelete'.

Joop

Gedelete, precies. Als je dat 'ge' ervoor plakt, dan maak je het al zo Nederlands als het maar zijn kan, want dat is in het Engels niet het geval. Dus wat dat betreft, een leenwoord is eigenlijk alleen maar de eerste vijftig jaar een leenwoord en op een gegeven moment dan is het zo eigen dat niemand dat meer weet. Wat voor het menselijk geslacht geldt, namelijk dat inteelt heel ongezond is, dat geldt voor een taal eigenlijk ook. Ik denk dat een frisse inbreng van woorden uit andere talen heel vanzelfsprekend is. Bovendien, dat is ook altijd en altijd gebeurd. Die wereld die is alleen maar kleiner geworden. Wij hebben een bijna Europese gemeenschap, we eten voedsel uit de hele wereld. In die situatie kun je natuurlijk niet altijd Katwijks blijven spreken. Het is heel vanzelfsprekend dat de taal in die ontwikkeling meegaat.

Interviewer

En jij bent het, begrijp ik, niet eens met die aartspessimisten die beweren dat het Nederlands binnen een eeuw zelfs helemaal verdwenen zal zijn.

Joop

Absoluut niet. Ja kijk, ik heb ooit eens een keer een schoolopstel van een jongetje gelezen
dat met de eerste zin begon: 'Voorspellen is moeilijk, vooral als het om de toekomst gaat.'
Laten we geen verre toekomstvoorspellingen doen, maar de Nederlandse taal is wat dat
betreft er helemaal niet slecht aan toe. Het is een taal met twintig, eenentwintig miljoen
sprekers, ik heb ze niet precies nageteld, maar dat zijn er toch heel veel. Dat betekent:
het Nederlands is een grote taal. Onder alle talen van de hele wereld mag het Nederlands
er bepaald zijn. Er zijn nog nooit zo veel mensen geweest die Nederlands spraken als nu
het geval is. Er zijn nog nooit zo veel mensen geweest die Nederlands leerden, zowel in
Nederland en België als verderop in de wereld. Er is natuurlijk een massa buitenlanders
die in Nederland en Vlaanderen aankomt en daar Nederlands leert. Bijna overal in de
wereld kun je Nederlands leren. Dus ik denk eigenlijk dat er voor dat pessimisme heel
weinig grond is. Ik zie van buitenaf niet zo veel gevaren eigenlijk voor de Nederlandse
taal.

TEKST 9 - 2
Mohamed Nasr vertelt

Vanochtend werd ik wakker, ik voelde me stijf van de kou. Ik liep naar de radiator om te
voelen of de verwarming het wel deed. Het eerste wat ik zag waren de ijsbloemen op de
ramen van de slaapkamer. Ik schrok me dood. Ik liep naar de zitkamer om te kijken naar
de thermostaat, of die toevallig laag stond. Maar ik zag dat de thermostaat nog behoorlijk hoog stond. Nou, toen ben ik alle radiatoren langsgegaan: allemaal door en door
koud; de waterstandmeter gaf aan: te weinig water.
Ik naar de telefoon, een loodgieter gebeld.

- • Loodgietersbedrijf Van Rosmalen, goedemorgen!
- - Met Nasr. Mijn verwarming is kapot, ik denk dat …
- • Oh, meneer, voor u verder gaat: wij komen nooit door alle aanvragen heen, het heeft
  geen zin dat u het bij ons probeert, hoor. Eh, sorry, het personeel is overbezet. Het is
  beter dat u een ander bedrijf probeert.

Na dit gesprek was ik even uit mijn evenwicht, maar toen dacht ik: een echte Nederlander
is een nuchter mens, hij laat zich niet kennen, hij geeft niet op. Dus ik ging weer door met
bellen, maar kon niemand vinden die me kon helpen met de ellende. Toen dacht ik
opeens aan M'hmet, die Turkse man met wie ik een tijdje in een fabriek gewerkt heb. Hij
woont bij mij in het flatgebouw, op de eerste etage. Ik ging bij hem langs, maar M'hmet

was nog niet thuis. Ik vroeg zijn vrouw of hij bij me langs kon komen. Ze zou het aan hem doorgeven.

Ik zat al uren kleumend in mijn flat, toen er werd gebeld: daar stond M'hmet voor de deur met een tas met gereedschap.

- Je had bij me aangebeld? Wat is het probleem?
- De verwarming doet het niet. Misschien te weinig water, de meter staat nogal laag.
- Nou, dat valt wel mee. Dat is volgens mij niet de oorzaak.
- Nou, je bent wel een vakman.
- Nee hoor, het is niet mijn vak, ik doe het in mijn vrije tijd. Je hoeft niet eens verstand van techniek te hebben, alleen logisch nadenken. Waar staat je verwarmingsketel?
- Die staat bij de trap.
- Eerst effe de electrische stroom meten bij de thermostaat. Nou, hier kan ik in ieder geval geen storing vinden. Eens even denken … Heb je er bezwaar tegen, trouwens, als ik hier rook?
- Nee hoor, wordt het hier misschien nog een beetje warm.
- (praat zachtjes tegen zichzelf) Het niveau van het water is goed. Stroom is ook in orde. De ketel werkt goed, wat is dan het probleem?

Opeens stond hij op, zonder zijn sigaret te hebben opgerookt zoals Nederlanders (de 'kei-harde' werkers) dat doen, liep richting thermostaat, maakte hem open, en ging er een hele tijd op staan blazen.

- Ja, hij doet het, stof in de thermostaat, verder niets!
- Wil je misschien iets drinken?
- Nou, een bakje koffie gaat er altijd in.

U hoort het, wij zijn al echte Nederlanders!

TEKST 10 - 2

Interview met twee immigranten in Nederland: Viborg Hjaltested, afkomstig uit IJsland en Kwame Antwi-Adjel, afkomstig uit Ghana.

Interviewer

Is Nederland een leuk land om in te wonen?

Viborg

Ik liep door Amsterdam en ik dacht: geweldig! Wat is iedereen hier relaxed! Ik geef toe, als je vijf dagen als toerist ergens bent, kun je de mensen niet doorgronden, maar het was de indruk die ik kreeg. En door die indruk ben ik een paar jaar later in Nederland, in Amsterdam, komen wonen.

Kwame

Nou, nee, niet relaxed, de mensen zijn onverschillig, vooral in Amsterdam. Ik zag een keer een paar jongens een tramhalte kapotmaken. Iedereen liep verder, zonder er iets van te zeggen. Ik ook. Omdat het hier niet gebruikelijk is om je ermee te bemoeien. Ze lopen gewoon door. Dat kan je in Ghana absoluut niet maken. Je moet elkaar helpen daar. Als wij iemand zien stelen, gaan we er achteraan.

Interviewer

Dus u vindt Nederland geen goede plaats om uw kinderen op te voeden?

Kwame

Nou ja, je maakt afwegingen: is het voor mijn kinderen hier in Nederland wel of niet beter dan in Ghana? Veel van mijn vrienden hebben dezelfde twijfels. Het is moeilijk.
Je kunt de samenleving niet controleren hier.

Viborg

Ik ben het niet met meneer Kwame eens. Natuurlijk zijn er nadelen, maar geen onoverkomelijke. Amsterdam is misschien wat anders. Het is een heerlijke stad maar niet als je kinderen hebt. Er is gewoon geen ruimte voor ze, en het verkeer is levensgevaarlijk. Ik zag de mensen om mij heen met hun kinderen naar het park gaan alsof ze hun hond uitlieten. Zo kan je een kind toch niet laten opgroeien. Dat moet vrijheid en natuur om zich heen hebben! Daarom ben ik in Noord-Holland in Zaandam gaan wonen. En daar voelden mijn kinderen zich al meteen thuis.

Interviewer

Zijn er belangrijke verschillen in de manier van opvoeden?

Viborg

Nou, ik weet niet. Wat mij wel verbaast is dat Nederlandse kinderen zo onzelfstandig zijn. Kinderen in IJsland kunnen al heel jong voor zichzelf zorgen. Zelfs hele kleine kinderen kleden zich zelf aan, ze maken hun eigen ontbijt en ze zorgen dat ze op tijd naar school gaan. Dat betekent niet dat moeders hier zich niks van hun kinderen aantrekken, maar ze hoeven niet zoals ik dat hier om mij heen zie elke ochtend heen en weer te rennen met sokken en schriften en schooltassen te zoeken, en haren te kammen en om de vijf minuten te roepen: 'Schiet op, anders kom je te laat!'

Kwame

In Ghana schreeuwen wij ook gewoon tegen de kinderen van de buren als ze iets doen wat verboden is. Dat moet je hier niet doen. Maar van mij mogen de buren mijn kinderen best terechtwijzen of een tik geven. Ik zou het wel waarderen, want je wijst ze erop dat ze zich aan de regels moeten houden. Nederlandse kinderen zijn wel weer veel brutaler tegen volwassenen dan bij ons. Voor mij lijkt het net alsof ze geen respect hebben voor ouderen. Ik vraag me soms ook af hoe dat met mijn kinderen zal gaan. Misschien weet ik als volwassene wel hoe ik me in deze samenleving staande moet houden, hoewel ik hier niet ben opgevoed. Maar mijn kinderen? Ik heb een zoon van zeven en een dochtertje van vier jaar. Thuis krijgen ze de Ghanese normen en waarden mee, op school de Nederlandse. Dat werkt niet. De regels zijn anders.

Viborg

Natuurlijk zijn er verschillen, bij ons ook. Het zijn verschillen die je ziet omdat je er met vreemde ogen tegenaan kijkt, maar echt belangrijk zijn ze niet. Zoals ik er wel nooit aan zal wennen dat de mensen hier zo zoenerig zijn. Die drie zoenen als je iemand tegenkomt, wanhopig word ik ervan. Wat hebben ze in Nederland toch tegen gewoon elkaar een hand geven? Maar goed, toen iemand mij de laatste keer dat ik in IJsland was vroeg hoe lang ik nog zou blijven, hoorde ik mezelf zeggen: over een week ga ik weer naar huis! Dat was voor het eerst dat ik me realiseerde hoe ik mij al thuis voel in Nederland.

Appendix 2

GRAMMATICA

Antwoorden op de vragen in de grammaticaparagrafen van les 1 t/m 9.
(Les 10 bevat geen grammaticaparagraaf)

LES 1

4a Herhaling pronomina

CHECK (Bij het tekstje: Wendy is studente bouwkunde. ....)
Naar wie of wat verwijzen de cursieve woorden?

Regel 1:	Zij, Ze = Wendy
Regel 2:	ik, mijn = Wendy
Regel 3:	Ik = Wendy; hem = een jongen
Regel 4:	Hij = een jongen; mij = Wendy; Wij = 4 personen (zie vervolg zin); mijn = Wendy
Regel 5:	ik = Wendy, ons = mijn vriend en ik
Regel 6:	mij = Wendy
Regel 7:	het = biertje

4b Meer over reflexieven

CHECK
Maak onderstaande tabel compleet.

Subjectvorm	reflexief pronomen
ik	me
jij	je
u	u / zich
hij, zij	**zich**
het	zich
wij	**ons**
jullie	je
zij	**zich**

De plaats van het reflexief pronomen in de zin

Hoofdzinnen type 1
- Onderstreep het woord vóór het reflexief pronomen. Wat voor een woord is dat steeds?
  Een verbum (de persoonsvorm).

- Waar staat dus het reflexief pronomen in een normale hoofdzin?
  Achter de persoonsvorm.

  Hoofdzinnen type 2 en 3
- Onderstreep het woord vóór het reflexief pronomen. Wat voor een woord is dat steeds?
  Het subject.
- Waar staat het reflexief pronomen in een hoofdzin met inversie of in een vraagzin?
  Achter het subject.

  Bijzinnen
- Onderstreep het woord vóór het reflexief pronomen. Wat voor een woord is dat steeds?
  Het subject.
- Waar staat het reflexief pronomen in een bijzin?
  Achter het subject.

CHECK
Vul het reflexief pronomen op de juiste plaats in.

Vandaag schrijf ik **me** voor de cursus in.

Wij hebben **ons** gisteren tijdens de borrel niet zo geamuseerd.

Ik denk dat hij **zich** in de datum heeft vergist: het feest was gisteren.

Herinner jij **je** nog waar wij elkaar voor het eerst ontmoet hebben?

Reflexieve verba
- Sommige verba hebben *altijd* een reflexief pronomen.
  Voorbeeld: **zich vergissen**
- Sommige verba kunnen *met* en *zonder* reflexief pronomen voorkomen.
  Voorbeeld: **(zich) wassen**

Het reflexief pronomen 'elkaar'
  18 Annie en Jan helpen *elkaar*.
- Dit betekent: Annie helpt Jan en Jan helpt Annie.
  19 Annie en Jan geven *elkaar* cadeaus.
- Dit betekent: Annie geeft Jan een cadeau en Jan geeft Annie een cadeau.

CHECK
Vul in. Kies uit: *elkaar* of *elkaars*.

U ziet er zo bekend uit. Kennen wij **elkaar**?

Wij zijn samen opgegroeid en kennen **elkaars** familie dus heel goed.

Als begroeting kussen de Nederlanders **elkaar** drie maal op de wangen.

4c   Vergelijken

Inleiding

CHECK

basisvorm	comparatief	superlatief
goed	**beter**	**best**
graag	liever	**liefst**
veel	**meer**	meest
weinig	minder	**minst**

Vergelijking tussen ongelijke zaken

- Vul een tegenstelling in:

  Jong ←→ **oud**   Kort ←→ **lang**

  Goedkoop ←→ **duur**   Klein ←→ **groot**

- Vergelijk de a-zinnen en de b-zinnen. Vul daarna in:

  Jonger dan = **niet zo oud als**

  Goedkoper dan = **niet zo duur als**

  Korter dan = **niet zo lang als**

  Kleiner dan = **niet zo groot als**

- Men kan dus op twee manieren een verschil aanduiden:

  a   Zoals in de a-zinnen met **comparatief + dan**

  b   Zoals in de b-zinnen met de woorden **niet zo** + basisvorm + **als**

Vergelijking tussen gelijke zaken

- Men kan ook op twee manieren aanduiden dat er **geen** verschil is:

  a   Zoals in de zinnen 8 en 9 met de woorden **net zo** + basisvorm + **als**

  b   Zoals in de zinnen 10 en 11 met het woord **even** + basisvorm + **als**

Vergelijking van zaken die met elkaar samenhangen

- Als men twee situaties met elkaar vergelijkt die met elkaar samenhangen (als het ene verandert, verandert het andere ook), gebruikt men de combinatie **hoe** + comparatief, **hoe** + comparatief.

- Welke structuur ziet u in deze zinnen? Kies het goede antwoord: **twee bijzinnen (d)**.

CHECK

Vul in:

Wendy uit tekst 1 zegt dat uitgaan in Nederland **duurder** is **dan** in Guatemala. (duur)

Hoe meer mensen er bij de groep komen, **hoe meer** pilsjes je moet betalen. (veel)

Ruud uit tekst 2 vindt cafés in de VS **niet zo gezellig als** in Nederland. (gezellig)

In Nederland zijn shows als 'Cats' **minder populair dan / even populair als** in Amerika. (populair)

LES 2

4a   Relatief pronomen

type I: die en dat

Antecedent	relatieve bijzin
1 De wind	*die* over de zuidpool waait
2 De maand december	*die* lang, koud en donker is
3 De schaatsers	*die* daar over het ijs gaan
4 De bomen	*die* op het Voorhout staan
5 Het ijs	*dat* op het IJsselmeer ligt
6 Het weer	*dat* hier veel voorkomt

- De woorden *die* en *dat* in de zinnen staan aan het begin van de **relatieve bijzin** en verwijzen naar het **antecedent**. De woorden die en dat noemt men het relatief pronomen.

Die verwijst naar	*Dat* verwijst naar
De wind in voorbeeld 1.	**Het ijs** in voorbeeld 5.
De maand december in voorbeeld 2.	**Het weer** in voorbeeld 6.
De schaatsers in voorbeeld 3.	
De bomen in voorbeeld 4.	

- Wanneer gebruiken we *die* en wanneer gebruiken we *dat*?
  die   verwijst naar **de-woorden in singularis** en naar **alle substantieven in pluralis**
  dat   verwijst naar **het-woorden in singularis**

  De relatieve zin
- Wat voor een type zin volgt na het relatief pronomen?
  Een bijzin.
  Het verbum / alle verba staat / staan aan het **eind** van de zin.
- Onderstreep de relatieve bijzinnen in de volgende voorbeelden (niet het antecedent!).
  7   De wind <u>die over de zuidpool waait</u>, is erg koud.
  8   In de maand december <u>die lang, koud en donker is</u>, vieren we Sinterklaas en Kerstmis.
  9   De schaatsers <u>die daar over het ijs gaan</u>, zijn nog jong.
  10 Door de wind bewogen de bomen <u>die op het Voorhout staan</u>, flink heen en weer.
  11 Het ijs <u>dat op het IJsselmeer ligt</u>, is nog niet dik genoeg om te schaatsen.
  12 Veel buitenlanders vinden het slechte weer <u>dat hier veel voorkomt</u>, niet prettig.

- Meestal staat een bijzin voor of achter de hoofdzin. Wat kunt u zeggen over de plaats van de relatieve zin ten opzichte van de hoofdzin?
  De relatieve zin staat *in* de hoofdzin, direct achter het antecedent.

- Achter welk woord staat de komma?
  Achter het (laatste) verbum van de relatieve bijzin.

type 2: met prepositie

Antecedent	relatieve bijzin
13 De wind	*waar* ik <u>van</u> houd
14 De maand december	*waar* ik <u>naar</u> verlang
15 De schaatsers	*waar* ik <u>naar</u> kijk
16 De bomen	*waar* hij <u>langs</u> reed
17 Het ijs	*waar* zij <u>op</u> schaatsten
18 Het weer	*waar* ik <u>over</u> praat

- Welk verbum staat er in de relatieve zin, en welke prepositie hoort erbij?

verbum	prepositie
13 houden	van
14 verlangen	naar
15 kijken	naar
16 rijden	langs
17 schaatsen	op
18 praten	over

- Welk woord gebruiken wij als relatief pronomen wanneer bij het werkwoord van de relatieve zin een prepositie hoort?
  waar

CHECK
Vul in: *die, dat,* of *waar*

De muziek **die** ik erg mooi vind, is pianomuziek van Shopin.
De muziek **waar** ik ook graag <u>naar</u> luister, is Amerikaanse soul.
Het programma **dat** we gisteren gezien hebben, was interessant.
Het programma **waar** we nu <u>naar</u> kijken, is heel saai.
De boeken **die** de studenten nodig hebben, zijn duur.
De boeken **waar** we <u>mee</u> gaan werken, zijn besteld.

LES 3

4a   De verwijswoorden 'er' en 'daar'.

Inleiding

- Vul in: We kunnen verwijswoorden gebruiken in plaats van **substantieven / woordcombinaties met als hoofdwoord een substantief**. We hoeven dan die woorden niet steeds te herhalen, anders zou de tekst saai worden.

Verwijzen naar een object zonder prepositie

1	Zie je **de krant**?	Ja, ik zie *hem*.	(hem = de krant)
2	Begrijpt hij **de tekst**?	Ja, hij begrijpt *hem*.	(hem = de tekst)
3	Lezen jullie **het krantje**?	Ja, wij lezen *het* elke dag.	(het = het krantje)
4	Koop je **het boek**?	Nee, ik koop *het* nu nog niet.	(het = het boek)
5	Koopt zij **de kranten**?	Nee, zij koopt *ze* niet.	(ze = de kranten)
6	Maak je **de oefeningen**?	Ja, ik maak *ze* vanavond wel.	(ze = de oefeningen)

- In de zinnen rechts verwijs je naar de vetgedrukte woorden links met de woorden **hem** of **het** of **ze**.
- In plaats van een de-woord gebruik je **hem**.
- In plaats van een het-woord gebruik je **het**.
- In plaats van een woord in pluralis gebruik je **ze**.

CHECK

Heb jij die foto op de voorpagina van de krant gezien? Ja ik vind **hem** afschuwelijk.
Heb je dat bericht over de aardbeving gelezen? Nee, Olaf heeft **het** uit de krant geknipt.
Heb jij tijd om twee ochtendbladen te lezen? Nou, meestal lees ik **ze** pas 's avonds.

Verwijzen naar een object met prepositie (1)

7	Kijk je *naar* **het journaal**?	Ja, ik kijk *ernaar*.	(er = het journaal)
8	Luisteren jullie vaak *naar* **de radio**?	Nee, wij luisteren *er* nooit meer *naar*.	(er = radio)
9	Schrijft hij *over* **televisieprogramma's**?	Ja, hij schrijft *er* veel *over*.	(er = tv programma's)

- In de zinnen 7 t/m 9 verwijs je naar de vetgedrukte woorden met het woord *er*.
- Op welke positie in de zin staat dit woord?
  Achter de persoonsvorm.
- Op welke positie in de zin staat de prepositie in de linkerkolom, en in de rechterkolom?
  In de linkerkolom *voor het object*, **in de rechterkolom** *aan het eind van de zin*.

Verwijzen naar een object met prepositie (2)

10	Kijk je ook *naar* **die serie**?	Nee, *daar* kijk ik nooit *naar*. (daar = die serie)
11	Schrijf je *over* **politiek**?	Ja, *daar* schrijf ik graag *over*. (daar = politiek)
12	Denk je veel *aan* **grammatica**?	Nee, *daar* denk ik nooit *aan*. (daar = grammatica)
13	Weet je veel *over* **geschiedenis**?	Ja, *daar* weet ik veel *over*. (daar = geschiedenis)

- In de zinnen 10 t/m 13 verwijs je naar de vetgedrukte woorden met het woord *daar*.
- Op welke positie in de zin staat dit woord? Is er verschil met de zinnen 7 t/m 9?
  'Daar' staat aan het begin van de zin. 'Er' staat nooit aan het begin van de zin.
- Het woordje **daar** krijgt accent.
- Het woordje **er** heeft nooit accent.

CHECK

Ik heb in de krant gezocht naar een artikel over de gijzeling maar ik kan **er** niks over vinden. In mijn krant staat alleen het regionale nieuws. **Daar** kan ik me toch zo aan ergeren!

LES 4

4a   Passief presens

Vorm en functie

Vragen met betrekking tot de vorm:
- Onderstreep alle werkwoordsvormen in de b-zinnen.
  1b *Het nieuwe gebouw van de Tweede Kamer* <u>wordt</u> morgen door koningin Beatrix <u>geopend</u>.
  2b *De vergadering* <u>wordt</u> door de voorzitter <u>geopend.</u>
  3b *De dossiers* <u>worden</u> door de secretaresse naar de minister <u>gebracht</u>.
  4b *De discussie* <u>wordt</u> door de Tweede Kamerleden <u>gevoerd</u>.
- Een zin wordt passief gemaakt met een vorm van het hulpwerkwoord **worden** en een **participium**.

Vragen met betrekking tot de functie:
- Voert het subject in de a-zinnen een actie uit? **ja**
- Voert het subject in de b-zinnen een actie uit? **nee**
- We gebruiken de passieve vorm als het subject van de zin **niet** zelf een actie uitvoert.

Passieve zinnen zonder actieve persoon
- Het grammaticale subject van de zinnen 5 t/m 7 is het woord **er**.

Passieve zinnen met onbepaald subject

- Ook in passieve zinnen met een onbepaald subject moet **er** worden gebruikt.
- Vergelijk zin 11 en 12 met zin 13 en 14. Welke veranderingen ziet u?

In zin 11 en 12 staat 'er' aan het begin van de zin.

In zin 13 en 14 staat een ander zinsdeel aan het begin. Dan verdwijnt 'er' uit de zin.

CHECK

Zet de volgende zinnen in het passief presens.

De minister opent het debat. Het debat **wordt** door de minister **geopend**.

Men schrijft een artikel over het koningshuis. Er **wordt** een artikel over het koningshuis **geschreven**.

Ze lachen ook wel eens in het parlement. Er **wordt** ook wel eens **gelachen** in het parlement.

4b   Men, je en ze

15   Waarom moet *men* iets over politiek weten?

men = de burger in het algemeen

16   In Nederland kiest *men* eens in de vier jaar de Tweede Kamer.

men = de Nederlandse kiezer in het algemeen

17   Op de televisie kun *je* regelmatig politieke debatten zien.

je = de televisiekijker in het algemeen

18   In de krant lees *je* de laatste tijd veel over de problemen in het kabinet.

je = de krantenlezer in het algemeen

19   Bij de gemeente weten *ze* waar u een werkvergunning moet aanvragen.

ze = de medewerkers van de gemeente

20   Bij deze partij hebben *ze* veel aandacht voor het milieu.

ze = de mensen van deze partij

4c   Spreken over het verleden

Inleiding

Toen ik scholier *was*, - ik *woonde* toen nog in Iran -, *las* ik eens een artikel over een bijeenkomst van de Wereldbank in mijn land.

- In welke tijd staan de werkwoorden van deze zin?

imperfectum

De minister president *heeft* tien ministers *vervangen*. Het afgelopen jaar *zijn* er nogal wat problemen *geweest* met ministers en staatssecretarissen. Dus ik denk dat de minister president daarom *heeft besloten* ook echt maatregelen te nemen.

- In welke tijd staan de werkwoorden van deze zinnen?

perfectum

- In welke tijd staan de a-zinnen?

presens

- Wat voor een werkwoord is het cursieve woord in de a-zinnen?

Hulpwerkwoord (modaal werkwoord)

- In welke tijd staan de b-zinnen?

perfectum

- Hoe wordt die tijd bij dit soort zinnen gevormd?

Vorm van ' hebben' of 'zijn' + 2 infinitieven (hulpwerkwoord en hoofdwerkwoord)

LES 5

4a Het plusquamperfectum

Vorm

Vul in.

Verbum 1 *(V1)* is het **imperfectum** van het werkwoord **hebben** of **zijn**

Verbum 2 *(V2)* is een **participium**

Deze combinatie noemen we het plusquamperfectum.

Functie

Functie 1

- Het gaat steeds om twee opeenvolgende momenten of periodes in het verleden.
- Wat is eerder gebeurd?

Zin 6: **Er nog nooit eerder geweest**

Zin 7: **zich opgegeven voor het tennistournooi**

Zin 8: **Ritsma heeft hard getraind**

- Het plusquamperfectum beschrijft de actie die **voor** de andere actie heeft plaatsgevonden.

Functie 2

Ja of nee?

Zin 9: Heeft hij goed gespeeld? **Nee.**

Zin 10: Heeft hij de penalty raak geschoten? **Nee.**

- Het plusquamperfectum kan dus ook een irrealis zijn.

Vul in:

- In welke tijd staan de andere zinsdelen van voorbeeld 1 t/m 5 (dus de zinsdelen die niet in het plusquamperfectum staan)?
- Deze zinsdelen staan in het **perfectum** of in het **imperfectum**.

Plusquamperfectum 2

- In de zinnen in het plusquamperfectum die ook een (modaal) hulpwerkwoord hebben, gebruiken wij dan geen participium, maar twee **infinitieven** (dit is ook zo in het perfectum).
- De goede volgorde van de infinitieven is: **hulpwerkwoord - hoofdwerkwoord.**

4b Het gebruik van perfectum en imperfectum.

Afwisseling van perfectum en imperfectum.

Vul in:

De eerste zin van beide voorbeelden staat in het **perfectum**. Deze zin geeft informatie over iets wat in het verleden gebeurd is en wat afgelopen, klaar is. Het is tevens de *introductie* van een gebeurtenis.

De volgende zinnen staan in het **imperfectum**. Zij geven meer *details* over de gebeurtenis.

Het imperfectum en perfectum in een passieve zin.

- De b-zinnen zijn **passieve** zinnen en staan in het **perfectum**.
- Dat bestaat uit een vorm van het hulpwerkwoord **zijn** en een participium.
- De nadruk ligt op het *resultaat van de actie*.
- De b-zinnen zijn **passieve** zinnen en staan in het **imperfectum**.
- Dat bestaat uit de werkwoordsvormen **werd / werden** en een participium.
- De nadruk ligt op *de handeling, de actie*.

LES 6

4a Zou/zouden

Inleiding
- Onderstreep de bedoelde vormen
    - <u>Zouden</u> we <u>wegmoeten</u>?
    - Als we die gidsen over Nederland niet hadden gelezen, <u>zouden</u> we waarschijnlijk nu nog op het eerste echte contact <u>zitten</u> te wachten.
    - Ik denk dat daar best een vriendschap uit <u>zou kunnen</u> ontstaan.

- zou(den) **+ infinitief**

Gebruik
1   Beleefdheid

1a <u>Mag</u> ik je woordenboek <u>lenen</u>?

1b <u>Zou</u> ik je woordenboek <u>mogen lenen</u>?

2a <u>Kunt</u> u me <u>terugschrijven</u>?

2b <u>Zou</u> u mij <u>kunnen terugschrijven</u>?

3a <u>Willen</u> jullie ons even <u>helpen</u>?

3b <u>Zouden</u> jullie ons even <u>willen helpen</u>?

4a Je <u>moet</u> wat minder <u>roken</u>.

4b Je <u>zou</u> wat minder <u>moeten roken</u>.

- Wat is het verschil tussen de a-zinnen en de b-zinnen, in vorm?
  a **hulpwerkwoord (persoonsvorm) + hoofdwerkwoord (infinitief).**
  b **zou/ zouden (persoonsvorm) + hulpwerkwoord (infinitief) + hoofdwerkwoord (infinitief).**
- In de zinnen 1, 2 en 3 wordt een **vraag** gesteld. In zin 4 wordt een **advies** gegeven.
- Wat is het verschil in betekenis tussen a- en b-zinnen?
  De b-zinnen zijn beleefder dan de a-zinnen.

4b Passief

Gebruik van de passieve vorm

CHECK

'De constitutie regelt de verdeling van bevoegdheid tussen de Koning en de ministers'.
'de Koning' is hier **het staatshoofd in een monarchie** (kan dus ook een koningin zijn)

Het perfectum en imperfectum in een passieve zin (zie ook les 5)

Vul in.

De eerste zin staat in het **imperfectum** van het passief. Dat wordt gevormd door het hulp-werkwoord **werden** en een participium. De nadruk ligt op de *handeling, de actie*.
De tweede zin staat in het **perfectum** van het passief. Dat wordt gevormd door het hulp-werkwoord **zijn** en een participium. De nadruk ligt op het *resultaat van de actie*.

Les 7

5a Indirecte vragen

Vorm en functie

- Wat gebeurt er met de structuur van de zin bij een indirecte vraag?
  De zin krijgt de structuur van een bijzin.

- Welke conjunctie wordt gebruikt in de indirecte vragen 1b t/m 4b?
  of
- Welke woorden worden als conjunctie gebruikt in de indirecte vragen 5b en 6b?
  vraagwoorden ('waar' in 5b, 'hoe lang' in 6b)
- Wat is de functie van deze indirecte vragen?
  Ze rapporteren wat al eerder (door anderen) is gevraagd.
- Waarom zou men deze indirecte vragen gebruiken, in plaats van de directe vragen?
  De indirecte vragen zijn wat beleefder dan de directe vragen.

CHECK

Maak de volgende vragen indirect:

Heb je een relatie?	**(Mag ik vragen) of je een relatie hebt.**
Hebben jullie trouwplannen?	**(Mag ik vragen) of jullie trouwplannen hebben?**
Wanneer gaan jullie trouwen?	**(Weten jullie al) wanneer jullie gaan trouwen?**
Hoe lang zijn jullie al getrouwd?	**(Mogen we vragen) hoe lang jullie al getrouwd zijn?**

N.B. Het gedeelte tussen haakjes kan variëren.

5b Diverse combinaties

een ... of
- Wat is het verschil in betekenis tussen de a-zinnen en de b-zinnen?
  a-zinnen   bedoeld wordt **'exact'** (exact vijf jaar, exact om negen uur, etc)
  b-zinnen   bedoeld wordt **'ongeveer'** (ongeveer vijf jaar, ongeveer om negen uur, etc)

Nog wat / Er nog een
- Wanneer gebruik je 'wat' en wanneer 'er een'?
  'wat'   in plaats van een substantief dat niet telbaar is. 'wat' = een beetje.
  'er ... een'   in plaats van een substantief dat telbaar is.

Wat een ...!
- Wat is het verschil tussen de a-zinnen en de b-zinnen?
  a-zinnen   wat een (+ adjectief) + substantief in singularis.
  b-zinnen   wat een (+ adjectief) + substantief in pluralis.
- Welk woord blijft hetzelfde?
  een

LES 8

4a Verbindingswoorden

Inleiding

- Kijk naar het woord: *verbindingswoord*. Uit welke twee delen bestaat het?
  'verbinding' en ' woord'
- Kunt u de betekenis raden?
  Een woord dat twee zinnen met elkaar verbindt

Conjuncties Type I (nevenschikkend)
- Welke structuur ziet u vóór de conjunctie?   **een hoofdzin**
- Welke structuur ziet u achter de conjunctie?   **een hoofdzin**

Conjuncties Type II (onderschikkend)
- Welke structuur ziet u vóór de conjunctie?   **een hoofdzin**
- Welke structuur ziet u achter de conjunctie?   **een bijzin**

Verbindende adverbia
- Welke structuur ziet u achter het adverbium?   **een hoofdzin met inversie (b)**

'Toen': twee mogelijkheden
- Wat is het verschil in structuur tussen zin 20 en 21?
  Zin 20: conjunctie type II, dus een bijzin achter ' toen'
  Zin 21: verbindend adverbium, dus hoofdzin met inversie achter ' toen'

CHECK
Vul het juiste verbindingswoord in.

Eerst gaan we naar de film. **Daarna** gaan wij misschien nog even iets drinken.
Pieter heeft vandaag les. **Daarom** kan hij niet mee naar de film.
Ik moet iets eten **want** ik heb ontzettende honger!
Ik moet iets eten **maar** ik heb eigenlijk nog geen honger!
Als / wanneer wij klaar zijn met eten, gaan wij naar de film.
Ik ga wel mee naar die James Bond film **hoewel / ofschoon** ik niet echt van actiefilms
houd.
Nadat / toen zij het boek gelezen had, bracht zij het terug naar de bibliotheek.
Ik geloof **dat** het een heel mooi boek is.

4b Diminutief

Inleiding

- Diminutieven in de tekst: **verkleinwoordjes**
  rokje, schoentjes, bloesje, bloemetjes, kraagje.

Vormen

- Een diminutief in singularis is altijd een **het-woord.**
- Een diminutief in pluralis eindigt op -s en is altijd een **de-woord.**
- Schrijf op uit welke delen ieder verkleinwoord bestaat.
  boek + je, raam + pje, film + pje, tafel + tje, wonin(g) + kje (g→k), bal + letje

LES 9

4b De plaats van 'er', en de prepositie
Herhaling (grammatica les 2 en les 3)

- Achter welk zinsdeel staat er in zin 1 t/m 3?
  Achter de persoonsvorm.
- Waar staat de prepositie?
  Aan het eind van de zin.

Uitbreiding

- In de rechterkolom eindigen de zinnen 4 en 5 allebei met een **infinitief**, de zinnen zin 6 en 7
  eindigen met een **participium.**
- Waar staat in dat geval de prepositie?
  Vóór de laatste werkwoordsvorm.

- Met betrekking tot de zinnen 8 t/m 10: achter welk zinsdeel staat *er* in de zinnen in de
  rechterkolom?
  Achter het subject.
- Wat voor type zinnen zijn dit?
  Hoofdzin met inversie.

- Onderstreep in de zinnen 11a en 11b en 12 het woord vóór *er/daar.*
  11   Ben jij naar alle vergaderingen geweest?
  11a Ja, mijn baas heeft <u>ons</u> *ertoe* gedwongen.
  11b Ja, en ik heb <u>me</u> *er* zo *aan* geërgerd!
  12   Al die Japanners in één grote groep, ik schaam <u>me</u> *daar* vaak *voor.*
- Na welke soort woorden staat *er/daar* in de zinnen?
  Achter een pronomen.

CHECK

Vul *er* of *daar* in op de goede plaats.

Ga je mee naar de werkbespreking? Nee, _ik _ heb **er/daar** geen _ tijd _ voor.

Wanneer heb jij je sollicitatiegesprek? Morgen _ moet _ ik **er/daar** naartoe.

Ik _ maak _ me **er/daar** geen _ zorgen _ over.

4c Waar + prepositie in de vraagzin

Inleiding

a Verba met prepositie	b Verba zonder prepositie
1a Kijken naar	1b zien
2a **luisteren** naar	2b **horen**
3a zeker **zijn van**	3b **krijgen**
4a **praten over**	4b **bespreken**

* De a-vragen beginnen steeds met **waar**. Er wordt een verbum **met** prepositie gebruikt.
* De b-vragen beginnen steeds met **wat**. Er wordt een verbum **zonder** prepositie gebruikt.
* Wat is bij 5 en 6 het verschil tussen de a-vragen en de b-vragen?
  De a-vragen gaan niet over personen, je gebruikt *waar* + *prepositie*.
  De b-vragen gaan over personen, je gebruikt *prepositie* + *wie*.

CHECK

Vul in: *wat* of *waar*

Sorry, **wat** zeg je? Ik versta je niet.

Waar praten jullie over? Over het weer.

Waar luister je vaak naar? Naar jazzmuziek.

Wat hoor ik nou? Heb je een nieuwe baan?

Wat doe je? Ik ben kok in een restaurant.

Waar kan ik u mee helpen? Ik weet niet hoe dit apparaat werkt.

4d Negatie

Uitbreiding

* Linkerkolom   *Nog* wordt negatief gemaakt door: **niet meer** of **geen … meer**
* Rechterkolom   *Al* wordt negatief gemaakt door: **nog niet** of **nog geen …**

CHECK

Woont u in Amsterdam?	Nee, ik woon **niet** in Amsterdam.
Woont u nog in Amsterdam?	Nee, (ik woon) **niet meer** (in Amsterdam).
Woont u al in Amsterdam?	Nee, (ik woon) **nog niet** (in Amsterdam).
Heb je tijd om de brief te lezen?	Nee, ik heb **geen** tijd (om…).
Heb je al tijd gehad om de brief te lezen?	Nee, ik heb **nog geen** tijd gehad (om …).
Heb je nog tijd om de brief te lezen?	Nee, ik heb **geen tijd meer** (om …).

Bronvermeldingen

LES 1

Basis, Tekst 1; de Volkskrant.

Liedje 'Het is een nacht', Guus Meeuwis & Vagant

Oefening 22, Lezen, 'Garderobe'; naar: Herman Pieter de Boer: *De vestiaire van Thalia*; in: *Het damesorkest en andere stadsverhalen*, Elsevier Manteau, Amsterdam/Brussel 1979.

LES 2

Basis, Tekst 1, *Ervaringen van een ambassadeur*; naar een interview in Vrij Nederland met de ambassadeur van Turkije.

Basis, Tekst 2, Radio 5/Wereldnet; 13 augustus 1999.

Liedje 'Wat voor weer zou het zijn in Den Haag?', Harry Bannink & Annie M.G. Schmidt.

Oefening 21, Lezen, advertentie van Verkeersbureau Malta in Amsterdam; SP!TS, 21 januari 2000.

LES 3

Basis, Tekst 2; Radio 5/Wereldnet, 18 augustus 1999.

Liedje 'Doris Day', Doe Maar.

Oefening 16, Luisteren; naar VPRO *Backstage*, 3 december 1999.

Oefening 17, Luisteren; Radio 5/Wereldnet, 13 december 1999.

Oefening 22, Lezen, *Nederland kijkt meer televisie*; Sp!ts, 30 september 1999.

Oefening 22, Lezen, *Spanje wil miljoen buitenlandse werkers*; Sp!ts, 4 oktober 1999.

Oefening 22, Lezen, *Uitzendbureau vluchtelingen wordt zelfstandig*; Volkskrant, 2 oktober 1999.

Oefening 22, Lezen, *Man neergeschoten in Arnhemse café*; Volkskrant, 9 oktober 1999.

Oefening 23, Lezen, *Media in Vlaanderen*; Paul van Hauwermeiren en Femke Simonis: *Waar Nederlands de voertaal is; Nederland- en Vlaanderenkunde*, uitgeverij J van In, Lier - Brussel, 1990.

LES 4

Basis,Tekst 1; maandblad 'Internationale Samenwerking', september 1999.

Basis, Tekst 2;Radio 5/Wereldnet, 23 augustus 1999.

Liedje 'Vogelvrij', Hans Kooreneef, Marco Borsato

Oefening 20, Schrijven; Trouw, 17 juli 1999.

Oefening 22, Lezen, *Kloof gaapt tussen jongeren en politiek*; Metro, woensdag 24 november 1999.

LES 5

Basis,Tekst 1; de Volkskrant.

Basis, Tekst 2b; Volkskrant Magazine, juni 2000.

Liedje 'Als je wint', Herman Brood, Henny Vrienten.

Oefening 14, Grammatica, *Leiden*; Algemene Dagblad, 13 december 1999.

Oefening 14, Grammatica, *Rome*; Sp!ts, 17 januari 2000.

Oefening 14, Grammatica, *Den Haag*; Sp!ts, 4 januari 2000.

Oefening 17, Spreken, *11 vragen aan een derdejaars studente rechten*; Universiteitsblad Utrecht, 3 februari 2000.

Oefening 18, Spreken; *Nederland in Kort bestek,* uitgave van het Ministerie van Buitenlandse Zaken. Fragment uit hoofdstuk 10: Sport.

Oefening 21, Lezen, bewerking van het artikel *De bal wordt in Den Haag voortdurend rondge-speeld*; tijdschrift *Onze Taal,* juni 2000.

LES 6

Basis,Tekst 1; de Volkskrant.

Basis, Tekst 2; Radio 5/Wereldnet, 3 september 1999.

Liedje 'Zoveel te doen', Toontje Lager.

Oefening 12, Luisteren; TROS Nieuwsshow, zaterdag 9 oktober 1999.

Oefening 18, Lezen, *De Zuid-Nederlandse mentaliteit versus de noordelijke*; Paul van Hauwer-meijeren en Femke Simonis. *Waar Nederlands de voertaal is. Nederland- en Vlaanderenkunde*, uit-geverij J van In, Lier-Brussel 1990.

Oefening 19, Lezen; Colin White and Laurie Boucke: *The Undutchables, leven in Holland.* Nijgh & Van Ditmar, Amsterdam 1994.

Oefening 20, Lezen, *Kan het misschien iets zachter?*; BOEX-krant, september 1999.

LES 7

Basis, Tekst 2; de Volkskrant.

Basis, Tekst 2; *Libelle*, nummer 15 - 2000.

Basis, Tekst 3; Radio 5/Wereldnet, 12 augustus 1999.

Liedje 'Liefde van later', Jacques Brel en Lennaert Nijgh.

Oefening 1, Vocabulaire; Basiswoordenboek van Dale.

Oefening 14, Luisteren; Radio 5/Wereldnet.

Oefening 15, Luisteren; Volkskrant magazine, nr. 23, 2000.

Oefening 16, Spreken; Metro, januari 2000.

Oefening 19, Lezen; AllerHande, februari 2000.

Oefening 22, Lezen; Colin White en Laurie Boucke: *The Undutchables; leven in Holland.* Nijgh & Van Ditmar, Amsterdam 1994.

LES 8

Basis, Tekst 1; de Volkskrant, 27 augustus 1999.

Basis, Tekst 2; internet, *Wat een Taal.*

Basis, Grammatica 4b,*Verkleinwoordjes*; internet, uit een brief van Marcel Douma, 30 januari 2000.

Liedje 'Margootje', Wim Sonneveld.

Oefening 13, Grammatica; Kees van Kooten, de verhalenbundel *Verplaatsingen*. De Bezige Bij, Amsterdam 1996.

Oefening14, Grammatica; naar: *Een dagje aan zee*, P. de Kleijn, *Het stoplicht, verhalenbundel voor buitenlanders.* Wolters-Noordhoff, 1996.

Oefening 15, Luisteren; *In Nederland plakken zij alles aan elkaar*, VPRO-gids 41, oktober 2000.

Oefening16, Luisteren; naar: *Internet zal het gedrukte boek verdringen en het boek zal helemaal verdwijnen*, VPRO-gids 38, september 1999.

Oefening 17, Spreken; naar *Het water van Nederland gedronken. Stemmen van Migranten*, samengesteld door Wim Willems, Meulenhoff, Amsterdam, 1998.

Oefening 19, Schrijven; Fragment uit: *Liefde en koffie*, door Abdelkader Benali. In: *Roerende verhalen, boekje bij de koffie*. Stichting Max Havelaar, Novib, Reaal Verzekering 1997.

Oefening 20, Lezen; naar een artikel in de VPRO-gids, februari 2000.

Oefening 21, Lezen; De Volkskrant, 22 oktober 1996.

LES 9

Basis, Tekst 1; Metro, dinsdag 9 mei 2000.

Basis, Tekst 2; Mohammed Nasr, bewerking van een fragment uit *De Elfstedentocht*. De Geus, Breda 1987.

Liedje 'Koos werkeloos', Klein Orkest.

Oefening 15, Luisteren; Radio 5/Wereldnet, 1 september 1999.

Oefening 16, Luisteren; naar een artikel in De Standaard, via internet, 22 april 2000.

Oefening 18, Spreken; SHIFT: *Het betere banenboekje*, oktober 1999.

Oefening 19, Lezen; fragment uit *Werk*, bijlage bij de Volkskrant, 19 augustus 2000.

Oefening 21, Lezen; fragment uit *Werk*, bijlage bij de Volkskrant, 19 augustus 2000.

LES 10

Basis, Tekst 1; *Brigitte Special*, maart 2000 (vertaling uit het Duits).

Basis, Tekst 2; naar *Ingeburgerd* in Libelle nr. 45/1999 en de Volkskrant.

Liedje 'Ik ben toch zeker Sinterklaas niet', Henk Temming en Henk Westbroek.

Oefening 8, Grammatica; naar: een artikel in het Volkskrantmagazine.

Oefening 16, Luisteren; Radio 5/Wereldnet: *De Nederlander als buitenlander*, september 2000.

Oefening 18, Spreken; illustratie uit Volkskrantmagazine, nr. 59

Oefening 21, Lezen / Spreken; de Volkskrant. Ingezonden brief (René van den Heuvel uit Hendrik Ido Ambacht) voor de rubriek 'De Buurt'.

Oefening 22, Lezen / Spreken; naar een artikel in de Volkskrant, 23 november 2000.

Bronvermelding illustraties en foto's

Tenzij anders vermeld zijn de illustraties in deze editie van Help! 2 van Kees Bok.

LES 1

Zaalindeling theater, Nederlands Centrum Buitenlanders

Uitloper, Nederlands Centrum Buitenlanders

Podiumkunsten, Nederlands Centrum Buitenlanders

LES 2

Weerkaart, Nederlands Centrum Buitenlanders

Kaart Nederland en Vlaanderen, Nederlands Centrum Buitenlanders

Winterstrip, MFS (vrij naar Bielzenblues, Maarten Pathuis, Metro januari 2000)

Grote vakanties in eigen land, Nederlands Centrum Buitenlanders

Verkeersbureau Malta, MFS

Dijkstrip, MFS (vrij naar Larson, in 'The Far Side')

LES 3

Tv illustratie, MFS (vrij naar 'Djanko', VPRO Gids)

Televisie programma-overzicht, VPRO-Gids, Zaterdag, 18 september 1999

LES 4

Kamers der Staten Generaal, cd © 1995 SoftKey International Inc.

Koning Willem I, Nederlands Centrum Buitenlanders

Bestuurlijke organisatie van Nederland, MFS

Millenium, Aaneen, 20 december 1999

Waar wordt u gelukkig van, Nederlands Centrum Buitenlanders

LES 5

Voetbal, cd © 1995 SoftKey International Inc.

Sporttermen, Nederlands Centrum Buitenlanders

Strip 'Hartbewaking', MFS (vrij naar Bielzenblues, Maarten Pathuis, Metro juni 2000)

Foto tennis 1, Tennis, april 1999

Foto tennis 2, Tennis, april 1999

LES 6

Huizen 1, cd © 1995 SoftKey International Inc.

Huizen 2, cd © 1995 SoftKey International Inc.

Kan het misschien iets zachter, Bewonerskrant Stichting BO-ex '91, september 1999

LES 7

Illustratie 'Priveleven', MFS (vrij naar d'anka, VPRO-gids augustus 2000)

Strip 'Problemen', MFS (vrij naar Bielzenblues, Maarten Pathuis, Metro januari 2000)

Stijging aantal huwelijken, Nederlands Centrum Buitenlanders

LES 8

Foto 'Mijn naam is Babette', Boomerangs supports art, Joost Overbeek

Boekenmarkt stabiel, Nederlands Centrum Buitenlanders

'Utrechtse literaire boottochten', Vredenburg/ULB, Utrecht juni 2000

Illustratie 'Lezen', VPRO-gids oktober 2000

'Wat een taal!', internet site NPS

LES 9

Strip 'Tijd is geld', MFS (vrij naar Wisselstrip/Paul Flekx, Michiel van de Vijver)

Stip 'Personeel', MFS (vrij naar Lorenzo, Aaneen februari 2000)

LES 10

Illustratie 'bal door ruit', MFS

Wipkip, cd © 1995 SoftKey International Inc.

Illustratie oefening 18: het Volkskrant Magazine, 14 oktober 2000

Illustratie Agressie op straat, MFS